BIBLIOTHÈQUE ROSE ILLUSTRÉE

L'HABITATION
DU DESERT

OU

AVENTURES D'UNE FAMILLE

PERDUE DANS LES SOLITUDES DE L'AMÉRIQUE

PAR LE CAPITAINE MAYNE-REID

OUVRAGE TRADUIT DE L'ANGLAIS
PAR ARMAND LE FRANÇOIS
et illustré de 24 vignettes par Gustave Doré

PARIS
LIBRAIRIE DE L. HACHETTE ET Cie
RUE PIERRE-SARRAZIN, N° 14

1859

PRIX : 2 FRANCS

L'HABITATION
DU DÉSERT

TYPOGRAPHIE DE CH. LAHURE ET Cⁱᵉ
Imprimeurs du Sénat et de la Cour de Cassation
rue de Vaugirard, 9

L'HABITATION
DU DÉSERT

OU

AVENTURES D'UNE FAMILLE

PERDUE DANS LES SOLITUDES DE L'AMÉRIQUE

PAR LE CAPITAINE MAYNE-REID

OUVRAGE TRADUIT DE L'ANGLAIS

PAR ARMAND LE FRANÇOIS

et Illustré de 24 vignettes par Gustave Doré

DEUXIÈME ÉDITION

PARIS

LIBRAIRIE DE L. HACHETTE ET Cie

RUE PIERRE-SARRAZIN, N° 14

—

1859

L'HABITATION DU DÉSERT.

I.

Le grand Désert d'Amérique.

Il existe, à l'intérieur de l'Amérique du Nord, un grand désert, presque aussi vaste que le fameux Sahara d'Afrique. Il a quinze cents milles de long sur mille de large[1]. En supposant qu'il affecte une figure régulière comme celle d'un parallélogramme, on peut supputer sa surface en multipliant ces deux dimensions, ce qui donne un million et demi de milles carrés. Mais ses confins ne sont pas encore parfaitement déterminés, et il est probable que sa superficie réelle ne dépasse pas un million de milles carrés, c'est-à-dire vingt-cinq fois la surface de l'Angleterre. Figurez-vous donc un désert vingt-cinq fois grand comme toute l'Angleterre, et dites-moi si vous ne trouvez pas qu'on lui a donné la

1. Le mille anglais valant plus d'un kilomètre et demi (1609 mètres) ce serait donc un peu plus de 604 lieues de long sur 403 environ de large. Ainsi, 10 milles valent à peu près 16 kilomètres ou 4 lieues; 100 milles 160 kilomètres ou 40 lieues, etc.

dénomination la plus convenable en l'appelant *le grand Désert d'Amérique*.

Mais qu'entendez-vous, mon jeune ami, par un *désert?* Je crois connaître vos conjectures à cet égard. Vous vous figurez une vaste plaine, sans accidents de terrain, couverte de sables, sans arbres, sans herbe, et privée de toute espèce de verdure. Vous pensez au vent qui soulève ce sable en épais tourbillons de nuages jaunâtres, et à l'eau qui ne se trouve nulle part dans ces affreuses solitudes. Voilà l'idée que vous vous faites d'un désert, n'est-il pas vrai? Eh bien! ce n'est pas tout à fait cela. Dans presque tous les déserts il y a bien quelques-unes de ces plaines sablonneuses, mais on y rencontre aussi des parties d'une nature toute différente. Quoique l'intérieur du grand Sahara n'ait pas encore été entièrement exploré, on en connaît assez pour avoir la preuve qu'il renferme de longues chaînes de montagnes, avec des rochers, des vallées, des lacs, des rivières et des ruisseaux. On y trouve même des lieux fertiles, à une grande distance les uns des autres, et qui sont couverts d'arbres et de plantes. Les uns sont de peu d'étendue; les autres, plus vastes, sont habités par des tribus indépendantes, et forment même des États. C'est ce qu'on appelle une *oasis*, et, si vous jetez les yeux sur une carte, vous remarquerez que ces oasis sont en très-grand nombre dans le Sahara africain.

Le grand Désert d'Amérique présente un caractère analogue, mais encore plus varié en accidents géographiques. Ici, des plaines dont quelques-unes ont plus de cent milles d'étendue, où l'on ne voit rien que du sable blanc, tantôt soulevé par le vent, tantôt étalé en larges sillons, semblable à la neige accumulée par la tempête ; là, d'autres plaines, aussi vastes, où l'on ne rencontre de sable nulle part, mais partout une terre stérile, sans nulle végétation. Plus loin, croissent des arbrisseaux rabougris, aux feuilles blanchâtres. Dans certains endroits, ils forment d'épais fourrés où un homme à cheval peut difficilement pénétrer, tant leurs branches noueuses sont enchevêtrées. Cet arbrisseau est l'*artemisia*, espèce de sauge sauvage ou d'absinthe, et les plaines où elle croît sont appelées, par les chasseurs qui les traversent, *les prairies de sauge*. Le voyageur rencontre plus loin des plaines qui lui offrent un sombre aspect. Elles sont couvertes de lave jadis vomie par les monts volcaniques, et maintenant refroidie et brisée en petits morceaux comme les pierres d'une route neuve. D'autres, au contraire, sont aussi blanches que si la neige venait de tomber sur la terre ; et ce n'est pourtant pas de la neige, mais du sel ! Oui, du sel blanc sans mélange, qui couvre la terre de six pouces d'épaisseur, à une distance de cinquante milles en tous sens ! Sous une apparence semblable, ce n'est pas du sel que vous trouvez ailleurs, mais de la soude, dont les efflorescences s'étendent sur le sol à perte de vue.

Une partie de ce désert est très-montagneuse. La grande chaîne des Montagnes Rocheuses, dont vous avez sans doute entendu parler, le traverse du nord au sud et le divise en deux parties à peu près égales. Mais il y a encore d'autres montagnes d'une très-grande élévation, dont quelques-unes présentent, dans leur forme et leur couleur, une frappante et singulière physionomie. Quelquefois, durant plusieurs milles, leur sommet horizontal ressemble au toit d'une maison, et paraît si étroit qu'on croirait pouvoir se mettre dessus à califourchon. Souvent elles paraissent sortir de la plaine, en forme de cône, isolées des autres, comme des tasses à thé renversées au milieu d'une table. Il y a des pics pointus qui sont élancées comme des aiguilles ; d'autres qui sont en forme de dôme comme celui de la grande cathédrale de Saint-Paul. Ces monts offrent à la vue, quand on les considère à quelque distance, les couleurs les plus variées, le noir, le vert foncé, le bleu. Ils semblent de cette dernière nuance lorsqu'ils sont couverts de pins et de cèdres, les deux espèces que l'on rencontre le plus communément sur les montagnes du Désert.

Il en existe un grand nombre où l'on n'aperçoit pas un seul arbre, pas la moindre trace de végéta-

Quelles étranges rivières parcourent ces contrées! (Page 7.)

tion. D'immenses rochers de granit dénudé semblent entassés sur leurs flancs ou projetés au-dessus d'obscurs et affreux précipices. Quelques pics sont tout à fait blancs, parce qu'ils sont recouverts d'un épais manteau de neige. On les aperçoit toujours à une très-grande distance. La neige ne fond jamais sur leur sommet, ce qui prouve que leur élévation au-dessus du niveau de la mer est considérable. Parmi ces pics blancs, il y en a qui ne doivent pas cette apparence à la neige, mais aux cèdres rabougris et couleur de lait sortant des fentes et des crevasses qui se trouvent sur leurs flancs. Ces monts sont de pur calcaire ou de quartz blanc. D'autres, sur lesquels on n'aperçoit ni arbres ni feuilles, paraissent fraîchement peints des couleurs les plus vives; par grandes raies rouges et vertes, jaunes et blanches. Ces rayures indiquent les différentes couches de roches qui composent ces montagnes. Et il y a encore, dans le grand Désert américain, des montagnes dont l'aspect étonne le voyageur, comme celles qui brillent de l'éclat du mica et du sélénite. Quand le soleil reluit à quelque distance sur leurs flancs, on dirait que ce sont des monts d'or et d'argent !

Quelles étranges rivières parcourent ces contrées ! Les unes roulent leurs ondes sur un lit large et peu profond de sable brillant. Suivez dans leur cours, les eaux étincelantes de ces rivières qui ont plus de cent verges[1] de largeur. Que découvrez-vous ? Au lieu de croître en largeur, comme celles de votre pays, elles vont se rétrécissant jusqu'à ce que leurs eaux, perdues dans les sables, ne laissent plus à vos yeux qu'un lit desséché pendant de longues journées de marche. Allez plus loin encore, et l'eau vous apparaît de nouveau ; elle croît en volume et finit par pouvoir porter de grands vaisseaux, à des centaines de milles de la mer. Telles sont l'Arkansas et la Platte.

D'autres fleuves, aux bords escarpés, roulent leurs eaux glacées entre d'âpres et rudes rochers qui s'élèvent à plus de mille pieds, et forment un précipice au fond duquel rugit l'onde emprisonnée. Souvent ces rives s'étendent à plus de cent milles, et sont si escarpées qu'il est impossible de descendre jusqu'au lit des eaux courantes. Plus d'un voyageur est mort de soif, tandis que le bruit des eaux retentissait à ses oreilles ! Tels sont le Colorado et le Snake.

D'autres encore s'en vont, balayant les vastes plaines, délayant l'argile dans une inondation profonde et changeant de cours d'année en année, si bien qu'on les retrouve quelquefois à cent milles de leur ancien lit. Parfois vous les voyez s'enfuir en murmurant sous la terre durant plusieurs milles, ou se perdre sous de vastes radeaux formés par

1. La verge vaut un peu plus de 1^m,80. Ainsi, 10 verges font à peu près 18 mètres ; et 100 verges, 180 mètres.

Jamais un oiseau n'a troublé ces eaux silencieuses. (Page 16)

les arbres que leur cours a entraînés. Puis on les retrouve se déroulant en mille sinuosités, comme les anneaux d'un immense serpent qui se traîne avec lenteur, et leurs eaux troubles et rougeâtres les font ressembler à des rivières de sang. Tels sont le Bazos et la rivière Rouge.

Voilà les fleuves étranges qui tourmentent le sol à travers les montagnes, les vallées et les terres plates du grand Désert américain.

Ses lacs ne sont pas moins singuliers. Quelques-uns se cachent dans les profonds replis de collines si escarpées qu'on ne peut en gravir les flancs, tandis que les montagnes qui les entourent sont si froides, si dénudées, que jamais un oiseau n'a troublé du frémissement de ses ailes ces eaux silencieuses. On trouve aussi des lacs au milieu de vastes plaines stériles, et quelques années plus tard le voyageur les cherche en vain : ils se sont desséchés ou ils ont disparu. Les uns ont des eaux fraîches et limpides comme le cristal, ou saumâtres et bourbeuses; les autres sont plus salés que l'Océan lui-même.

Les sources abondent dans ce désert : les unes de soude, sulfureuses ou salines ; les autres si chaudes qu'elles sont sans cesse en ébullition et qu'il est impossible d'y plonger le doigt sans se brûler.

De vastes cavités creusées dans les montagnes, des trous béants et profonds au milieu des plaines, apparaissent de loin en loin. Quelques-uns de ces gouffres sont si profonds, que les montagnes paraissent avoir été percées de part en part pour les former. On les appelle *barrancas*. Il y a des précipices qui se rencontrent tout à coup dans les plaines, escarpés comme un mur à plus de mille pieds de profondeur. Au travers des montagnes elles-mêmes, on aperçoit des fentes immenses, taillées par les rivières, comme si, après y avoir percé un tunnel, le faîte s'était écroulé. On les appelle des *cagnons*. Toutes ces bizarres formations caractérisent la région sauvage du grand Désert américain.

Il a aussi ses habitants. On les trouve dans les oasis, dont quelques-unes sont assez étendues et occupées par des hommes civilisés. Une d'elles est la contrée du Nouveau-Mexique, qui renferme un grand nombre de villes et près de 100 000 habitants, de sang espagnol mêlé au sang indien. Une autre oasis est le territoire qui entoure le grand lac salé et le lac Utah. Un établissement d'Américains et d'Anglais s'y est formé en 1846. Ce sont les Mormons; et, quoiqu'ils demeurent à des centaines de milles de toute mer, ils paraissent destinés à devenir une grande et puissante nation.

Outre ces deux grandes oasis, il y en a des milliers d'autres, de toutes les grandeurs, depuis cinquante milles de large, jusqu'au petit terrain de quelques acres, fertilisé par les eaux d'une source bienfaisante. La plupart sont inhabitées. Dans les autres, au contraire, demeurent des tribus indiennes, quelquefois nombreuses et puissantes, possédant des chevaux et du bétail, le plus souvent réunies en petits groupes de trois ou quatre familles, vivant misérablement de racines, de graines, d'herbes, de reptiles et d'insectes. Aux deux grands établissements que nous venons de mentionner, à la population indienne, il faut encore ajouter une classe d'hommes blancs dispersés dans cette contrée. Ce sont les chasseurs et les trappeurs. Ils vivent en *trappant* le castor et en chassant les buffles et autres animaux. Leur existence est une suite non interrompue de périls. Ils ont à combattre les animaux sauvages qu'ils rencontrent dans leurs excursions solitaires, et les Indiens hostiles avec lesquels ils sont continuellement en contact. Ces hommes recherchent les fourrures de castor, de loutre, de rat musqué, de martre, d'hermine, de lynx, de renard, et la peau de beaucoup d'autres animaux. C'est leur unique occupation et leur seule ressource pour vivre. Des *forts*, ou entrepôts de commerce, établis par d'aventureux marchands, se trouvent à de grandes distances les uns des autres. Les trappeurs viennent y échanger leurs fourrures contre des vivres, des habits et des objets nécessaires à leur métier périlleux.

Une dernière classe d'hommes, enfin, traverse

le grand Désert. Depuis quelques années, un commerce suivi s'est établi entre l'oasis du Nouveau-Mexique et les États-Unis. Ce commerce emploie un capital considérable et un grand nombre d'hommes, principalement des Américains. Les marchandises sont transportées sur de grands wagons ou chariots traînés par des mules ou des bœufs. Un train de ces wagons forme une *caravane*. D'autres caravanes espagnoles traversent la partie occidentale du désert de la Sonora et de la Californie, jusqu'au Nouveau-Mexique : vous voyez donc que le Désert américain a ses caravanes aussi bien que le Sahara d'Afrique.

Elles parcourent ainsi des centaines de milles à travers des contrées où il n'y a pas d'autres habitants que les hordes nomades et dispersées des Indiens; et, dans plusieurs parties de la route, la terre est si stérile que les Indiens mêmes n'y peuvent subsister.

Ces caravanes, cependant, ont coutume de suivre une direction connue, où l'on peut trouver de l'herbe et de l'eau à certaines époques de l'année. Il y a plusieurs de ces chemins ou *pistes*, comme on les appelle, qui vont des établissements formant la frontière des États-Unis à ceux du Nouveau-Mexique. Néanmoins, dans l'espace compris entre quelques-uns de ces sentiers, s'étendent de vastes régions désertes, entièrement inexplorées, inconnues, et quelques territoires fertiles dont le sol n'a jamais été foulé par le pied de l'homme.

Telle est, mon jeune lecteur, la rude esquisse des principaux traits du grand Désert américain.

Laissez-moi vous y conduire et vous montrer de plus près quelques-uns de ses aspects sauvages, mais pleins d'intérêt. Je ne vous décrirai pas ce qu'il y a de plus terrible, de peur de vous effrayer. Ne craignez rien, je vous conduirai à bon port. Suivez-moi avec confiance.

II.

Le piton blanc.

Il y a quelques années, je faisais partie d'une troupe de marchands des prairies, qui se rendaient, avec une caravane de Saint-Louis sur le Mississipi, à Santa-Fé, dans le Nouveau-Mexique. Nous suivions la piste accoutumée de Santa-Fé. N'ayant pu nous défaire de toutes nos marchandises dans le Nouveau-Mexique, nous gagnâmes la grande ville de Chihaha, qui se trouve un peu plus loin au sud. Après avoir terminé nos affaires, nous nous disposions à retourner aux États-Unis, en suivant le chemin que nous avions déjà parcouru, lorsqu'on proposa, maintenant que nous n'avions plus d'autre charge que notre argent, d'explorer une piste nouvelle à travers les prairies. Nous désirions tous trouver une meilleure route que celle de Santa-Fé, et nous nous attendions à en rencontrer une entre la ville et El Paso, sur la rivière Del Norté, et quelque point de la frontière d'Arkansas.

En arrivant à El Paso, nous vendîmes nos wagons et achetâmes des mules mexicaines, en prenant à gage un certain nombre d'*arrieros* ou muletiers pour les conduire. Nous prîmes en même temps des chevaux de selle, choisis dans cette petite race si rapide du Nouveau-Mexique, la plus convenable pour voyager dans le désert. En outre, nous eûmes soin de nous pourvoir de tous les articles de vêtement et des provisions de toute sorte qui pouvaient nous être utiles dans cette exploration. Nos préparatifs de voyage terminés, nous disons adieu à El Paso, et prenons la direction de l'orient. Nous étions douze en tout, tant marchands que chasseurs, qui avions consenti à voyager de société à travers les prairies. Un mineur appartenant à une exploitation de cuivre près d'El Paso s'était joint à nous. De plus nous avions quatre Mexicains, les arrieros, chargés de conduire notre petite caravane de mulets. Nous étions tous bien armés, et montés sur les meilleurs chevaux que nous avions pu nous procurer à prix d'argent.

Il nous fallut d'abord franchir les Montagnes

Rocheuses, qui traversent toute la contrée du nord au sud. La chaîne qui s'étend à l'est d'El Paso prend le nom de Sierra de Organos ou monts des Orgues. Ils sont ainsi appelés à cause de la forme de leurs pics élevés, qui ressemblent à des tuyaux d'orgue. Les rochers de ces monts escarpés présentent souvent les figures les plus fantastiques et les plus bizarres, par suite de leurs stratifications toutes particulières. Mais un des traits les plus curieux de ces montagnes, c'est le lac qui se trouve sur le sommet de l'une d'elles, et dont les eaux ont leur flux et leur reflux comme l'Océan ! Personne n'a encore constaté ce phénomène remarquable, qui attend une explication de la science géologique. Ce lac est le lieu de réunion favori des animaux sauvages de la contrée; les daims et les élans se trouvent en grand nombre sur ses bords. Ils ne sont pas même inquiétés par les chasseurs mexicains, qui semblent avoir une crainte superstitieuse des esprits des montagnes des Orgues, et qui gravissent rarement leurs côtes escarpées.

Nous trouvâmes, à travers la chaîne, un passage facile qui nous conduisit dans une contrée ouverte de l'autre côté. Après une marche de plusieurs jours sur le versant oriental des Montagnes Rocheuses, qui sont aussi connues que les chaînes du Sacramento et de la Guadeloupe, nous rencontrâmes un petit ruisseau dont nous suivîmes le cours. Il nous conduisit à une grande rivière coulant du nord au sud, que nous reconnûmes pour le célèbre Pecos, ou, comme on l'appelle aussi quelquefois, le Puerco. Vous remarquerez que tous ces noms sont espagnols. Le pays que nous parcourions, en effet, quoique inhabité et à peine exploré par les Espagnols du Mexique, fait encore partie de leur territoire; c'est pour cela que la plupart de ces lieux, connus seulement des chasseurs et des voyageurs, ont reçu des noms empruntés à leur langue.

Nous traversâmes le Pecos, et fîmes route pendant quelques jours sur la rive gauche, dans l'espoir de découvrir un autre cours d'eau venant de l'est, que nous aurions voulu suivre; il fallut y renoncer, et quitter en même temps la rive du Pecos pour prendre le pays ouvert à une distance de quelques milles, avant de pouvoir regagner ses eaux. En cet endroit-là la rivière, par un travail de plusieurs siècles, s'était frayé un passage dans les collines qui faisaient obstacle à son cours, laissant de chaque côté de vastes précipices ouverts.

Ayant pénétré au nord plus avant que nous ne le voulions, il fut enfin décidé que l'on essayerait de traverser la plaine aride qui s'étendait à l'est aussi loin que la vue pouvait atteindre. C'était une périlleuse entreprise que de quitter la rivière sans savoir s'il y avait de l'eau devant nous. Les voyageurs, dans des circonstances semblables, suivent de près le cours d'un ruisseau partout où il s'en trouve dans leur direction ; mais nous étions impatientés de ne point rencontrer d'affluent du Pecos du côté de l'est : aussi, après avoir fait notre provision d'eau et donné à boire à nos bêtes, nous entrâmes résolûment dans la plaine.

Au bout de quelques heures de marche nous nous trouvâmes au milieu d'un vaste désert sans collines, sans montagnes, et ne présentant à la vue aucun accident de terrain ; à peine apercevait-on quelques faibles traces de végétation : çà et là des buissons de sauge rabougris et de cactus épineux, et nulle part un seul brin d'herbe pour réjouir la vue de nos animaux ; pas une goutte d'eau, rien qui indiquât que la pluie ait jamais tombé sur cette plaine aride. La terre était aussi sèche que la poudre, et la poussière, soulevée par le sabot de nos chevaux et de nos mulets, tourbillonnait autour de nous en nuages épais. Ajoutez à cela une chaleur excessive qui, avec la poussière et la fatigue de la marche, nous causait une soif tellement ardente, que nous eûmes bientôt épuisé notre provision d'eau ; longtemps avant la nuit il ne nous en restait plus une seule goutte, et chacun de nous criait la soif. Nos animaux souffraient encore plus que nous, qui du moins avions pris de la nourriture, tandis que les pauvres bêtes n'avaient rien eu à manger.

Nous ne pouvions pas revenir sur nos pas: nous espérions d'ailleurs, en continuant notre route, rencontrer de l'eau beaucoup plus tôt qu'en revenant à la rivière que nous avions laissée. Vers la fin de l'après-midi, nos yeux furent frappés d'un délicieux spectacle, et nous nous levâmes sur nos selles avec un sentiment de joie indicible. Vous vous imaginez sans doute que nous avions aperçu de l'eau, mais non : c'était un objet blanc qui paraissait dans le ciel à une grande distance; il était de forme triangulaire, et semblait suspendu dans les airs comme la partie supérieure d'un immense cerf-volant. Chacun de nous reconnut d'un simple coup d'œil que c'était le sommet d'une montagne couverte de neige.

Vous vous demandez pourquoi ce spectacle nous causait un tel sentiment de plaisir ; car, dans votre opinion, le piton neigeux d'une montagne n'a rien de bien hospitalier : c'est que vous ignorez les particularités du désert. Je vais m'expliquer. Nous savions, à l'aspect de cette montagne, qu'elle était de celles où la neige ne fond jamais, et qui sont désignées dans tout le Mexique sous le nom de *nevadas*, ou neigeuses. Nous savions, en outre, que du flanc de ces monts coulent, en toute saison, de nombreuses sources, mais surtout pendant l'été, à cause de la fonte des neiges. Voilà ce qui nous réjouissait ; et, bien que la montagne parût à une grande distance, nous poussâmes en avant avec une nouvelle énergie ; nos bêtes elles-mêmes, comme si elles eussent compris ce dont il s'agissait, faisaient entendre de joyeux hennissements et prenaient une allure plus vive et plus décidée.

Le triangle blanc devenait de plus en plus grand à mesure que nous avancions. Au coucher du soleil, nous pûmes distinguer les noires sutures de la partie la plus basse de la montagne, et les raies jaunes brillant sur le cristal de la neige comme une couronne d'or. Quel ravissant spectacle pour les yeux du voyageur !

Le soleil se coucha, et la lune prit sa place dans les cieux. A sa pâle clarté nous nous dirigeons vers le pic de la montagne, encore étincelant devant nous. Nous marchâmes toute la nuit. Et pourquoi aurions-nous fait halte ? il n'y avait à s'arrêter que pour mourir.

Le matin nous surprit traînant péniblement nos pas, car nous avions fait plus de cent milles depuis notre départ du Pecos ; et cependant la montagne, à notre grande surprise, était encore assez éloignée de nous. Comme le jour commençait à poindre, nous pûmes distinguer la configuration de la base, et nous remarquâmes que sur sa face méridionale un profond ravin s'élançait jusqu'au sommet. Du côté de l'ouest, le plus près de nous, il n'y avait aucune trace semblable, et nous conçûmes la pensée que la place la plus convenable pour l'écoulement des eaux était le ravin du sud, où le courant pouvait se former par l'agrégation des neiges fondues.

Nous dirigeâmes notre course vers le point où le ravin paraissait avoir son débouché dans la plaine. Notre calcul était exact. En approchant, après avoir tourné le pied de la montagne, nous aperçûmes une ligne d'un beau vert qui se détachait sur le brun foncé du désert. On aurait dit une haie avec de grands arbres croissant çà et là par-dessus le reste. C'étaient des bouquets de saules et de cotonniers. Il n'y avait plus à douter de la présence de l'eau, et nous saluâmes avec bonheur ces signes précurseurs. Les hommes poussaient des hourras joyeux, les chevaux hennissaient, les mulets brayaient, et, quelques instants plus tard, hommes, mulets et chevaux s'agenouillaient sur les bords d'un ruisseau limpide pour s'abreuver dans ses eaux rafraîchissantes.

III.

L'oasis dans la vallée.

Après une course si longue et si pénible, nous éprouvions tous le besoin de nous reposer et de

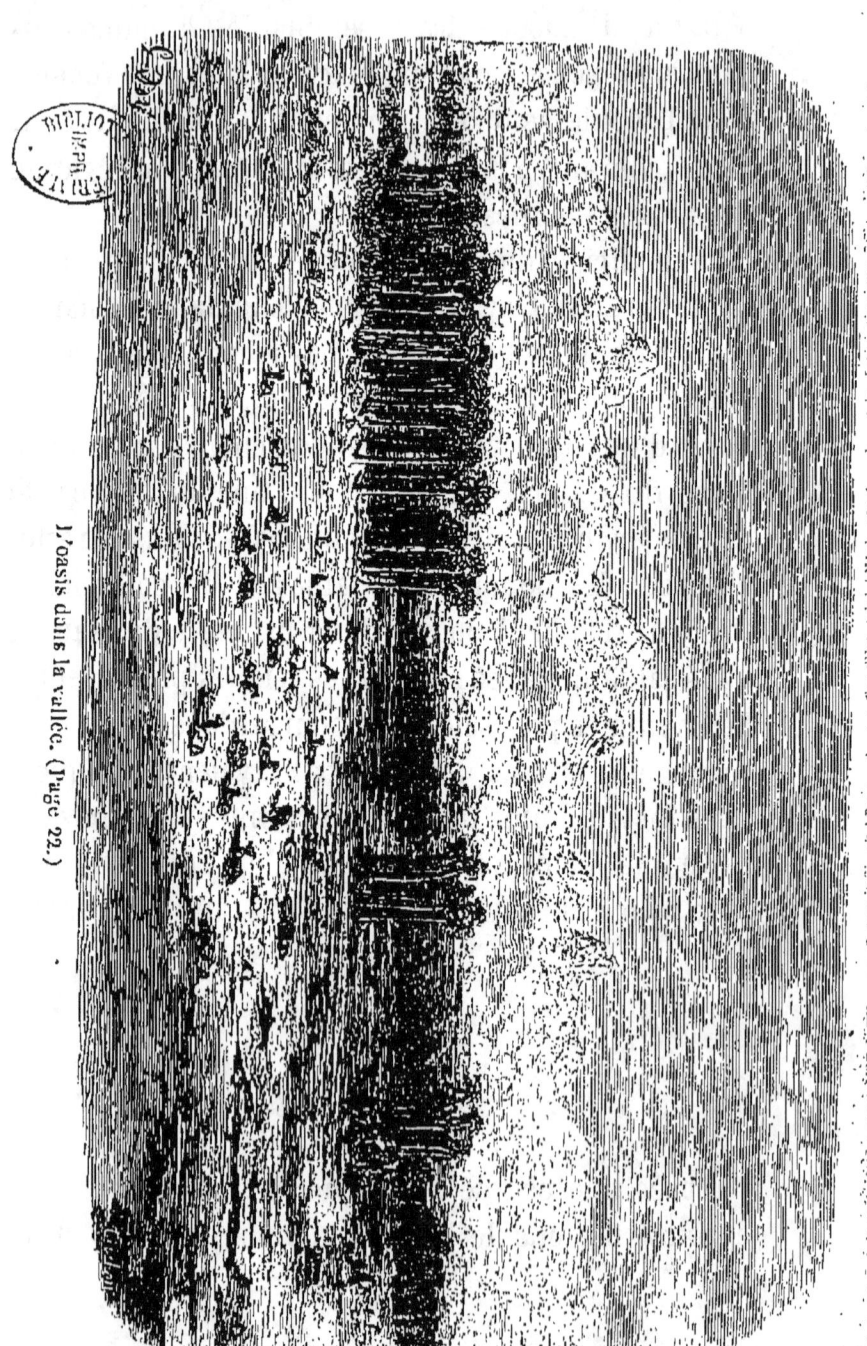

L'oasis dans la vallée. (Page 22.)

prendre de nouvelles forces. Nous désirions nous arrêter toute la nuit sur les bords du ruisseau, et peut-être un jour ou deux. La frange de saules s'étendait sur ses rives à une distance de cinquante verges dans la plaine. Parmi ces arbres, et sous leur ombrage, croissaient des touffes d'herbes d'une espèce particulière au Mexique, et connue sous le nom de *grammites*. C'est un herbage riche et nourrissant, dont les chevaux et le bétail sont aussi friands que les buffles et les autres animaux sauvages. Nos mulets et nos chevaux nous en donnèrent bientôt la preuve. Dès qu'ils eurent étanché leur soif, ils attaquèrent l'herbe à pleine bouche, les yeux brillants de convoitise. Nous les délivrâmes de leurs paquets et de leurs selles; puis, les ayant attachés à des piquets, nous leur laissâmes la liberté de manger à leur faim.

Nous nous occupâmes alors de notre souper. Nous n'avions pas encore eu beaucoup à souffrir de la faim. Pendant que nous traversions la plaine, nous mâchions de temps à autre quelques morceaux de viande séchée; mais il nous avait fallu la manger toute crue, et le *tasajo* (c'est le nom qu'on lui donne) n'est pas une très-bonne nourriture, qu'on le mange cru ou rôti. Après avoir vécu de la sorte pendant plus d'une semaine, nous brûlions d'envie de manger de la viande fraîche. Durant toute la route depuis El Paso nous n'avions point rencontré de gibier, si ce n'est une demi-douzaine de maigres antilopes, dont nous n'avions réussi à abattre qu'une seule à coups de fusil.

Pendant que nous attachions nos bêtes et que nous achevions de préparer notre souper de café et de tasajo, un des chasseurs, nommé Lincoln, tira un coup de feu dans le ravin. D'abord nous entendîmes le sifflement de sa carabine retentissant à travers le défilé; puis, regardant en haut, nous aperçûmes un troupeau de *bigornes* (c'est ainsi qu'on appelle les moutons sauvages des Montagnes Rocheuses) sautant de roche en roche, et s'enfuyant comme des oiseaux aux sommets des monts. Lincoln parut bientôt au débouché du défilé, portant sur ses bras un animal que nous reconnûmes, à ses grandes cornes en forme de croissant, pour avoir appartenu au troupeau qui venait de s'enfuir. Il pouvait être aussi gros qu'un daim, et les couteaux des adroits chasseurs ne mirent pas longtemps à l'écorcher et à le découper. En même temps, des mains robustes saisissaient deux haches; un arbre à coton tombait à terre après quelques coups répétés, et bientôt coupé en souches, il petillait dans la flamme ardente. Les côtes et les tranches du bigorne furent étendues sur la braise; la cafetière, mise au feu, commença à frémir, puis à bouillir avec sa liqueur brune et odorante. Le souper terminé, chacun de nous s'enroula dans sa couverture et oublia bientôt les périls que nous avions traversés.

Le lendemain nous nous levâmes réconfortés, et après déjeuner nous tînmes conseil sur la route que nous avions à prendre. Nous aurions bien suivi le ruisseau, s'il n'avait pas coulé dans la direction du sud, où nous n'avions rien à faire. Il nous fallait aller à l'est. Pendant que nous délibérions, un cri du chasseur Lincoln attira notre attention. Il se tenait debout dans la plaine, à une petite distance des saules, et regardait du côté du sud. Nous tournâmes les yeux dans cette direction, et, à notre grande surprise, nous aperçûmes une colonne de fumée ondulant dans le ciel et qui semblait s'élever de la plaine.

« Ce sont des Indiens ! s'écria un de nos compagnons.

— J'ai remarqué là-bas, dans la prairie, un singulier enfoncement, reprit Lincoln ; c'était la nuit dernière, lorsque j'étais à l'affût du bigorne. La fumée que nous voyons vient de là ; et où il y a de la fumée il doit y avoir du feu, et le feu ne s'allume pas tout seul. Il y a donc là des peaux rouges ou des blancs.

— Des Indiens ! des Indiens, sans nul doute, s'écrièrent plusieurs d'entre nous ; quels autres pourraient se trouver en un tel lieu à des centaines de milles de toute habitation ? Ce sont des Indiens. »

Nous nous consultâmes brièvement sur ce que nous avions de mieux à faire. Notre feu était éteint, nos chevaux et nos mulets ramenés sous l'ombrage des saules. Les uns proposaient d'envoyer une petite troupe en reconnaissance le long du ruisseau ; les autres étaient d'avis de gravir la montagne, d'où nous pourrions dominer l'endroit qui laissait échapper la fumée. C'était évidemment le meilleur parti à prendre, d'autant plus que, s'il ne réussissait pas, il serait toujours temps de recourir à l'autre expédient. Une demi-douzaine d'entre nous, laissant les autres à la garde du camp, gravirent immédiatement la montagne.

Nous grimpâmes au-dessus du ravin, nous arrêtant de temps à autre pour regarder dans la plaine. Nous parvînmes ainsi à une élévation considérable. Enfin nous surprîmes un sillon de lumière qui semblait sortir d'un profond barranca où se précipitait le ruisseau ; mais nous ne pûmes rien distinguer à une si grande distance. Nous apercevions la plaine, qui s'étendait bien au delà, desséchée et stérile. D'un seul côté, et c'était vers l'est, on découvrait une ceinture de verdure, avec quelques arbres solitaires, disséminés çà et là, rarement réunis en groupes de deux ou trois arbrisseaux rabougris. Au milieu de cette ceinture, on distinguait une ligne ou fente dans la plaine : c'était sans doute un lit par lequel le ruisseau sortait du barranca.

C'était un magnifique spectacle à contempler. (Page 31).

Comme nous ne pouvions rien découvrir de plus en restant sur la montagne, nous descendîmes pour rejoindre nos compagnons au camp.

Il fut alors résolu qu'une troupe choisie suivrait le cours d'eau jusqu'aux limites de cette singulière vallée, afin de la reconnaître avec prudence. Nous partons au nombre de six, laissant nos chevaux, comme tout à l'heure. Nous marchons en silence, cherchant à nous dérober parmi les saules, aussi près que possible des bords du ruisseau. Nous faisons ainsi un mille et demi environ; nous voyons que nous sommes tout près de la limite du barranca. Nous entendons un bruit pareil à celui d'une chute d'eau; nous pensons que c'est une cataracte formée par le ruisseau, qui se précipite dans l'étrange ravine qui commence déjà à se développer devant nous. Nos conjectures étaient fondées. Un instant après nous parvenons à nous glisser sur le sommet d'un pic escarpé, d'où s'échappait l'eau du ruisseau pour se précipiter d'une hauteur de plus de deux cents pieds.

C'était un magnifique spectacle à contempler que ce jet immense, recourbé comme la queue d'un cheval, et plongeant au-dessous dans un lac d'écume, puis s'élevant avec ses millions de globules neigeux qui étincelaient au soleil de toutes les couleurs de l'arc-en-ciel. Oui, c'était un beau spectacle; mais nos yeux furent bientôt attirés par d'autres objets dont la vue nous remplissait d'étonnement. Au-dessous de nous, dans l'éloignement, s'épanouissait un délicieux vallon, souriant dans tout l'éclat d'une végétation luxuriante. Il était de forme presque ovale, borné de tous côtés par un précipice qui l'entourait comme un mur. Sa longueur pouvait être d'environ dix milles, et sa plus grande largeur de cinq tout au plus. Nous nous trouvions à son extrémité supérieure, et par conséquent nous pouvions le voir dans toute sa longueur. Sur les côtés du précipice, des arbres étaient plantés horizontalement, et quelques-uns touchaient la terre de leur cime : c'étaient des cèdres et des pins. Nous apercevions en même temps les branches noueuses des grands cactus qui poussaient entre les fentes des rochers. Plus loin se trouvait le mezcal ou plant de maguey sauvage, croissant vis-à-vis la pente, et dont les feuilles écarlates contrastaient agréablement avec le sombre feuillage des cèdres et des cactus. Quelques-unes de ces plantes étaient situées au plus haut du précipice béant, et leurs longues tiges recourbées donnaient un singulier caractère à ce paysage. Sur les flancs de cette montée tout était âpre, sombre et pittoresque. Combien la scène changeait d'aspect lorsqu'on regardait au-dessous ! Tout alors paraissait doux, souriant et agréable. C'étaient de larges espaces de terrain boisé, où l'épais feuillage des arbres formait, en s'entrelaçant, comme un tapis qui recouvrait le sol; çà et là, par de rares échappées, on apercevait le gazon vert des clairières. Les feuilles des arbres présentaient des couleurs variées, car l'automne était déjà avancé. Le jaune, l'orange, le pourpre, le marron, toutes les nuances du vert et du blanc, étaient mêlés et fondus comme des fleurs sur une riche tapisserie.

Au centre du vallon brillaient les eaux limpides d'un lac aussi pur que le cristal et aussi poli qu'un miroir. Le soleil était alors au milieu de sa course, et ses rayons, dardant à la surface de l'eau, lui donnaient l'apparence d'une vaste feuille de papier doré. On ne pouvait distinguer les bords du lac, parce que les arbres en dérobaient une partie à la vue; mais il était facile de voir que la fumée qui nous avait attirés en ces lieux s'échappait de la partie occidentale.

Nous retournâmes au camp, où nous avions laissé nos compagnons. Il fut décidé que nous tournerions à cheval le barranca, jusqu'à ce qu'un endroit facile à descendre se présentât devant nous. N'était-il pas évident que cet endroit existait quelque part? Comment, en effet, auraient pu arriver là ceux qui y avaient allumé du feu?

Nous laissâmes derrière nous les Mexicains avec les mulets, et, le reste de la troupe étant monté à cheval, nous partîmes ensemble. Nous prîmes le côté de l'est, en ayant bien soin de nous baisser dans la plaine, afin d'approcher sans être vus et de découvrir quelle sorte de gens se trouvaient dans la vallée. Arrivés à l'opposé de la place d'où s'échappaient encore des flocons de fumée, nous fîmes halte, et deux d'entre nous, descendant de cheval, se traînèrent sur le bord du précipice, en ayant soin de se tenir derrière quelques buissons qui se trouvaient entre eux et le lac. Enfin il fut possible de découvrir ce qu'il y avait en bas. Nous fûmes saisis d'étonnement, car nous étions loin de nous attendre au tableau singulier qui se déroulait devant nous. Sur la rive opposée du lac dont je vous ai parlé, à cent verges environ de ses bords, s'élevait une habitation de belle apparence, avec une autre maison plus petite à quelque distance de la première. Une barrière servant de clôture les entourait. Un grand espace défriché était divisé en champs, dont les uns étaient cultivés, tandis que les autres servaient de pâture aux troupeaux. Ce paysage avait tout à fait l'aspect d'une belle ferme, avec ses étables, sa maison d'habitation, son jardin, ses champs, ses chevaux et son bétail. La distance était trop grande pour qu'il nous fût possible de distinguer quelle sorte de bétail il y avait là-bas; mais ces animaux paraissaient être de différentes espèces; les uns roux, les autres blancs ou tachetés, On apercevait des hommes et des enfants, au nombre de quatre, qui allaient et venaient dans l'enclos, et une femme sur le seuil de la maison. Il n'était pas possible de dire si c'étaient des blancs; mais nous étions bien convaincus de n'avoir point affaire à des Indiens, parce qu'ils n'auraient pas été capables de construire une telle habitation. Ce spectacle inespéré étonnait et ravissait nos regards. Nous étions loin de nous attendre à un tel paysage au milieu du désert stérile. Le lac était uni comme une glace, le soleil brillait à sa surface, et l'on voyait sur ses bords plusieurs grands animaux qui plongeaient dans l'eau jusqu'aux genoux.

D'autres objets sur lesquels nous n'avions pas le temps de nous arrêter frappèrent nos yeux; mais nous avions hâte de retourner vers nos compagnons.

Nous persistâmes dans notre résolution d'aller encore plus loin, afin de découvrir le chemin qui conduisait à cette oasis si extraordinaire. Croyant distinguer une sorte de dépression dans la plaine, près de l'extrémité inférieure de la vallée, nous dirigeâmes notre course de ce côté. Après une marche de quelques milles, nous parvînmes à l'endroit où le ruisseau s'échappait dans la direction de l'est. C'était là le véritable chemin que nous cherchions. Il s'étendait tout le long du ruisseau, et tournait en quelque sorte la face du précipice. Il n'était pas beaucoup plus large qu'un chariot, mais il était facile d'y descendre. Sans hésiter davantage, nous le suivîmes résolûment.

IV.

Un singulier établissement.

Ce chemin nous conduisit, par un sentier battu tout le long du ruisseau, jusqu'au fond de la vallée. De là il était facile de nous rendre au bord du lac, d'où nous pouvions apercevoir l'habitation. Nous fûmes surpris de la grande variété d'arbres que l'on voyait dans les bois, et encore plus de la diversité des jolis oiseaux qui sautillaient parmi les feuilles.

Nous étions en vue de la clairière où l'habitation et le lac étaient situés. La prudence nous commandait de ne pas aller plus loin sans avoir fait une nouvelle reconnaissance. Je descendis de cheval avec un de mes compagnons, et nous nous glissâmes derrière un bouquet d'arbrisseaux feuillus, d'où nous pouvions examiner à notre aise l'habitation et les champs qui l'entouraient.

La maison, bien construite, était en troncs d'arbres, comme on en rencontre dans les États de l'Amérique occidentale. D'un côté se trouvait un jardin que des champs cultivés environnaient. Nos suppositions se réalisaient donc, et nous reconnûmes dans un de ces champs du maïs ou blé indien, et dans un autre du froment. Mais ce qui excita au plus haut degré notre étonnement, ce fut la diversité d'animaux que nous apercevions dans les enclos. A première vue, on aurait pu croire que c'étaient ceux que l'on trouve ordinairement alentour des fermes de l'Angleterre ou de l'Amérique, c'est-à-dire des chevaux, des bestiaux, des moutons, des chèvres, des porcs et de la volaille. Jugez donc de notre surprise, lorsque, en regardant avec plus d'attention, nous ne pûmes reconnaître un seul animal ressemblant exactement à ceux que je viens de nommer, excepté les chevaux; et encore ils étaient plus petits que l'espèce commune, et tous tachetés comme des chiens de chasse. C'étaient ce qu'on appelle des *mustangs*, les chevaux sauvages du Désert.

Les animaux noirs que nous avions pris pour des bestiaux étaient des buffles! des buffles parqués dans les champs, et ne faisant pas attention aux êtres humains qui allaient et venaient au milieu d'eux en poussant des cris de joie! Bien plus, les deux bêtes accouplées à la charrue étaient de la même espèce : deux grands buffles qui travaillaient avec toute la tranquillité et la régularité des bœufs!

D'autres, d'une taille encore plus élevée que les buffles, attirèrent notre attention. Il y en avait plusieurs qui se tenaient tranquillement dans l'eau du lac. Leurs grands corps et leurs cornes branchues faisaient de l'ombre à sa surface comme dans un miroir. Nous reconnûmes le grand élan d'Amérique. Plusieurs espèces de daims, des antilopes aux cornes courtes et fourchues ; des animaux de la même taille que ceux-ci, mais avec de grandes cornes recourbées comme celles du bélier ; d'autres qui ressemblaient à des boucs ou à des moutons ; les uns sans queue et se rapprochant du cochon, les autres semblables à des renards ou à des chiens ; ainsi que des volatiles de toute espèce, s'agitant autour des portes, et parmi lesquels nous remarquâmes le grand et svelte dindon sauvage, donnaient à ce tableau animé l'aspect d'un jardin zoologique ou bien d'une ménagerie.

Puis nous vîmes deux hommes : l'un, de haute taille, était un blanc d'un florissant embonpoint ; l'autre était un nègre petit et aux formes épaisses. Ce dernier conduisait la charrue. Auprès d'une femme assise sur le seuil et travaillant, se tenaient deux jeunes garçons et deux jeunes filles qui paraissaient être ses enfants.

Mais ce qui nous étonna le plus, mon compagnon et moi, ce fut, devant la maison et près du porche sous lequel la femme était assise, l'étrange spectacle qui s'offrit à nos yeux. Figurez-vous d'abord deux grands ours noirs, sans aucune entrave et jouant ensemble ; puis d'autres animaux plus petits, que nous avions pris de loin pour des chiens, et que nous reconnûmes à leur queue touffue, à leur museau fin, à leurs petites oreilles courtes et droites, pour tenir beaucoup plus du loup que du chien. Ils appartenaient à une espèce que l'on rencontre communément chez les Indiens, et que l'on devrait appeler plutôt des loups-chiens que des chiens-loups. Il y en avait au moins une demi-douzaine. Mais les plus effrayants à voir étaient deux animaux d'un roux basané, qui rampaient sous le porche presque aux pieds de la femme. Leur tête arrondie et leurs oreilles semblables à celles du chat, leur mufle noir et court, leur gorge blanche, leur poitrail d'un rouge pâle, nous disaient assez ce que nous avions sous les yeux.

« Des panthères ! » murmura mon compagnon en respirant fortement et me regardant d'un air stupéfait. Oui, c'étaient des panthères, comme les appellent les chasseurs, ou mieux des cougars, le *felis concolor* des naturalistes, le lion d'Amérique.

Au milieu de tous ces animaux féroces, les deux jeunes filles allaient et venaient sans paraître en peine de leur présence, pas plus que les bêtes ne semblaient se préoccuper d'elles. Cette scène nous remit en mémoire les temps annoncés dans les saintes Écritures, où toute la terre doit être en paix et où « le lion se reposera à côté de l'agneau. »

Nous ne voulûmes pas nous arrêter à en voir davantage. Nous étions satisfaits, et nous retournâmes vers nos compagnons. Au bout de cinq minutes, toute la troupe entrait dans la clairière et se dirigeait vers l'habitation. Notre soudaine apparition répandit de tous côtés la consternation. Les hommes jetaient des cris, les chevaux hennissaient, les chiens hurlaient et aboyaient, et jusqu'à la volaille qui se mêlait à ses clameurs. On nous prenait, sans aucun doute, pour une bande d'Indiens; mais nous ne fûmes pas longtemps à faire comprendre qui nous étions. Nos explications données, l'homme blanc nous invita, de la façon la plus polie, à mettre pied à terre et à accepter son hospitalité. En même temps, il donna des ordres pour que l'on préparât notre dîner, et, nous ayant priés de conduire nos chevaux dans un des enclos, il commença à jeter du blé dans une grande auge de bois. Le nègre qui le servait et les deux jeunes garçons qui paraissaient être ses fils l'aidèrent dans cet office.

Nous étions toujours émerveillés. Tout ce que nous voyions était étrange, inexplicable. Les animaux, qu'aucun de nous n'avait jamais vus qu'à l'état sauvage, étaient doux, apprivoisés comme le bétail d'une ferme. A chaque pas nous en découvrions de nouvelles espèces. Les plantes les plus singulières croissaient aussi dans les champs et dans le jardin : les ceps de vigne couvraient les espaliers, le blé jaune remplissait les mangeoires; les hirondelles voltigeaient autour des pigeons ramiers et des martins-pêcheurs. Tout cela formait un tableau aussi curieux qu'agréable.

Nous allions et venions depuis plus d'une heure, lorsque l'on nous appela pour dîner.

« Suivez-moi, messieurs, » dit notre hôte en nous montrant le chemin de la maison. Nous entrâmes, et prîmes place autour d'une table de dimension convenable, sur laquelle fumaient plusieurs plats de mets savoureux et appétissants. Les uns étaient de vieilles connaissances, tandis que les autres étaient nouveaux pour nous. Des tranches de venaison, des langues de buffle, des côtelettes de bison (la partie la plus délicate de cet animal), des volailles rôties, des œufs de dinde sauvage à la coque et en omelettes ; du pain, du beurre, du fromage ; tout excitait notre appétit, qui, à vrai dire, n'avait pas besoin d'être aiguisé en cette circonstance. Nous étions morts de faim, car nous n'avions rien mangé depuis le matin. Une grande bouilloire frémissait sur le feu. Que pouvait-elle contenir ? Assurément ni thé, ni café. Notre curiosité fut bientôt satisfaite. On plaça des tasses devant nous, et, dans le liquide bouillant qu'on y versa, nous trouvâmes un breuvage aussi salutaire qu'agréable au goût. C'était du thé, de la racine de sassafras avec du sucre d'érable ; chacun de nous pouvait y mêler de la crème à sa volonté. Nous l'avions bien vite goûté, et la plupart d'entre nous le trouvaient aussi bon que le thé de la Chine.

Pendant le repas, nous ne pouvions nous empêcher de considérer les singuliers objets qui nous environnaient. Tous les meubles étaient simples et grossiers ; évidemment ils avaient été, pour la plupart, façonnés en ces lieux. Les vases étaient de formes variées et de diverses matières. On avait taillé des coupes, des plats et des tasses dans l'enveloppe des gourdes et des calebasses, ainsi que de grandes et de petites cuillers. Il y avait des assiettes et des vases taillés ou creusés dans le bois, ainsi qu'une bien plus nombreuse vaisselle de poterie rouge, de toutes formes et de toutes dimensions. C'étaient de grands pots à soupe, des jarres pour puiser l'eau, des cruches de toute sorte.

Les chaises étaient aussi de construction grossière, mais admirablement ajustées. Presque toutes étaient recouvertes de peaux non préparées, tendues de biais et en arrière, ce qui les rendait excessivement solides et commodes. Quelques-unes plus légères, évidemment destinées à l'ameublement des deux chambres intérieures de la maison, avaient un fond tressé en feuilles de palmier.

On avait à peine essayé d'orner les murs, si ce n'est de quelques curiosités provenant des productions de la vallée : des oiseaux empaillés, d'un rare et brillant plumage, de grandes cornes d'animaux ;

deux ou trois écailles de tortue terrestre soigneusement polies. On ne voyait ni glaces ni peintures; pas de livres, un seul excepté. C'était un volume de grosseur moyenne, placé sur une petite table faite exprès. Ce livre, conservé avec le plus grand soin, avait été proprement et habilement relié dans la peau d'une jeune antilope. J'eus la curiosité d'ouvrir ce livre, bientôt après mon entrée. Je lus sur la première page ces mots en grosses lettres : SAINTE BIBLE. Cette circonstance augmenta l'intérêt que m'inspiraient déjà notre hôte et sa famille. Je m'assis à la table avec confiance, remerciant le ciel de recevoir l'hospitalité d'un chrétien, dans ce coin reculé de la terre.

Notre hôte et sa famille assistèrent au repas. Nous les avions tous vus à notre arrivée, car ils étaient accourus pour nous souhaiter la bienvenue; mais combien nous fûmes surpris en écoutant la conversation des enfants! Nous étions les premiers blancs qu'ils eussent vus depuis plus de dix ans! C'étaient de beaux enfants, tous robustes, pleins de vie et d'animation. Il y avait deux garçons, Frank et Henri, comme leur mère les appelait, et deux filles. L'une avait le teint très-foncé : c'était une petite brunette à la physionomie espagnole. L'autre était aussi blonde que sa sœur était brune. La blonde était une ravissante petite créature aux cheveux dorés, aux yeux bleus, avec de longs cils noirs.

Elle se nommait Marie, et sa sœur Louisa. Elles étaient toutes deux très-jolies, mais ne se ressemblaient en rien ; et ce qu'il y a de plus singulier, c'est qu'elles paraissaient du même âge. Les garçons étaient aussi, eux, de même taille, quoique beaucoup plus âgés que leurs sœurs. Ils pouvaient avoir dix-sept ans environ, mais il me fut impossible de deviner lequel était l'aîné. Henri, avec ses cheveux blonds frisés, son visage mâle et coloré, ressemblait à son père, tandis que l'autre était brun et ressemblait tout à fait à sa mère. Celle-ci ne paraissait pas avoir plus de trente-cinq ans ; elle était encore fort bien et sa physionomie respirait la bonté.

Notre hôte était un homme de quarante ans, grand, bien fait, au teint frais et vermeil ; sa chevelure, autrefois blonde et bouclée, était maintenant grisonnante. Il ne portait ni barbe ni moustache, et son menton dénotait au contraire l'habitude de se raser tous les jours. Il avait toutes les manières d'un homme qui satisfait régulièrement à tous les devoirs de toilette. On devinait en lui l'homme comme il faut. Le bon ton de sa conversation nous dénota bientôt que nous avions rencontré un homme instruit.

Les habits de toute la famille avaient un caractère particulier : le chef portait une chemise de chasse et des chausses en peau de daim tannée, presque semblables à celles de nos chasseurs. Les garçons étaient vêtus de la même façon, mais ils avaient par-dessous une espèce de chemise en toile de ménage. Les femmes portaient des vêtements, partie de la même toile, partie d'une belle peau de faon préparée et rendue aussi souple qu'un gant. Plusieurs chapeaux étaient jetés de côté et d'autre, et je remarquai qu'ils étaient artistement faits de feuilles de palmier tressées.

Pendant que nous étions à table, le nègre parut à la porte, et, se penchant à l'intérieur, jeta sur nous des regards pleins de curiosité. Il était petit, robuste, noir comme le jais, et portait environ quarante ans. Sa tête était couverte d'une épaisse chevelure, courte et laineuse, dont pas une des boucles ne dépassait l'autre, ce qui donnait à son crâne l'apparence d'une pelote ronde. Ses dents étaient grandes et blanches : il les montrait chaque fois qu'il souriait, et cela lui arrivait continuellement. Il y avait quelque chose d'agréable dans l'expression de ses yeux d'un beau noir, qui ne restaient jamais en place et roulaient sans cesse de chaque côté de son nez épaté.

« Cudjo, il faut chasser ces bêtes, » dit la femme, ou plutôt la dame, car elle méritait évidemment cette dernière dénomination. Cet ordre, ou plutôt cette prière, faite d'un ton très-doux, n'eut pas besoin d'être réitérée. Cudjo s'empressa d'obéir : il se mit à sauter dans la salle, et en quelques instants il réussit à mettre dehors les chiens-loups, les panthères et tous les autres animaux de cette espèce qui s'étaient glissés entre nos jambes et sur nos pieds, non sans causer une certaine crainte à plusieurs d'entre nous.

Tout cela nous paraissait si étrange, que nous ne cherchions pas à dissimuler l'intérêt et la curiosité qui nous excitaient. Notre repas terminé, nous exprimâmes à notre hôte le désir que nous éprouvions d'avoir là-dessus des explications.

« Attendez jusqu'à la nuit, nous dit-il ; je vous raconterai mon histoire quand nous serons tous assis autour d'un bon feu ; maintenant vous avez besoin de vous réconforter d'une autre manière. Venez au lac et prenez un bain ; le soleil est chaud et encore élevé : un bain achèvera de vous reposer des fatigues du voyage. »

A ces mots il sortit du cottage et se dirigea vers le lac, suivi de toute la troupe. Quelques minutes après nous rafraîchissions nos membres dans les eaux limpides.

Nous employâmes le reste du jour à différentes occupations : quelques-uns retournèrent au pied de la montagne, où nous avions laissé les mulets à la garde des Mexicains, tandis que les autres parcouraient la maison et les champs, trouvant à chaque pas quelque nouvel objet de surprise.

Nous attendions la nuit avec impatience, car

notre curiosité était excitée au dernier point, et nous brûlions d'envie d'avoir l'explication de tout ce qui nous entourait.

Le soir enfin arriva. Après un excellent souper, nous nous assîmes autour d'un feu pétillant, pour entendre l'étrange histoire de Robert Rolfe. C'était le nom de notre hôte.

V.

Rolfe commence son histoire.

Il commença ainsi :

« Mes amis, quoique je ne sois pas né en Amérique, j'appartiens cependant à votre race : je suis Anglais; j'ai reçu le jour dans la partie méridionale de la Grande-Bretagne, il y a déjà plus de quarante ans. Mon père était un métayer, possesseur de la terre qu'il cultivait : aussi disait-on parfois de lui que c'était un noble fermier. Il avait malheureusement trop d'ambition pour sa condition. Il avait résolu que son fils unique serait un homme comme il faut, dans toute l'acception du mot, c'est-à-dire qu'il serait élevé suivant toutes les habitudes de dépense et d'élégance qui conduisent inévitablement à la ruine les gens d'une fortune médiocre. Cela n'était pas sage de la part de mon père; mais j'aurais mauvaise grâce à m'appesantir sur une faute qui dénotait sa trop grande faiblesse pour moi. Je crois que c'est la seule que mon bon, mon excellent père, ait jamais eue à se reprocher. A part cette folle ambition, son caractère était sans tache.

« Je fus envoyé aux écoles où je pouvais rencontrer les rejetons de l'aristocratie. J'appris la danse, l'équitation, le jeu. On me permettait de dépenser de l'argent à mon bon plaisir et de payer du champagne à mes camarades. A la fin de mes études de collége, on m'envoya faire un voyage. Je visitai les bords du Rhin, la France, l'Italie, et, au bout de quelques années, je revins en Angleterre, où j'arrivai pour assister à la mort de mon père.

« J'étais le seul héritier de ses biens, qui étaient assez considérables pour un homme de sa condition. Je les eus bientôt réalisés. Je ne pouvais me dispenser de vivre à Londres pour jouir de la société de quelques-uns de mes anciens camarades de collége. Je fus le bienvenu parmi eux tant que ma bourse leur fut ouverte; la plupart étaient aux expédients, avocats sans causes, officiers réduits à leur simple paye. Tous ces gens-là étaient nécessairement grands amateurs de jeu. Ils n'avaient rien à perdre et avaient tout à gagner. Cette vie dura un an ou deux, jusqu'à ce qu'ils eussent dévoré la plus grande partie de mon patrimoine. J'étais sur le point de tomber en déconfiture. Mais je fus sauvé par *elle*. »

A ces mots notre hôte se retourna vers sa femme,

qui était entourée de toute la famille et assise dans un coin du vaste foyer. La dame leva les yeux et sourit, tandis que les enfants, qui prêtaient la plus vive attention à ce récit, la regardaient avec amour.

« Oui, continua-t-il, Marie me sauva. Nous avions été camarades de jeu dans notre enfance, et nous nous retrouvâmes à cette époque. Notre ancienne affection se changea en un amour mutuel et nous finîmes par nous marier.

« Heureusement, la dissipation de ma vie n'avait pas détruit en moi tous les principes de vertu, comme cela arrive à la plupart des hommes. Ceux que ma bonne mère m'avait inculqués étaient demeurés gravés dans mon esprit et dans mon cœur.

« Dès que je fus marié, je résolus de changer de manière de vivre. Mais cela n'est pas aussi facile qu'on se l'imagine. Une fois que l'on est circonvenu par des compagnons tels que les miens, une fois que l'on est accablé de dettes et d'obligations, il faut autant de vertu que de courageuse résolution pour s'affranchir des uns et des autres. Il faut un effort suprême pour se débarrasser de ces mauvais amis qui ont intérêt à vous maintenir avec eux dans le déréglement. Mais j'étais résolu, et, grâce aux conseils de ma chère Marie, j'entrepris sans plus de retard d'accomplir ma détermination.

« Je fus obligé, pour payer mes dettes, de vendre la propriété que mon père m'avait laissée. Cela fait, et tous mes billets payés, je me trouvai possesseur de cinq cents livres[1] environ.

« Ma petite femme m'avait apporté la somme de deux mille cinq cents livres, ce qui nous faisait en tout trois mille livres pour débuter dans le monde. Ce n'est pas beaucoup pour vivre en Angleterre, et mener le train des gens dont j'avais jusqu'alors fait ma société. Je passai plusieurs années en essais infructueux pour accroître ma fortune, et il arriva qu'au bout de trois ans d'exploitation dans le fermage mes trois mille livres se trouvèrent réduites à deux. On m'avait dit que c'était plus qu'il ne fallait pour s'établir en Amérique et acheter une belle habitation. Je crus pouvoir assurer ainsi l'avenir de ma famille, et je m'embarquai avec ma femme et mes enfants pour New-York.

« Je rencontrai bientôt l'homme dont j'avais besoin afin de me mettre au courant de ce qu'il fallait faire pour commencer un établissement dans le Nouveau-Monde. Mon penchant me portait vers l'agriculture, et je fus encouragé dans cette direction par les conseils de celui que j'avais rencontré. Il me dit qu'il ne serait pas sage à moi de mettre tous mes fonds dans une terre neuve et inculte; que, faute d'avoir l'expérience de ce genre d'exploitation, je dépenserais en défrichements plus que la terre ne

---

1. La livre anglaise, ou livre sterling, vaut 25 fr. de France.

vaudrait. « Vous ferez mieux, continuait ma nou-
« velle connaissance, d'acheter une propriété déjà
« défrichée et enclose, avec une bonne maison, où
« vous pourrez vous établir immédiatement. »

« Je reconnaissais toute la justesse de ce raisonnement, mais mon argent suffirait-il à cette acquisition? Il me répondit que oui, et il ajouta qu'il connaissait une ferme dans l'État de Virginie, une plantation, comme il l'appelait, qui me conviendrait tout à fait, et que je pourrais avoir pour cinq cents livres. Avec le reste de mes fonds, il me serait facile de l'aménager confortablement.

« En poussant plus avant la conversation, il se trouva que la plantation lui appartenait. Je pensai que c'était au mieux, et je finis par la lui acheter. Je partis aussitôt pour ma nouvelle habitation. »

VI.

Une plantation à la Virginie.

« Je trouvai la ferme telle qu'il me l'avait décrite : une vaste plantation avec une bonne maison en bois, et des champs bien enclos. Je commençai tout de suite à l'aménager avec ce qui me restait d'argent. Quelle fut ma surprise, lorsque j'appris qu'il me fallait en dépenser la plus grande partie à acheter des hommes! Il fallait absolument en passer par là. On ne pouvait pas se procurer en ces lieux d'autres laboureurs que des esclaves. Je devais donc me résigner ou à en acheter ou à en louer, ce qui, au point de vue de la moralité, revenait absolument au même.

« Pensant que je les traiterais avec au moins autant d'humanité que les autres paraissaient le faire, je pris le premier parti : j'achetai donc un certain nombre de noirs, hommes et femmes, et commençai ma vie de planteur. Après un tel marché, je ne pouvais guère m'enrichir, et, en effet, je fus loin de prospérer, comme vous allez voir.

« Ma première récolte manqua ; mais j'avais à peine enterré la semence. La seconde fut encore pire, et, à ma grande mortification, je n'eus plus aucun doute sur la cause de cette pénurie. J'avais pris possession d'une ferme épuisée. La terre avait bonne apparence, et à la voir on l'aurait crue fertile. La première fois que je la visitai, je me réjouis de mon acquisition, et je crus avoir fait un excellent marché, en raison du peu d'argent que j'avais déboursé ; mais les apparences sont souvent trompeuses, et jamais déception ne fut si complète que la mienne dans ma belle plantation de Virginie. Elle n'avait plus aucune valeur. Pendant plusieurs années, on y avait récolté du maïs, du coton et du tabac. Le sol avait dû suffire à tous ces produits, sans jamais recevoir un seul brin de paille.

« C'est un fait naturel et connu de tout le monde, que la matière végétale et organique est ainsi bientôt épuisée. Il ne reste plus que les substances minérales et inorganiques, qui ne peuvent nourrir les végétaux, et, par conséquent, ne donnent aucune récolte. C'est pourquoi l'engrais est nécessaire à la terre. Il contient des substances organiques qui, pour la plupart, renferment les principes de vie et de végétation. Tout cela, messieurs, est bien connu de vous; mais vous me pardonnerez cette digression en faveur des enfants qui m'écoutent : je ne perds jamais l'occasion de les instruire de ce qui peut leur être utile un jour.

« Comme je vous le disais, je n'eus donc aucune récolte ou je n'en eus que de très-mauvaises, la première et la seconde année. La troisième fut encore plus déplorable, s'il est possible; la quatrième et la cinquième ne présentèrent aucune amélioration. Je dois même ajouter qu'à cette époque j'étais ruiné ou bien près de l'être complétement. La nourriture et l'entretien de mes pauvres nègres avaient considérablement accru le chiffre de mes dettes. Je ne pouvais demeurer plus longtemps sur ma plantation improductive; je fus obligé, pour payer mes dettes, de vendre tout, la ferme, le bétail et les nègres. Mais non, tout ne fut pas vendu. Il y avait un brave et honnête garçon auquel Marie et moi nous étions fort attachés. Je ne voulus pas le réduire à l'esclavage sous un autre maître. Il nous avait fidèlement servis. C'était lui qui le premier m'avait prévenu de la friponnerie de mon vendeur. Pénétré de mon malheur, il fit tout ce qui dépendait de lui, soit par ses propres efforts, soit en excitant ses compagnons de travail, pour que le sol ingrat me produisît quelque revenu. Ce fut en vain ; mais je résolus de le récompenser de sa rude et honnête amitié. Je lui rendis la liberté. Il ne voulut pas l'accepter : il ne voulut pas se séparer de nous. Il est encore ici ! »

En prononçant ces mots, le narrateur montra Cudjo, qui se tenait immobile sur le seuil de la porte, écoutant avec ravissement ces éloges qui étaient sa récompense, et montrant ses dents blanches dans un sourire plein d'affection.

Rolfe continua :

« La vente faite et nos comptes liquidés, il me resta cinq cents livres. J'avais acquis à mes dépens une certaine expérience du fermage, et je pris la détermination d'aller du côté de l'ouest m'établir dans la grande vallée du Mississipi. Je savais qu'avec mes cinq cents livres je pouvais me procurer dans ce pays une ferme d'une étendue convenable, encore couverte de ses bois.

« A cette époque mes yeux tombèrent justement sur de flambantes annonces dans les journaux. Il s'agissait d'une nouvelle cité qui s'élevait au confluent de l'Ohio et du Mississipi. On l'appelait le Caire, et, par sa situation exceptionnelle entre les deux plus grandes rivières navigables du monde, elle ne pouvait manquer de devenir, en peu d'années, une des villes les plus florissantes de l'Amérique. C'est ainsi que s'exprimaient les annonces. On donnait en même temps des plans de la nouvelle cité ; il y en avait qui représentaient les théâtres, les quais, les édifices publics et les églises des différents cultes. On offrait des lots à vendre avec une petite étendue de terrain près de la ville, afin que les habitants eussent la possibilité de combiner les occupations du commerce avec celles de l'agriculture. Le prix de ces lots me paraissait fort peu élevé, et je n'eus de repos ni jour ni nuit jusqu'à ce que j'en eusse acheté un, ainsi qu'une petite ferme dans les environs.

« Le marché conclu, je partis pour prendre bien vite possession. J'emmenai ma femme et mes enfants ; j'en avais trois alors : les deux aînés étaient jumeaux et approchaient de neuf ans. Comme je n'avais pas l'intention de revenir en Virginie, notre fidèle Cudjo nous suivit dans notre lointaine habitation de l'Ouest.

« Ce fut un rude voyage, mais pas aussi rude que l'épreuve qui nous attendait à notre arrivée au Caire. A peine en vue de ces lieux, je reconnus, pour me servir d'un mot expressif, que j'avais été encore une fois *volé*. Il n'y avait là qu'une seule maison, construite sur l'unique endroit qui n'était pas un marécage. Presque tout l'emplacement destiné à la ville était sous l'eau, et la partie qui n'était pas tout à fait inondée consistait en un terrain marécageux couvert d'arbres et de grands roseaux!

« Nulle trace de théâtres, d'églises, de palais de justice, de quais, ni de quoi que ce soit d'approchant; on avait seulement élevé une digue pour garantir des eaux l'unique maison qui se trouvait là : une sorte d'auberge de mauvaise mine, fréquentée par de grossiers mariniers.

« Je pris terre; et, après avoir installé toute ma famille à l'auberge, je me mis à la recherche de ma propriété. Je trouvai mon lot de ville dans un marais où j'avais de la boue à mi-jambe. Quant à ma ferme, il me fallut prendre un bateau pour la visiter; et, après avoir navigué dessus tout à mon aise, sans pouvoir toucher au fond, je rentrai à l'auberge découragé et dégoûté.

« Je m'embarquai pour Saint-Louis, sur le premier bateau à vapeur qui passa. Je vendis ma part de terrain et la ferme pour un prix dérisoire.

« Je n'ai pas besoin de vous dire combien j'étais mortifié; j'avais le cœur brisé quand, réfléchissant sur toutes mes infortunes, je pensais au sort de ma jeune femme et de nos enfants. J'aurais amèrement maudit l'Amérique et les Américains; mais à quoi bon? Cela n'eût-il pas été d'ailleurs aussi injuste qu'immoral? Il est vrai que deux fois j'avais été odieusement trompé; mais la même chose ne m'était-elle pas arrivée déjà dans mon pays, où j'avais été traité de la même manière par ceux qui faisaient profession d'être mes amis? Dans tous les pays il y a des fripons qui cherchent à exploiter la générosité et l'inexpérience. Il ne faut pas croire que tous les hommes sont ainsi, et l'on doit même supposer qu'il n'y en a pas seulement la moitié; les étrangers sont toujours portés à juger d'un pays sur ce qu'il présente de côtés défavorables, parce que ce sont toujours ceux-là qui paraissent le plus en relief. Quand je considère les moyens employés par la spéculation en Angleterre, et qui ont enrichi quelques fieffés fripons aux dépens de milliers d'honnêtes gens, je ne puis, quoique Anglais, accuser nos cousins d'Amérique d'être de plus grands *floueurs* que nous-mêmes. Il est vrai qu'ils m'ont volé, mais je ne dois m'en prendre qu'à mon défaut de jugement, fatal résultat d'une éducation mal dirigée; j'aurais été tout aussi mal traité en achetant un cheval à Tattersall ou une livre de thé à Piccadilly, si j'avais été incapable de me rendre compte de la valeur de l'un ou de l'autre. Les deux nations ont leurs défauts. Ni l'une ni l'autre n'aurait bonne grâce à jeter la pierre à sa voisine. Quant à moi, comment le ferais-je? Voyez, ajouta Rolfe qui se mit à sourire en regardant sa famille, deux de mes enfants sont Anglais; les deux autres sont de petits Yankees. La plupart des Anglais peuvent en dire autant. Pourquoi donc sèmerions-nous la jalousie entre eux? »

VII.

La caravane.

Notre hôte continua :
« J'étais donc à Saint-Louis. De mes trois mille livres, il ne me restait plus qu'une centaine, et, si je demeurais inoccupé, cette somme serait bientôt réduite à rien. Mais que faire?

« Sur ces entrefaites, un jeune Écossais vint habiter l'hôtel où j'étais descendu. Comme moi, il était étranger à Saint-Louis; comme moi, il était de *la vieille patrie*. Nous fîmes bientôt connaissance, et tout naturellement chacun fit à l'autre ses confidences. Je lui fis part de mes déceptions dans la Virginie et au Caire, et je crus m'apercevoir qu'il éprouvait quelque sympathie pour moi. A son tour, il entra dans quelques détails sur sa vie passée et sur ses projets pour l'avenir. Il avait travaillé plusieurs années dans une mine de cuivre, vers le centre du grand Désert américain, dans les montagnes appelées Los Mimbres, à l'ouest de la rivière Del Norté.

« C'est un peuple surprenant que ces Écossais. Ils ne forment qu'une petite nation, et leur influence s'étend sur tous les points de la terre. Allez où il vous plaira, vous les trouverez partout dans des positions importantes, toujours sur le chemin du succès, et, au sein de la prospérité, ne perdant jamais le souvenir profond qui les attache par le cœur à la terre natale. Ils sont maîtres des marchés à Londres, du commerce des Indes, de la troque des fourrures en Amérique et de l'exploitation des mines du Mexique. On les rencontre dans toutes les solitudes du Nouveau-Monde, côte à côte avec le pionnier des forêts vierges, qu'ils chassent même de son propre terrain. Depuis le golfe du Mexique jusqu'à l'océan Arctique, ils ont imposé leurs noms gaëliques à tous les rochers, à tous les fleuves, à tous les monts, et plus d'une tribu indienne a pour chef un Écossais. C'est un peuple surprenant, je le répète.

« Mon Écossais de Saint-Louis avait donc eu un voyage à faire aux États-Unis, et il s'en retournait maintenant à sa mine de cuivre, par Saint-Louis et Santa-Fé. Il était accompagné de sa femme, jeune et jolie Mexicaine, avec son unique enfant. Il attendait une petite caravane d'Espagnols qui était sur le point de partir pour le Nouveau-Mexique. Il avait l'intention de faire route avec eux, afin de se mettre en sûreté contre les attaques des Indiens pendant le voyage.

« Lorsqu'il fut au courant de mes affaires, il me conseilla de l'accompagner, et m'offrit une position lucrative dans la mine dont il était seul directeur.

« Dégoûté, comme je l'étais alors, de mes rapports avec les habitants des États-Unis, j'embrassai avec joie sa proposition ; et, sous sa haute direction, je me mis à faire tous mes préparatifs pour ce long voyage. L'argent qui me restait me permit de m'équiper d'une façon convenable. J'achetai un chariot et deux paires de bœufs vigoureux, pour traîner ma femme, mes enfants, ainsi que les approvisionnements et les vivres nécessaires dans une telle route. Je n'avais pas besoin de louer un conducteur, puisque notre fidèle Cudjo était avec nous, et je savais que je n'aurais pas trouvé une main plus habile à diriger un attelage. J'achetai un cheval pour moi, une carabine, avec tous les menus objets indispensables à ceux qui traversent les grandes prairies. Mes fils, Henri et Frank, avaient aussi leurs petites carabines, que nous avions achetées dans la Virginie, et Henri était très-fier de la manière dont il se servait de la sienne.

« Lorsque tout fut préparé, nous dîmes adieu à Saint-Louis, et nous prîmes la route des prairies sauvages.

« Notre caravane était peu nombreuse; la grande caravane qui fait tous les ans le trajet de Santa-Fé était partie quelques semaines avant nous. Nous étions vingt hommes environ, et nous avions tout au plus une dizaine de chariots. Les hommes étaient presque tous des Mexicains, qui avaient été aux États-Unis afin de ramener quelques pièces d'artillerie pour le compte du gouverneur de Santa-Fé. Ils avaient un canon et deux mortiers de bronze, avec leurs affûts et leurs caissons.

« Je n'ai pas besoin, mes amis, de vous dire tous les incidents de notre voyage en traversant les vastes plaines et les grandes rivières que l'on rencontre de Saint-Louis à Santa-Fé. Dans les prairies, nous trouvâmes les Pawnies, et, sur les bords de l'Arkansas, une petite tribu de Cheyennes ; mais nous n'eûmes à nous plaindre ni des uns ni des autres. Au bout de deux mois, nous quittâmes le chemin suivi par les commerçants, et notre troupe se dirigea vers un des affluents supérieurs du Canadian. C'était afin d'éviter les Arapahos, qui sont hostiles aux gens du Mexique. Nous suivîmes les bords de ce cours d'eau jusqu'au Canadian lui-même. Alors, tournant à l'ouest, nous côtoyâmes cette rivière, en suivant la rive droite ou méridionale, car nous avions traversé le Canadian en l'atteignant.

« Il fut bientôt évident que nous nous étions engagés dans un pays accidenté et difficile. C'était le matin du second jour, depuis que nous avions pris à l'ouest de la rivière. Nous n'avancions que lentement ; la route que nous suivions était, à de fréquents intervalles, coupée par des *arroyos* se dirigeant du sud vers le fleuve. La plupart formaient des fossés profonds, quoique entièrement à sec ; et, à chaque instant, nous étions obligés d'arrêter tout le convoi pour aplanir le rebord et frayer un passage à nos chariots.

« En traversant une de ces ornières, le timon de mon chariot se rompit. Cudjo et moi nous détachâmes les bœufs, et au moyen de cordes nous réparâmes de notre mieux l'accident. Le reste du convoi nous dépassa et continua d'aller en avant. Mon ami, le jeune Écossais, s'apercevant que nous étions arrêtés, prit le galop et revint sur ses pas pour nous offrir de rester à nous aider. Je refusai, lui disant de rejoindre les autres, et qu'à tout événement il me serait facile de les atteindre lorsqu'ils s'arrêteraient pour la prochaine halte de nuit. Il était assez ordinaire de voir un seul chariot rester ainsi en arrière avec son monde pour des réparations. Quand il n'arrivait pas au campement de nuit, on envoyait le lendemain matin un détachement à sa rencontre, afin de s'assurer de la cause du retard. Il y avait déjà plusieurs années, à l'époque dont je vous parle, que les Indiens n'avaient causé aucune inquiétude aux voyageurs des prairies ; et, pour cette raison, les gens des caravanes se relâchaient un peu de leur prudence habituelle. D'un autre côté, nous nous trouvions alors dans une contrée où les Indiens se montraient d'autant plus rarement qu'elle était tout à fait déserte, et qu'on n'y trouvait pas un brin d'herbe, pas une pièce de gibier. Étant ainsi rassuré, et connaissant l'habileté de Cudjo comme charpentier, je ne doutais pas de pouvoir rejoindre le reste de la troupe avant la nuit. Dans cette persuasion, le jeune Écossais me quitta et retourna sur-le-champ à ses propres chariots.

« Au bout d'une heure, à force de clous et de cordes nous parvînmes, Cudjo et moi, à raccommoder le timon, et, poussant nos bœufs avec vigueur, nous suivîmes les traces de nos compagnons. Nous avions à peine fait un mille que le sabot d'une des roues, rétrécie par suite de l'extrême sécheresse de l'atmosphère, se détacha, et les jantes furent sur le point de se disjoindre. Nous fûmes assez heureux pour prévenir cet accident, en arrêtant tout d'un coup et mettant un appui pour soutenir la charge de la voiture. Ceci, comme vous voyez, était beaucoup plus sérieux que la rupture du timon. J'eus d'abord l'idée de galoper en avant pour requérir l'assistance de quelques-uns de nos compagnons de voyage. Mais, par suite de mon inexpérience dans les prairies, je savais combien je leur avais déjà donné de mal durant la route ; quelques Mexicains surtout avaient plus d'une fois murmuré contre moi et refusé, dans une ou deux circonstances, de me venir en aide. Je pouvais, il est vrai, m'adresser au jeune Écossais ; mais : « Allons, « m'écriai-je, ce n'est pas encore si malheureux « qu'au Caire. Allons, Cudjo ! faisons la besogne « nous-mêmes, et nous ne devrons rien à personne !

— « C'est juste, maître Roffe, répliqua Cudjo. « Chacun y doit mettre son épaule à son roue, au-« trement li roue n'aller jamais bien. »

« Là-dessus, le brave garçon et moi nous mîmes habits bas pour travailler plus à l'aise et sans perdre de temps. Ma chère Marie, ici présente, qui avait été élevée comme une délicate demoiselle, mais qui savait se prêter avec grâce à toutes les exigences d'une position difficile, nous aida de tout son pouvoir, par son enjouement et ses allusions au Caire et à notre ferme sous l'eau. Il n'y a rien de plus encourageant, pour les gens qui se trouvent dans un embarras momentané, que de penser qu'ils pourraient être encore plus mal ; de telles réflexions relèvent les esprits abattus et conduisent au succès, en faisant surmonter les difficultés. Une bonne vieille maxime dit qu'il ne faut jamais abandonner la partie, et que Dieu vient en aide à ceux qui montrent persévérance et courage.

« C'est ce qui nous arriva. A force d'enfoncer des coins et de frapper du marteau, nous réussîmes à resserrer la roue aussi ferme que jamais ; mais il était presque nuit quand nous eûmes fini cette corvée. Lorsque le chariot fut rétabli sur son essieu et prêt à rouler de nouveau, nous vîmes, non sans appréhension, que le soleil était sur le point de se coucher. Ne connaissant pas la route, nous ne pouvions voyager de nuit ; et, comme nous avions l'eau à proximité, nous prîmes la résolution de rester où nous étions jusqu'au lendemain.

« Le jour nous trouva debout. Après avoir préparé et pris notre premier repas, nous nous mîmes en route sur les traces de la caravane. Nous étions fort surpris qu'aucun de nos compagnons ne fût revenu sur ses pas pendant la nuit, comme c'est l'usage en pareil cas, et nous nous attendions, à chaque instant, à voir venir quelqu'un au-devant de nous. Nous marchâmes cependant jusqu'à midi sans rencontrer personne. Nous n'apercevions qu'un pays âpre, avec des collines rocheuses, et quelques rares arbustes croissant dans les vallées. La route que nous suivions conduisait évidemment à ces hauteurs.

« Comme nous poussions en avant, nous entendîmes, du côté des monts, un bruit prolongé avec fracas, semblable à la détonation d'une bombe. Qu'est-ce que cela voulait dire? Nous savions qu'il y avait des bombes avec les obusiers. Nos camarades avaient-ils été attaqués par les Indiens? avait-on tiré le canon contre les sauvages? Non : ce ne pouvait être cela. Il n'y avait eu qu'une seule détonation, et je savais que le tir d'un obusier en produit deux, celle qui accompagne la décharge, et puis l'explosion de la bombe elle-même. Un des obus avait-il éclaté par accident? Cela paraissait plus vraisemblable. Nous fîmes halte, écoutant si nous ne distinguerions pas d'autre bruit. Une demi-heure se passa de la sorte, sans rien entendre de nouveau. Alors nous nous mîmes en marche, moins inquiets des causes de la détonation que de ce fait étrange, qu'aucun de nos gens n'avait été envoyé afin de s'enquérir de notre sort. Nous suivions donc toujours la piste des chariots. Nous vîmes qu'ils avaient fourni une longue traite le jour précédent, car le soleil était prêt de se coucher lorsque nous atteignîmes les hauteurs, et nous étions encore loin du campement de la nuit passée. Enfin nous y arrivâmes. Quel spectacle horrible! tout mon sang se glace à ce souvenir. Les chariots étaient là, avec leurs bannes déchirées pour la plupart, et leur contenu disséminé sur la terre. L'artillerie y était aussi ; des feux à demi éteints fumaient près des pièces, et pas une créature humaine debout. Il y avait pourtant des êtres humains, des cadavres couchés sur la terre ; et des créatures vivantes, des loups, hurlant, se querellant et déchirant la chair des cadavres. Quelques-uns des animaux, chevaux, mulets, bœufs, qui avaient fait partie de la caravane, étaient aussi étendus morts. On n'apercevait pas les autres.

« Ce spectacle nous saisit d'horreur. Évidemment nos compagnons avaient été attaqués et massacrés par une bande d'Indiens sauvages. Nous aurions voulu retourner sur nos pas, mais il était trop tard. Nous nous trouvions au milieu même du camp,

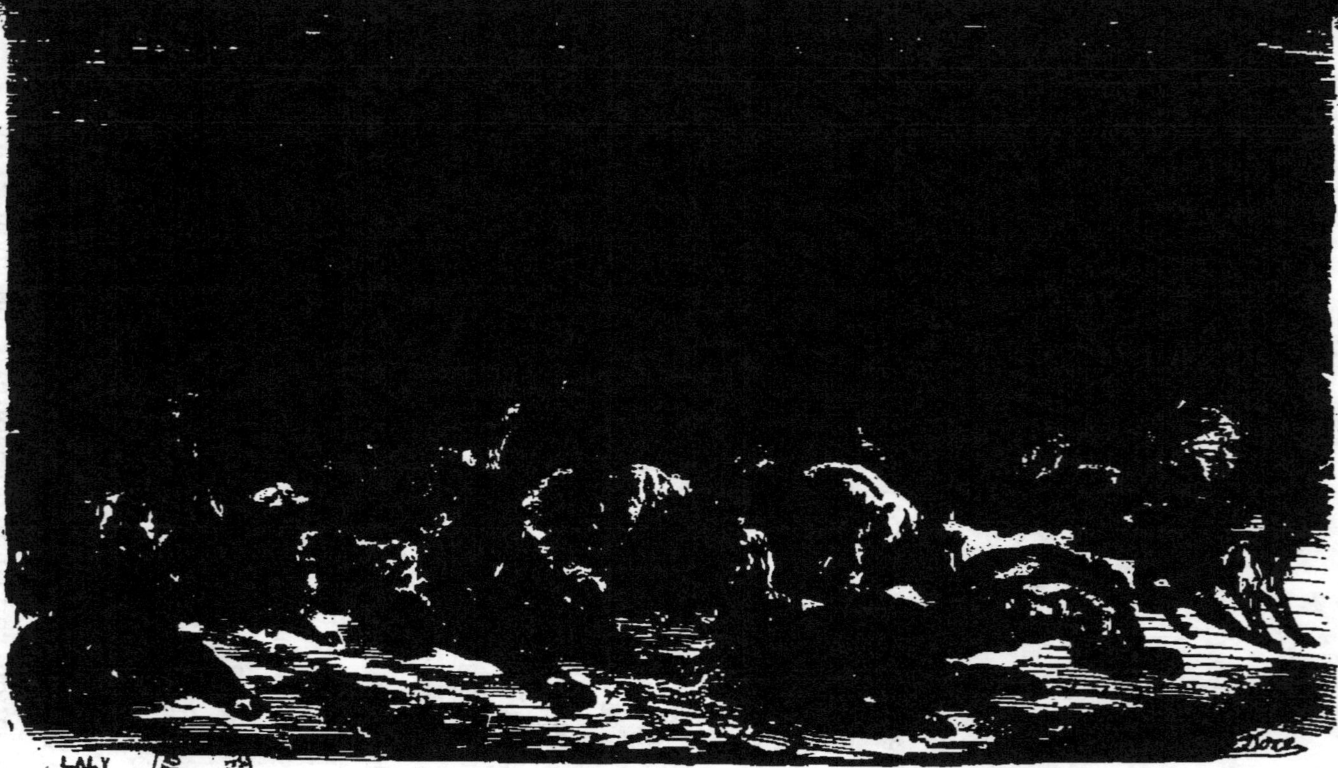

LALY

Des loups se querellaient et déchiraient la chair des cadavres. (Page 66.)

avant de l'avoir aperçu. Si les sauvages étaient encore dans le voisinage, toute tentative de retraite devenait inutile. Mais je reconnus qu'ils avaient quitté la place depuis quelque temps, à en juger par les ravages que les loups avaient faits depuis leur départ.

« Je laissai ma femme près du chariot où demeurèrent Henri et Frank avec leurs petites carabines pour la garder. J'allai en avant, avec Cudjo, pour reconnaître le théâtre de cette scène sanglante. Nous chassâmes les loups de leur horrible curée. Il y avait là plus de cinquante de ces bêtes hideuses, qui se tinrent à une petite distance de nous. En nous baissant, nous reconnûmes les cadavres de nos malheureux compagnons; mais ils étaient si horriblement mutilés qu'il nous fut impossible de distinguer les traits d'un seul d'entre eux. Ils avaient tous été scalpés par les Indiens, et c'était quelque chose d'affreux que de contempler leurs restes défigurés. Je vis le fragment d'une bombe qui avait éclaté au milieu du camp et mis en pièces deux ou trois chariots. La caravane n'étant pas un convoi de commerce, il y avait peu de marchandises; les Indiens, néanmoins, avaient enlevé tout ce qui leur paraissait de quelque valeur. Les autres objets, lourds ou embarrassants, étaient épars sur le sol et presque tous brisés. Il nous parut hors de doute que les sauvages s'étaient enfuis en désordre. Peut-être avaient-ils été effrayés par l'explosion de la bombe, dont ils ne pouvaient expliquer les terribles effets qu'en imaginant une manifestation de la puissance du Grand-Esprit.

« Je regardai de tous côtés pour découvrir mon ami, le jeune Écossais; mais je ne pus reconnaître son corps parmi les autres. Je cherchai aussi sa compagne, qui, Marie exceptée, était la seule femme qui se trouvât dans la caravane; je ne voyais son corps nulle part. « Pas de doute, dis-je à Cudjo, « les sauvages l'ont emmenée vivante. » A ce moment nous entendîmes des chiens aboyer avec fureur, en même temps que les loups hurlaient, comme s'il y avait eu un combat entre ces animaux. Le bruit venait d'un fourré tout près du camp. Nous savions que le mineur avait emmené avec lui deux grands chiens de Saint-Louis. C'étaient eux, sans aucun doute. Nous courûmes dans la direction du fourré, et nous nous fîmes jour à travers les broussailles. Guidés par le bruit, nous marchâmes droit au but et nous arrivâmes bientôt en vue de la scène qui nous avait attirés. Deux grands chiens, écumants, déchirés et couverts de sang, luttaient avec rage contre plusieurs loups, et cherchaient à les empêcher d'approcher de quelque chose de noir qui gisait parmi les feuilles. C'était le corps d'une femme. Une charmante enfant se tenait étroitement enlacée à son cou et jetait des cris de terreur! D'un seul coup d'œil, nous vîmes que la femme était morte, et.... »

Ici, la narration de notre hôte fut soudain interrompue. Mac Knight, le mineur qui faisait partie de notre petite troupe, et qui nous avait paru fort agité durant tout ce récit, se leva tout à coup en criant :

« Oh ! mon Dieu ! ma femme.... ma pauvre femme ! Ah ! Rolfe ! Rolfe ! ne me reconnaissez-vous pas ?

— Mac Knight ! répondit Rolfe avec étonnement Mac Knight ! c'est bien lui, en vérité !

— Ma femme !... ma pauvre femme ! continuait le mineur avec désespoir. Je savais qu'ils l'avaient tuée. J'ai vu ses restes plus tard.... Mais mon enfant ! Oh ! Rolfe, qu'est devenue ma fille ?

— Elle est ici, ». dit notre hôte en désignant la plus brune des deux ; et, au même instant, le mineur avait enlevé la petite Louisa dans ses bras et la couvrait de baisers. C'était son père !

VIII.

Histoire du mineur.

Il serait difficile, mes jeunes lecteurs, de vous décrire la scène qui suivit cette reconnaissance inattendue. Toute la famille était sur pied, chacun parlait, et tous, les larmes aux yeux, se pressaient autour de la petite Louisa, comme s'ils allaient la perdre pour toujours. Cette pensée pouvait, en effet, avoir traversé un instant l'esprit de ces enfants, quand ils reconnurent qu'elle n'était plus leur sœur. Ils l'avaient oublié depuis longtemps, et ils la chérissaient comme une sœur véritable. Ils l'avaient toujours considérée ainsi; et Henri, dont elle était la favorite, l'appelait « ma sœur la brune, » tandis qu'on désignait la plus jeune sous le nom de « Marie la blonde. »

Au milieu du groupe se tenait la petite brunette, agitée, comme les autres, d'une émotion profonde, mais plus calme, et en apparence plus maîtresse de ses sentiments.

Les marchands et les chasseurs s'étaient tous levés pour féliciter Mac Knight de cette heureuse découverte. Ils serraient aussi la main de notre hôte et de sa femme; ils se souvenaient d'avoir entendu parler de l'histoire du massacre. Le vieux Cudjo sautait sur le plancher, fouettait les panthères et les chiens-loups, faisait mille cabrioles, tandis que les animaux eux-mêmes hurlaient avec une sorte de joie sauvage. Notre hôte alla dans une autre pièce et revint avec un grand vase de terre brune. On mit sur la table des tasses de calebasse et on les remplit d'un liquide rouge que nous fûmes invités à boire. Quelle fut notre surprise! en goûtant ce breuvage, nous trouvâmes que c'était du vin : du vin au milieu du désert! C'était même d'excellent vin, et notre hôte nous apprit qu'il avait été fait à la maison avec les grappes de muscat sauvage qui croît en abondance dans la vallée.

Dès que nous eûmes vidé nos tasses et repris nos siéges, Mac Knight, à la requête de Rolfe, reprit le fil de son histoire, afin de nous raconter comment il avait échappé aux mains des Indiens dans cette nuit terrible. Son récit ne fut pas long.

« Quand je vous eus laissé, dit-il en s'adressant à Rolfe, à l'endroit où vous aviez brisé votre chariot, je pris le galop et rejoignis la caravane. La route, vous vous en souvenez, devenait douce et unie; et, comme il ne paraissait pas y avoir de bon campement ailleurs qu'au pied des collines, nous marchâmes dans cette direction sans nous arrêter. Le soleil était près de se coucher quand nous parvînmes au petit ruisseau où vous avez vu les chariots. Nous fîmes halte pour y établir notre camp. Je ne vous attendais pas avant une heure ou deux, calculant qu'il vous faudrait bien ce temps-là pour raccommoder le timon. Nous allumâmes les feux pour apprêter le repas. Après notre souper, nous nous assîmes autour des souches enflammées, causant et fumant : quelques-uns des Mexicains jouaient au *monte*, suivant leur coutume. Comme nous ne supposions pas qu'il pût y avoir des Indiens dans les environs, nous n'avions pas mis de garde. Quelques-uns de nos gens, qui avaient déjà fait la route, prétendaient qu'on ne rencontrait jamais d'Indiens à cinquante milles à la ronde. Enfin, il se fit tard et je commençais à m'inquiéter de vous, craignant qu'il ne vous fût pas possible de suivre nos traces pendant la nuit. Je laissai ma femme et ma fille auprès d'un bon feu et je gravis une hauteur qui se trouvait en face de la direction que vous deviez suivre ; mais l'obscurité m'empêcha de rien distinguer. Je demeurai quelque temps à écouter, pensant que je pourrais entendre le bruit de vos roues ou le son de votre voix. Tout à coup un hurlement prolongé retentit à mes oreilles et je me retournai dans la direction du camp avec un sentiment d'épouvante. J'avais reconnu ce hurlement sauvage : c'était le cri de guerre des Arapahos. Je distinguai les Indiens dont l'ombre se dessinait à la lueur des feux. J'entendis des gémissements mêlés à des cris de joie, des imprécations et des plaintes, et, au milieu de ce tumulte, la voix de ma femme qui m'appelait par mon nom.

« Je n'hésitai pas un seul instant ; je descendis en courant du haut de la colline et me précipitai dans la mêlée, qui était au comble de la fureur. Je n'avais pour toute arme qu'un grand couteau, avec lequel je frappai de tous côtés. J'abattis plusieurs sauvages. Je n'interrompais cette lutte suprême que pour appeler ma femme. Je cherchais au milieu des chariots, dans tous les coins du camp, criant : « Louisa ! Louisa ! » Pas de réponse ; je ne devais plus la revoir. Je me retrouvai face à face avec les sauvages et je combattis encore comme un désespéré. La plupart de mes compagnons furent bientôt égorgés. Repoussé dans les ténèbres parmi les broussailles, la lance d'un Indien me blessa à la cuisse. Je tombai sur le coup, entraînant l'Indien avec moi; mais avant qu'il pût se relever je le frappai de mon couteau, et il resta sans vie sur la place.

« Je me remis sur pied et réussis à retirer le fer de ma blessure. Le combat avait cessé autour des feux. Convaincu que mes compagnons, aussi bien que ma femme et ma fille, avaient succombé, je m'éloignai du théâtre de la lutte, et m'enfonçai dans les buissons, déterminé à fuir le plus loin possible du camp. Je n'avais pas fait trois cents pas que je tombai épuisé de la perte de mon sang et de la douleur de ma blessure. Je me trouvais auprès de rochers, sur le bord d'un précipice au fond duquel j'aperçus une crevasse assez profonde. J'eus encore la force de me traîner jusque-là, et je me cachai dans cette espèce de cave; mais à peine arrivé je perdis connaissance.

« Je restai plusieurs heures dans cette situation. Lorsque je repris mes sens, le jour éclairait ma retraite. J'étais très-faible et à peine capable de me remuer. Ma blessure frappa mes regards. La plaie béante n'était pas pansée; mais le sang ne coulait plus. Je déchirai ma chemise et procédai à mon pansement aussi bien qu'il m'était possible. Puis, me traînant à l'ouverture de la crevasse, j'écoutai avec attention. Je crus entendre les voix des Indiens, quoique très-peu distinctes, dans la direction du camp. Le bruit continua une heure ou deux. Tout à coup une explosion terrible ébranla les rochers : c'était évidemment une bombe qui éclatait. J'entendis ensuite des cris d'effroi, puis le galop précipité de plusieurs chevaux; après quoi tout demeura silencieux. Je pensai que les Indiens avaient quitté la place, mais je ne pus me rendre compte de ce qui les avait déterminés à s'enfuir en si grand tumulte. Plus tard je sus à quoi m'en tenir. Vos conjectures étaient fondées. Ils avaient jeté une bombe dans un des brasiers; la mèche ayant pris feu, le projectile éclata et tua plusieurs sauvages. Ils crurent reconnaître la main du Grand-Esprit. Aussi, ayant ramassé à la hâte ce qui les tentait le plus dans leur butin, ils montèrent aussitôt à cheval et quittèrent ces lieux. Je ne sus tout cela que plus tard, et je restai encore dans mon trou. Le silence régna toute la journée. La nuit venue, je crus entendre du bruit du côté du camp, et je m'imaginai que les Indiens étaient revenus.

« Quand il fit tout à fait noir, j'essayai de me traîner; mais je ne pus. Il me fallut patienter toute la nuit, souffrant beaucoup de ma blessure et entendant les loups hurler. Ce fut une terrible nuit.

« A la pointe du jour, je n'entendis plus rien. Je souffrais cruellement de la faim et de la soif. J'aperçus, à l'entrée de mon repaire, un arbre bien connu de nos mineurs dans les montagnes des Mimbres. C'est une espèce de pin que les Mexicains désignent sous le nom de *pignon*, et dont les fruits, en forme de cône, servent de nourriture à des milliers de misérables sauvages qui errent dans le grand Désert occidental, des Montagnes Rocheuses à la Californie. Si je pouvais seulement me traîner jusqu'au pied de l'arbre, je trouverais certainement quelques-uns de ses fruits à terre. Cette espérance me donna la force de sortir de mon trou. Il y avait vingt pas pour arriver jusque-là ; mais j'étais si faible, et ma blessure était si douloureuse, que je mis plus d'une demi-heure pour faire ce trajet. A ma grande joie, je trouvai la terre couverte de fruits. Je ne fus pas longtemps à en dépouiller plusieurs de leur écorce ; puis, jetant les graines, je dévorai la pulpe et réussis bientôt à apaiser ma faim.

« Mais un autre besoin plus terrible encore me torturait : j'étais à demi mort de soif. Pourrais-je me traîner jusqu'au camp ? je savais que là je trouverais l'eau du ruisseau, et la position de ce précipice m'indiquait qu'il n'y en avait pas de plus proche. Il fallait donc s'y rendre ou mourir ; et, avec cette pensée pour aiguillon, j'entrepris le court voyage de trois cents pas, sans savoir si je pourrais aller jusqu'au bout. J'avais à peine fait six pas à travers les buissons, qu'une petite touffe de fleurs blanches attira mon attention. C'étaient les fleurs de l'arbre à oseille, le splendide *lyonia*, dont la vue remplit mon cœur d'une douce satisfaction. Je me glissai sous l'arbre, et, saisissant une de ses branches les plus basses, je la dépouillai de ses feuilles polies et rayées, que je mâchai avec avidité. A cette branche en succéda une autre, puis une autre encore, si bien que l'arbuste semblait avoir été brouté par un troupeau de chèvres. Je passai plus d'une heure à mâcher ces délicieuses feuilles et à savourer leur jus acide. Enfin ma soif fut apaisée, et je m'endormis à l'ombre rafraîchissante du lyonia.

« Lorsque je m'éveillai, j'avais repris des forces, et je sentis l'appétit revenir. La fièvre, qui avait commencé à s'emparer de moi, était à peu près dissipée. Je devais l'attribuer à la vertu des feuilles que j'avais mangées, car la sève de l'arbre à oseille n'est pas seulement un remède contre la soif, c'est encore un puissant fébrifuge. Je cueillis une grande quantité de feuilles fraîches, j'en fis un paquet et retournai vers le pignon. J'emportais les feuilles avec moi, parce qu'il m'aurait été impossible de revenir en chercher avant la nuit. Arrivé au terme de mon voyage, je ramassai des fruits. Vous riez de m'entendre dire « mon voyage; » mais je vous assure que c'était, en effet, un pénible voyage, quoiqu'il

A la vue de mon grand couteau, ils se tenaient à distance respectueuse. (Page 61.)

y eût tout au plus dix pas d'un arbre à l'autre. Le moindre mouvement me mettait à la mort.

« Je passai la nuit sous le pignon, et après avoir, dans la matinée, déjeuné de ses fruits, j'en recueillis une petite provision et me traînai jusqu'à l'arbre à oseille; je restai là tout le jour, et revins ensuite à l'arbre avec une charge de feuilles.

« Ainsi, quatre jours et quatre nuits durant, je me rendis successivement de l'un à l'autre de ces deux arbres bienfaisants, vivant de la subsistance qu'ils me procuraient. La fièvre fut heureusement détournée par l'usage des feuilles du lyonia. Ma blessure commençait à se fermer et la douleur se dissipait. Les loups me rendaient bien visite de temps en temps; mais, voyant mon grand couteau, et sentant que j'étais encore en vie, ils se tenaient à distance respectueuse.

« Quoique les feuilles de l'arbre à oseille eussent calmé ma soif, elles ne pouvaient la satisfaire complétement; je brûlais du désir de boire un peu d'eau fraîche, et le quatrième jour je me dirigeai vers le ruisseau. J'étais alors capable de me glisser sur les mains et sur un de mes genoux, traînant après moi le membre blessé. Quand j'eus fait environ la moitié du chemin à travers le taillis, je fus arrêté par un objet dont la vue glaça tout mon sang dans mes veines : c'était un squelette. Je reconnus que ce n'était pas celui d'un homme.... je reconnus celui de.... »

Ici la voix du mineur, entrecoupée de sanglots, ne lui permit pas d'achever la phrase commencée. Tous ceux qui l'écoutaient, même les rudes chasseurs, pleuraient, gagnés par l'émotion. Il fit un effort et continua :

« Je vis qu'elle avait été enterrée, ce qui me surprit, parce que je savais que ce n'était pas le fait des Indiens. Jusqu'à ce moment, je n'avais pu découvrir l'auteur de cet acte pieux; je me doutais cependant que c'était vous. En effet, après cette triste découverte, je revins sur la *piste*, et, ne trouvant votre chariot nulle part, je supposai que vous étiez venu au camp et que vous aviez ensuite continué votre chemin; je regardai de tous côtés pour trouver la route que vous aviez suivie; mais, vous devez vous en souvenir, une pluie abondante était tombée très-peu de temps après et avait effacé toute trace sur la terre. Tout cela me parut évident lorsque je fus en état de me tenir sur pied, c'est-à-dire environ un mois après la nuit du massacre. Mais laissez-moi reprendre mon récit au moment où je trouvai les restes de ma pauvre femme.

« Les loups avaient arraché le corps de sa fosse. Je cherchai partout quelque vestige de mon enfant; je fouillai avec mes mains dans la terre molle et parmi les feuilles que vous aviez jetées sur son corps : mais je ne trouvai pas de trace de l'enfant. Je me traînai vers le camp. Il était bien tel que vous l'avez

C'était un squelette.... (Page 81.)

décrit, si ce n'est que les cadavres n'étaient plus que des squelettes blanchissants, et que les loups s'étaient éloignés. Je poursuivis mes investigations, dans l'espoir de retrouver les traces de ma petite Louisa : ce fut en vain. Sans doute les Indiens l'avaient emmenée, ou bien elle avait été dévorée par les loups.

« Dans un des chariots se trouvait une vieille caisse enfouie sous des objets de rebut, et qui avait échappé au pillage désordonné des Indiens. Je l'ouvris. Elle contenait, entre autres provisions, du café et quelques livres de viande séchée. C'était une heureuse découverte, car la viande et le café pouvaient suffire à ma nourriture, en attendant que je fusse en étant de recueillir une quantité convenable de pignons.

« Un mois entier s'écoula ainsi. Je dormais la nuit dans un chariot, et me traînais durant le jour pour aller cueillir des pignons. Je n'avais plus qu'une faible crainte de voir revenir les Indiens. Je savais que cette partie de la contrée n'était habitée par aucune tribu, et sans doute nous étions tombés au milieu d'une horde d'Arapahos errant loin de leur territoire. Dès que j'eus la force de creuser une fosse, j'enterrai les restes de ma pauvre femme, et je songeai à m'éloigner de ces lieux funestes.

« Je pouvais me trouver à environ cent milles des frontières occidentales du Nouveau-Mexique; mais cent milles d'un désert inhabité, à pied, n'était-ce pas une barrière encore plus difficile à franchir que l'Océan lui-même ? Je résolus toutefois de faire cette tentative ; et je me mis à coudre un sac que je remplis de mes pignons rôtis, la seule provision facile à emporter pour ma nourriture pendant la route.

« Tandis que j'étais ainsi occupé, les yeux fixés sur mon ouvrage, j'entendis un bruit de pas tout près de moi ; je levai soudain la tête, tout alarmé. Mais quelle fut ma joie en reconnaissant que l'objet de mon effroi n'était ni plus ni moins qu'une mule se dirigeant à pas lents vers le camp ! C'était une de celles qui avaient appartenu à notre caravane.

« L'animal ne m'avait pas encore aperçu, et je craignais de lui faire prendre la fuite si je me montrais trop subitement. Je résolus donc de m'en emparer par surprise : je me glissai dans le chariot où je savais qu'il y avait un lacet. Je le pris et me plaçai en embuscade dans un endroit où je croyais que la mule passerait inévitablement. A peine avais-je préparé le nœud coulant, que l'animal vint droit à la place où je l'attendais. Un instant après, son cou se trouvait pris dans les nœuds du lacet, et la bête était attachée solidement au timon d'un chariot. C'était une de nos mules qui s'était échappée des mains des Indiens, et qui, après avoir erré plusieurs semaines dans le pays, avait retrouvé la piste. Si je ne l'avais pas attrapée, elle serait assurément retournée à Saint-Louis, comme il arrive quelquefois aux bêtes de somme qui s'écartent des caravanes. Celle-ci fut bientôt apprivoisée, et en peu de jours je parvins à façonner une selle et une bride. Je la montai avec mon sac de pignons rôtis, et pris la route de Santa-Fé. Au bout d'une semaine, j'y arrivai sans accident, et je continuai mon voyage jusqu'à la mine que j'exploitais.

« Mon histoire, depuis cette époque, aurait peu d'intérêt pour vous. C'est celle d'un homme désespéré d'avoir perdu tout ce qu'il aimait au monde. Mais vous, Rolfe, vous venez de me donner une nouvelle vie en me faisant retrouver ma fille, ma chère Louisa ; chaque incident de votre récit aura maintenant pour moi un double intérêt. J'ai hâte de l'entendre. Allons, parlez ! parlez ! »

Le mineur termina donc ainsi son discours, et notre hôte, après nous avoir invités à remplir nos tasses de vin et à bourrer nos pipes de tabac, reprit son récit au point où il l'avait interrompu, par suite de cet incident aussi heureux qu'inattendu.

IX.

Perdus dans le désert.

« Oui, mes amis, poursuivit Rolfe, c'était un affreux spectacle que celui qui s'offrit à nos regards :

ces loups décharnés et furieux, ces chiens écumants de rage, cette pauvre mère morte, cette enfant terrifiée et jetant des cris perçants. A notre approche, les loups prirent la fuite et les chiens firent entendre des gémissements de joie. Ils le pouvaient bien, les pauvres bêtes ! Car, si nous n'étions pas venus à leur secours, ils n'auraient pu soutenir plus longtemps cette lutte inégale. La bataille n'avait commencé qu'après que nous eûmes chassé les loups du camp. Elle avait donc été de courte durée, et cependant les pauvres dogues étaient déjà déchirés, et leur sang s'échappait par de nombreuses morsures. Lorsque je m'arrêtai pour relever la petite Louisa, elle tenait encore sa mère étroitement embrassée par le cou et criait de toutes ses forces : « Maman, maman, réveille-toi ! » Sa mère, hélas ! ne devait plus se réveiller. Froide, inanimée, elle avait le sein percé d'une flèche. Il était évident qu'après avoir reçu le coup mortel elle avait cherché à s'enfuir dans les bois, suivie des chiens fidèles. Elle s'était tenue cachée, à la faveur des ténèbres, jusqu'à l'heure où elle avait succombé. La position de ses bras montrait qu'elle avait rendu le dernier soupir en pressant sa fille sur son cœur.

« Je laissai à Cudjo la garde du corps, et je revins avec l'enfant à mon chariot. Malgré la terreur que lui avait causée le combat des loups et des chiens, la petite criait pour être ramenée à sa mère, et cherchait à s'échapper de mes bras. »

Le récit de Rolfe fut encore interrompu par les sanglots de Mac Knight; cet homme résolu, courageux comme un lion, ne pouvait se contenir en écoutant tous ces détails douloureux. Les enfants de Rolfe pleuraient aussi à chaudes larmes; la petite brunette paraissait la moins émue de tous. Peut-être cette scène terrible, arrivée dans les premières années de son enfance, avait-elle imprimé à son caractère cette fermeté calme qui la distingua dans la suite. A chaque instant elle se tournait vers la petite blondine, jetant ses bras au cou de sa sœur, dont elle cherchait à essuyer les pleurs.

« Je confiai l'enfant à ma femme, reprit Rolfe après une courte pause. Lorsqu'elle se trouva en compagnie de la petite Marie, qui était à peu près de son âge, elle cessa de pleurer et ne tarda pas à s'endormir dans les bras de sa mère adoptive. Je pris une bêche qui se trouvait dans le chariot, et je revins creuser une fosse. Puis, avec l'aide de Cudjo, je me hâtai d'enterrer le corps, en songeant que nous n'étions peut-être pas éloignés du moment où nous aurions nous-mêmes besoin qu'on nous rendît ce triste service.

« Après avoir accompli ce pénible devoir, nous nous en retournâmes vers le chariot; je conduisis les bœufs dans un hallier où ils pouvaient être cachés à tous les yeux. Ayant recommandé ma femme et les enfants à la garde de Dieu, je pris ma carabine sur mon épaule et me mis en route afin de m'assurer si les sauvages avaient quitté ces lieux, et dans quelle direction ils étaient partis. J'avais l'intention, si je parvenais à m'en rendre compte, de continuer, par un autre chemin qui ne me ramènerait pas sur leurs traces, ma route vers le Nouveau-Mexique.

« Je savais très-bien qu'à cette époque avancée de la saison, avec un attelage aussi fatigué que le nôtre, il était impossible de retourner à Saint-Louis, dont nous étions déjà à plus de huit cents milles.

« Je me traînai un mille ou deux à travers les buissons, en me glissant derrière les roches. Alors je pus distinguer la piste des Indiens, qui s'étendait au loin dans une plaine ouverte, en suivant la direction de l'ouest. Ils devaient avoir formé une troupe nombreuse, et tous étaient montés, comme l'indiquaient les traces des pas de leurs chevaux. Je pris alors la résolution de faire deux ou trois journées de marche vers le sud et de reprendre ensuite le chemin de l'occident. J'étais certain de m'éloigner encore d'eux et de gagner, comme je le désirais, le versant oriental des Montagnes-Rocheuses que j'aurais à traverser pour descendre enfin dans les plaines de New-Mexico. J'avais entendu mes compagnons parler d'un passage encore plus au sud de ces montagnes que celui qui se trouve auprès de Santa-Fé; j'espérais pouvoir y arriver, quoiqu'il fût, suivant mon estimation, distant de plus de deux cents milles. L'esprit tout occupé de ces plans, je revins à l'endroit où j'avais laissé ma petite troupe.

« Il était nuit quand j'arrivai au chariot. Marie et les enfants étaient dans une grande inquiétude de mon retard. Mais j'apportais de bonnes nouvelles : les Indiens étaient partis.

« J'avais d'abord songé à passer la nuit où nous nous trouvions; mais, n'étant pas encore bien rassuré sur le départ des sauvages, je changeai de résolution. Comme il faisait un clair de lune magnifique, et qu'une plaine d'un accès facile s'étendait au sud, je pensai que ce qu'il y avait de mieux à faire était de voyager la nuit et de mettre, s'il était possible, une vingtaine de milles entre nous et le campement. Cette proposition fut agréée de tous. Chacun avait hâte en effet de s'éloigner de ces lieux et, y fussions-nous restés, que personne n'eût fermé l'œil de la nuit. La crainte du retour des Indiens, la surexcitation de nos esprits, sans parler des hurlements terribles des loups, nous auraient tenus éveillés. Ainsi résolus à partir, nous attendîmes, pour nous mettre en route, le lever de la lune.

« Nous ne perdîmes pas notre temps. L'eau étant la première nécessité pour l'homme et les animaux dans les déserts, nous ignorions où et quand il nous serait possible de nous en procurer. Nous prîmes donc la précaution de remplir tout ce que nous avions de vases au ruisseau. Hélas! cela ne devait pas nous suffire.

« La lune se leva enfin. Elle paraissait sourire à l'horrible tableau qui se déroulait sur le camp abandonné; mais nous ne nous arrêtâmes pas longtemps à la contempler. Nous fîmes sortir nos bœufs de leur cachette, et nous prîmes notre chemin dans la plaine, ayant soin de nous rapprocher le plus possible de la direction du sud. De temps en temps je me retournais vers le nord pour chercher l'étoile polaire qui se trouve à la queue de la petite Ourse, et qu'il est facile de reconnaître en tirant une ligne qui passe par les deux dernières étoiles de la grande Ourse. J'avais soin, dans notre marche, de tourner constamment le dos à ce point du ciel. Toutes les fois que les inégalités du sol nous écartaient de notre route, je cherchais des yeux la petite étoile, et je consultais cet indice infaillible. Elle étincelait sous la voûte azurée comme un regard d'ami. C'était le doigt de Dieu nous montrant le chemin.

« Nous marchions, ici glissant dans quelques fissures qui s'ouvrait sous nos pas, là montant sur des

C'était le doigt de Dieu nous montrant le chemin. (Page 92.)

renflements sablonneux, et bientôt roulant vivement sur la plaine unie et aride ; car le pays que nous avions à traverser était un désert desséché et sans végétation.

« Poussés par le désir d'échapper aux sauvages, nous fournîmes une bonne étape pendant la nuit. Lorsque le jour arriva, nous étions à vingt milles du campement. Nous avions déjà complétement perdu de vue les âpres collines qui l'environnaient. Cela nous indiqua que nous avions fait une longue route, quelques-unes de ces collines étant d'une grande élévation. En effet leur cime disparaissait à l'horizon, et nous eûmes la satisfaction de nous assurer que, si les sauvages étaient revenus au camp, ils n'avaient pu nous apercevoir dans la plaine. Nous n'avions donc plus rien à craindre, à moins qu'ils ne découvrissent nos traces et ne voulussent se mettre à notre poursuite. Dans cette appréhension, nous ne fîmes point halte au lever du soleil, mais nous continuâmes notre marche jusqu'au milieu du jour. Il fallut bien nous arrêter. Nos bœufs et notre cheval n'en pouvaient plus de fatigue, et ils étaient incapables d'aller plus loin sans se reposer.

« Mais ils n'avaient ni herbe ni eau pour se refaire : pas un seul brin de verdure, si ce n'est l'absinthe sauvage. Cette plante, à laquelle le cheval et les bœufs ne voulaient pas toucher, croissait tout autour de nous en petits bouquets. Ces buissons noueux et entortillés, avec leurs feuilles d'un blanc argenté, loin de réjouir la vue, ne servaient qu'à donner à la scène un aspect lugubre et désolé ! Nous savions en effet que cette plante indique l'extrême stérilité du sol, et que là ou elle croît, là se trouve le désert.

« C'était donc une triste halte pour notre attelage. L'ardeur du soleil ne faisait qu'altérer nos bêtes de plus en plus. Nous ne pouvions pas leur donner une goutte de notre provision d'eau ; car nous étions nous-mêmes en proie à une soif cruelle, et l'eau diminuait d'heure en heure. C'est à peine s'il nous fut possible de disposer d'une petite quantité pour les deux chiens, Castor et Pollux.

« Longtemps avant la nuit, nous reprîmes le cours de notre voyage, espérant rencontrer un ruisseau ou une source. Au coucher du soleil nous avions fait dix milles de plus vers le sud ; mais aucun signe sur la terre ne nous indiquait la présence de l'eau. Nous n'apercevions autour de nous qu'une plaine stérile, bornée de tous côtés par l'horizon. Pas un buisson, pas un rocher, pas même un animal sauvage pour rompre la monotonie de cette vaste étendue. Nous nous trouvions plus isolés que si nous avions été sur un navire abandonné au milieu de l'Océan.

« L'inquiétude commençait à nous gagner et à jeter de l'indécision dans nos esprits. Devions-nous rétrograder? Assurément non. En retournant sur nos pas, nous n'étions pas certains de rencontrer le ruisseau que nous avions quitté! Nous pouvions tout aussi bien trouver de l'eau en allant en avant; et ce fut dans cet espoir que nous marchâmes toute la nuit suivante.

« Dès le matin, je consultai l'horizon sans rien distinguer de saillant. J'allais tristement à cheval auprès des bœufs, dont j'observais les pénibles efforts, quand une voix retentit à mes oreilles. C'était Frank, debout sur l'avant du chariot, qui regardait par-dessus la toile.

« Papa! papa! disait-il, voyez donc ce petit nuage
« blanc! »

« Je me tournai vers le petit garçon pour voir ce qu'il voulait dire. Il regardait du côté du sud-est et je fixai mes regards dans cette direction. Je poussai un cri de joie qui fit tressaillir mes compagnons. Ce que Frank prenait pour un nuage blanc était la cime neigeuse d'une montagne. Je l'aurais aperçue plus tôt, si j'avais tourné les yeux de ce côté, et si je n'avais été constamment occupé à regarder vers le sud-ouest.

« Une expérience qui n'a rien d'extraordinaire m'avait appris que là où il y a de la neige, on trouve de l'eau; sans prononcer une parole, je fis signe à Cudjo de conduire ses bœufs droit à la montagne. C'était sortir de la route que nous voulions suivre; mais il s'agissait de sauver notre vie, et nous n'avions plus d'autre pensée en ce moment.

« La montagne était encore à plus de vingt milles. Si nous n'avions pas voyagé la nuit, elle nous aurait paru beaucoup plus éloignée. La question était de savoir si nos bœufs seraient capables d'aller jusque-là. Déjà ils chancelaient à chaque pas. S'ils venaient à s'abattre, comment pourrions-nous nous y transporter ? Notre provision d'eau était épuisée, et, au lever du soleil, nous fûmes en proie aux souffrances de la soif. Je pensais qu'une rivière devait sortir de la montagne, alimentée par la fonte des neiges. Peut-être découvririons-nous cette rivière avant d'arriver au pied des monts. Mais la plaine déclinait justement dans cette direction ; un ruisseau ne pouvait donc couler que de l'autre côté, s'il en existait un dans ces parages. Il fallait s'en assurer en gravissant la montagne. Torturés par ces incertitudes, nous poussâmes en avant, le cœur plein d'angoisse.

« Vers midi, les bœufs commencèrent à défaillir. Un d'eux tomba mort, et nous l'abandonnâmes. Les trois autres ne pouvaient pas aller beaucoup plus loin. Nous jetâmes dans la plaine, pour alléger le chariot, tout ce qui n'était pas d'un usage immédiat; mais les pauvres bêtes étaient encore à peine capables de le traîner en marchant comme des limaçons.

« Peut-être un repos de quelques heures aurait

suffi pour les refaire; mais je ne pouvais me décider à faire halte, tant j'avais le cœur brisé par les cris de souffrance de mes enfants. Marie supportait noblement sa douleur, ainsi que les garçons. Pour moi, je ne pouvais leur adresser un mot de consolation, car je savais que nous nous trouvions encore à plus de dix milles de la montagne. Je songeais bien à me rendre à cheval en avant et à rapporter de l'eau dans des vases; mais j'eus la douleur de reconnaître que ma monture ne pouvait plus se tenir debout. Je fus même obligé de mettre pied à terre et de conduire mon cheval par la bride. Cudjo marchait aussi à côté des bœufs. Un autre était tombé, et il n'en restait plus que deux pour traîner la voiture.

« A cet instant suprême, plusieurs objets se présentèrent à nous dans la plaine. Je ne pus retenir un cri de joie. C'étaient des massifs de verdure dont le plus grand avait les dimensions d'une ruche d'abeilles. Ils ressemblaient à une troupe nombreuse de gros hérissons repliés et présentant de tous côtés leurs pointes épineuses. En les voyant, je lâchai mon cheval et, tirant mon couteau, je me mis à courir de toutes mes forces. Mes compagnons pensèrent un moment que j'avais perdu l'esprit. Ils ne comprenaient pas pourquoi je tirais mon couteau contre des objets aussi inoffensifs, et ce que cela signifiait. Mais je savais bien ce que je faisais : je venais de reconnaître des cactus à boules.

« En un moment j'eus enlevé les épines de plusieurs d'entre eux. Quelle fut la surprise de ma petite troupe en voyant ces succulents végétaux d'un vert foncé, avec cette eau limpide qui coule de leurs pores! Alors ils comprirent que je n'étais pas devenu fou.

« Nous ne fûmes pas longtemps à couper en tranches les grosses boules, que nous mâchâmes avec avidité. Nous en mîmes quelques-unes aussi devant le cheval et les bœufs, qui les dévorèrent, sève, fibres et tout, pendant que les chiens lapaient le frais liquide partout où nous avions coupé les plantes.

« Il est vrai que cela ne pouvait étancher notre soif comme l'aurait fait un verre d'eau; mais nous nous sentions réconfortés et peut-être capables d'arriver au but de nos désirs. Nous fîmes halte pour laisser reposer les bœufs. Malheureusement ce soulagement arriva trop tard pour l'un d'eux. Il avait fait son dernier effort, et, quand nous fûmes sur le point de partir, nous le trouvâmes étendu sur la terre et incapable de se relever. Il fallut l'abandonner, atteler tant bien que mal le cheval à sa place, et pousser en avant. Nous avions l'espoir de trouver encore un autre petit jardin de plantes de cactus; mais nous n'en aperçûmes nulle part, et bientôt nos souffrances revinrent comme auparavant.

« A cinq milles environ du terme de notre course,

Il ne nous restait plus qu'à remercier le ciel de notre délivrance. (Page 103.)

le dernier de nos bœufs s'abattit, et nous le crûmes mort. Nous ne pouvions plus nous servir du chariot. Il n'y avait plus à hésiter : pas de halte possible; il fallait faire la route à pied ou périr en ces lieux.

« Mon cheval ne pouvait porter personne d'entre nous. Je le lâchai et l'abandonnai à lui-même. Je tirai une hache du chariot, ainsi qu'un pot d'étain et un morceau de viande séchée qui nous restait encore. Cudjo mit sur ses épaules la hache et la petite Marie. Je pris la viande, le pot, la petite Louisa et ma carabine. Ma femme, Frank et Henri emportèrent chacun quelque chose à la main. Ainsi chargés, nous dîmes adieu au chariot, et nous nous dirigeâmes vers la montagne. Les chiens nous suivirent, et le pauvre cheval, qui ne voulait pas rester en arrière, s'en vint tout chancelant après nous.

« Je n'ai rien de plus à raconter de cette nouvelle marche. Nous fîmes ces cinq milles le mieux qu'il nous fut possible. Quand nous fûmes auprès de la montagne, nous pûmes voir de profondes et sombres ravines qui sillonnaient ses flancs, et distinguer au fond de ces gorges un filet argenté que nous reconnûmes pour l'écume de l'eau qui tombait sur les rochers. Cette vue mit en nous une énergie nouvelle, et au bout d'une heure nous eûmes atteints les bords d'un ruisseau aussi limpide que le cristal. Il ne nous restait plus qu'à remercier le ciel de notre délivrance.

X.

L'armadillo.

« Nous rendîmes grâce à la Providence de nous avoir amenés sains et saufs sur les bords de ce ruisseau. Qnand notre soif fut apaisée, nous jetâmes un regard autour de nous. Le cours d'eau que nous avions atteint n'était pas celui qui coulait dans la vallée; il avait une direction tout opposée de l'autre côté de la montagne. C'était un petit filet comme il en sortait un grand nombre des divers ravins. Après avoir coulé à quelque distance dans la plaine, il tournait au sud-est et allait se réunir à ceux qui s'échappaient de ce côté. Je découvris plus tard que tous ces ruisseaux se jetaient ensuite dans le même lit et formaient une rivière considérable qui coulait, de cette plaine élevée, dans la direction de l'est. Je supposais que c'était un des cours supérieurs de la grande rivière Rouge de la Louisiane, ou peut-être du Brazos ou du Colorado, dans le Texas. J'ai dit une rivière considérable : cette expression n'est pas tout à fait exacte. En effet, bien que ces ruisseaux forment, là où ils se réunissent, une masse d'eau importante, à plus de vingt milles dans les terres le lit est entièrement à sec pendant les trois quarts de l'année. J'ignore la cause de ce phénomène.

L'eau qui coule de la montagne en toute saison s'évapore-t-elle par la chaleur du soleil, ou se perd-elle dans les sables de son propre lit, durant le parcours de ces vingt milles? C'est seulement lorsqu'il tombe de grandes pluies, ce qui arrive bien rarement dans ces lieux, ou quand la chaleur excessive occasionne la fonte d'une grande quantité de neige, que l'eau est assez abondante pour se frayer un cours rapide sur le terrain plat et sablonneux qui s'étend à l'est. Je fus à même de faire plus tard toutes ces observations; mais comme vous connaissez, mes amis, ces phénomènes si communs au Désert, je n'insisterai pas davantage sur ce sujet.

« Nous étions donc assurés de ne pas mourir de soif; mais nous n'avions guère de chance de trouver de quoi manger. Les flancs de la montagne étaient raboteux, escarpés. Quelques cèdres rabougris se trouvaient suspendus çà et là au-dessus du roc. La verdure et les saules qui bordaient les petits ruisseaux, quoique agréables à la vue quand on les compare à l'affreuse stérilité du désert, ne nous offraient que la triste perspective de ne rien trouver à manger. Si le désert s'étendait au sud de la montagne, comme au nord, à l'est et à l'ouest, nous n'avions alors rencontré qu'un lieu de halte temporaire, et nous pouvions encore périr, sinon de soif, du moins de faim, ce qui ne valait pas beaucoup mieux.

« C'était alors ce qui nous préoccupait le plus, car nous n'avions rien mangé de toute la journée : aussi l'on pense bien que personne n'oublia le morceau de viande séchée. « Laissez-moi la cuire et
« faire une soupe, dit Marie. Ce sera meilleur pour
« les enfants. »

« Ma pauvre femme! je voyais bien que l'extrême fatigue qu'elle avait endurée avait épuisé ses forces, et cependant elle cherchait encore à paraître enjouée. « Oui, papa, laissez-nous faire la soupe;
« la soupe, voyez-vous, c'est très-délicat, » ajouta Frank, qui essayait de ranimer sa mère en lui montrant qu'il n'était pas accablé.

« Très-bien, alors, répondis-je. Viens, Cudjo,
« prends ta hache pour abattre du bois sur la mon-
« tagne. J'aperçois tout au bas quelques pins qu
« nous procureront un excellent combustible. »

« Nous allâmes, Cudjo et moi, chercher du bois à une distance d'environ trois cents pas, dans un endroit renfermé par les rochers d'où sortait le ruisseau.

« Quand nous fûmes près de ces arbres, je vis que ce n'étaient pas des pins. Le tronc et les branches étaient garnis de longues épines comme celles d'un porc-épic. Les feuilles étaient d'un vert clair et brillant. Mais ce qu'il y avait de plus singulier, c'est que de longues cosses, en forme de fèves, pendaient en foule à toutes les branches. Elles pouvaient avoir un pouce et demi de large, et quelques-unes n'avaient pas moins de douze pouces en longueur. Elles étaient d'un rouge foncé, approchant de la nuance du vin de Bordeaux. A part la couleur, elles ressemblaient exactement à de grandes cosses de fèves toutes pleines.

« Je n'ignorais pas quelle espèce d'arbre était devant nous. J'en avais déjà rencontré autrefois. C'était le *honey-locust* (miel de sauterelle), acacia épineux, le carob de l'Est, et le fameux *algarobo* des Espagnols. J'en connaissais aussi l'usage. Je savais que c'était l'arbre dont il est question dans l'Écriture, à l'endroit où il est dit que saint Jean-Baptiste, dans le désert, se soutenait « en mangeant des sauterelles et « du miel sauvage. » C'est pour cela qu'on le nomme aussi « pain de saint Jean. » Cudjo en connaissait toute la valeur. Au moment où ses yeux se fixèrent sur ces longues cosses pendantes, il s'écria d'un air ravi : « Maître !... Maître Roff, voyez !... Des fèves « et du miel pour souper ! »

« Nous fûmes bientôt sous les branches. Pendant que je récoltais une quantité de fruits mûrs, Cudjo alla plus loin, dans les rochers, pour se procurer du bois à brûler, en abattant des branches de pins qui croissaient en ces lieux.

« J'eus bientôt rempli mon mouchoir, et j'attendais Cudjo, lorsque je l'entendis jeter des cris de joie :

« Maître Roff ! venez ici, de retour, et voyez c'te
« vermine qui est là ! »

« Je courus à lui, sautant de rocher en rocher.
Arrivé à l'endroit où était Cudjo, je le trouvai penché sur une crevasse d'où sortait un objet qui ressemblait à la queue d'un cochon.

« Qu'est-ce que cela, Cudjo ?

« — Pas savoir, maître. Bon nègre jamais vu
« vermine en Virginie.

« — Tâche de le prendre par la queue et de le
« tirer dehors du trou.

« — Ah ! bon ! maître Roff, li avoir essayé et pas
« pu venir à bout. Tenez ! regardez. »

« Et en disant ces mots, mon compagnon saisit
la queue et tira de toutes ses forces ; mais il ne put
réussir à faire sortir l'animal.

« L'as-tu vu quand il est entré là dedans ?

« — Oui, maître, li voir quand li entré dans
« son trou.

« — A quoi ressemblait-il ?

« — A petit cochon de lait. Et crois bien li être
« un tortue de Verginie.

« — Oh ! alors c'est un armadillo.

« — Un amadillo ! Cudjo n'a jamais entendu par-
« ler de c'te vermine-là. »

« La bête qui avait si fort étonné mon compagnon
était un de ces curieux animaux que la nature s'est
plue à former pour donner de la variété à la créa-

Il saisit la queue et tira de toutes ses forces. (Page 108.)

tion, et qui sont connus, dans le Mexique et dans l'Amérique du Sud, sous le nom d'armadillos. Ce nom leur vient de l'espagnol *armado*, qui veut dire armé, parce que tout leur corps est couvert d'une écaille très-dure divisée en bandes régulières tout à fait semblables aux cottes de mailles portées par les guerriers des anciens temps. Ils ont même sur la tête une espèce de casque attaché aux autres parties de l'armure par une jointure, ce qui rend cette ressemblance encore plus complète et plus singulière. Il y a de nombreuses variétés parmi ces animaux. On en voit d'aussi grands qu'un mouton de haute taille ; mais généralement ils sont beaucoup plus petits. Les curieuses figures de l'écaille qui les couvre varient suivant les espèces. Il y en a dont les segments sont carrés ; d'autres sont hexagones ; quelques-uns pentagones. Néanmoins ils affectent tous une forme précise et géométrique, qui est aussi étrange que régulière. On dirait un objet façonné par la main des hommes. Ce sont des êtres inoffensifs qui se nourrissent surtout d'herbe et de gazon. Ils ne sont pas très-agiles, bien qu'ils puissent courir beaucoup plus vite qu'on ne le supposerait à voir leur lourde carapace. Celle-ci ne se compose pas d'une seule écaille, mais d'une foule de petites pièces attachées ensemble par une peau forte et flexible : aussi se servent-ils de leurs membres avec assez de facilité. Ils ne sont pas aussi lents dans leur marche que les tortues. Lorsqu'on les surprend et qu'on les poursuit, ils se replient quelquefois sur eux-mêmes en forme de boule, comme les hérissons, et alors, s'ils se trouvent sur le bord d'un précipice, ils se laissent rouler du haut en bas, pour échapper à leur ennemi. Le plus souvent, ils s'enfuient vers leur trou ou gagnent quelque crevasse dans les rochers voisins, et c'est justement ce qui était arrivé à celui que Cudjo poursuivait. Quand ils réussissent à se cacher la tête, comme l'autruche, ils se croient sauvés, et c'est, sans aucun doute, ce que s'imaginait celui-ci jusqu'à l'instant où il sentit l'étreinte des doigts nerveux de Cudjo, qui l'avait saisi par la queue. Il est évident que l'animal s'était précipité dans une crevasse et qu'il n'y avait pu pénétrer plus avant, sans quoi nous aurions perdu de vue même sa queue; mais aussi ce n'était pas en le tirant de cette façon que l'on pouvait réussir à le faire sortir. Il avait, en effet, hérissé en dessus et en dessous son armure écailleuse, de telle sorte qu'elle s'emboîtait solidement de chaque côté du roc. De plus, ses pinces, remarquables par leur ténacité et par leur longueur, étaient enfoncées avec force au fond de la crevasse. Il aurait fallu, pour le tirer de là, un attelage de bœufs, comme le remarqua Cudjo en faisant la grimace.

« J'avais entendu parler d'un moyen employé par

les Indiens, qui chassent l'armadillo et qui sont très-friands de sa chair. Je résolus de l'essayer, et je dis à mon compagnon de lâcher la queue de l'animal et de se tenir à côté.

« Je m'agenouillai devant le trou et, prenant une petite branche de cèdre, je me mis à chatouiller l'animal avec une pointe aiguë. Aussitôt je vis ses muscles se détendre, les écailles se séparer du roc et se resserrer sur son corps. Au bout de quelques minutes de ce manége, j'observai qu'il était revenu à son état naturel, et qu'il avait oublié de garder ses griffes sur la défensive. Je le saisis par la queue avec force, et, lui donnant une secousse subite, je fis sauter hors de son trou l'armadillo, qui alla tomber entre les jambes de Cudjo. Celui-ci, avec sa hache, lui asséna un coup si bien ajusté, que la tête de l'animal fut séparée du corps et qu'il fut tué sur-le-champ. Il était à peu près de la grosseur d'un lapin, et appartenait à l'espèce dite à huit bandes, qui est réputée pour un manger des plus délicats.

« Nous retournâmes alors au camp avec notre bois à brûler, nos fèves de locuste et notre armadillo. Ce dernier fit horreur à ma femme, surtout quand je lui dis que je l'apportais pour le manger. Il excita une grande curiosité chez nos garçons, qui s'amusèrent à glisser leurs doigts tout entiers sous son armure. Mais j'avais quelque chose qui amusa encore plus la petite Marie et sa camarade Louisa : c'était la pulpe, délicieuse comme le miel, des cosses du honey-locust, que les enfants mangèrent avec avidité. La graine fut extraite de la pulpe, en attendant que nous eussions allumé du feu pour les griller.

« Et maintenant, mes amis, continua Rolfe en se levant de son siége, puisque je vous ai parlé de cette plante, j'espère que vous ne refuserez pas de vider un pot de bière de ma fabrique ; je l'ai extraite des fèves de locuste aujourd'hui même, pendant que vous exploriez mes terres et les environs de la vallée. Elle ne vaut peut-être pas celle de Barclay ou de Perkins ; mais j'ose me flatter que, dans les circonstances où nous nous trouvons, elle ne vous paraîtra pas trop désagréable. »

A ces mots, notre hôte déboucha un grand flacon et versa un liquide de couleur brune dans les tasses qui étaient devant nous. Nous bûmes tous cette bière de locuste, qui avait beaucoup de rapport avec l'hydromel ou le cidre nouveau. Afin de prouver que nous trouvions ce breuvage à notre goût, nous vidâmes plusieurs fois nos tasses.

Puis Rolfe reprit de nouveau le fil de son histoire.

XI.

Le buffle maigre.

« Tout le monde fut bientôt à l'ouvrage. Marie apprêtait la viande séchée, qu'elle voulait faire bouillir avec les fèves de locuste dans notre pot d'étain. Par bonheur il était assez grand pour contenir près d'un gallon[1]. Cudjo était occupé à allumer le feu, qui déjà laissait échapper un nuage de fumée bleuâtre. Frank, Henri et les petites filles suçaient à cœur joie les fruits naturels de l'acacia, pendant que je préparais l'armadillo pour la broche. Ajoutez à ce tableau notre cheval, qui se rassasiait de l'herbe luxuriante qui croissait sur le bord du ruisseau, et les chiens (pauvres bêtes! c'étaient les moins bien partagés) attentifs à mes opérations, et qui happaient vivement les plus petits lambeaux de chair tombant sous mon couteau. En peu de temps le feu flambait, le bœuf et les fèves commençaient à bouillir, et l'armadillo frémissait sur la broche auprès du pot. Bientôt tout cela fut cuit et prêt à être mangé.

« Alors seulement nous nous aperçûmes que nous ne possédions ni assiettes, ni verres, ni couteaux,

---

1. Plus de quatre litres.

ni fourchettes, ni cuillers. Seuls, Cudjo et moi nous avions nos couteaux de chasse. Ce n'était pas le moment de faire les délicats : nous nous en servîmes pour sortir du pot à soupe les morceaux de viande et quelques fèves ; puis nous mîmes le tout sur une pierre plate, bien nettoyée. Quant à la soupe, nous trempâmes la partie inférieure du pot dans l'eau fraîche du ruisseau, et au bout de quelques instants Marie et les enfants purent approcher leurs lèvres du bord et boire chacun à son tour.

« Cudjo et moi, nous n'avions pas besoin de soupe. Nous étions tout à fait pour le substantiel.

« J'avais cru d'abord que l'armadillo resterait tout entier pour moi seul ; mais, malgré sa répugnance pour la vermine, comme il disait, Cudjo, voyant que je mangeais avec un véritable plaisir, me tendit sa main noire et me pria de lui donner un petit morceau. Une fois qu'il en eut goûté, la glace de son appétit sembla se rompre tout d'un coup, et il m'en demanda encore et encore, si bien que je commençai à craindre qu'il ne me laissât rien pour mon souper.

« Toutefois, ni Marie ni les enfants ne purent se résoudre à partager avec nous, quoique je leur assurasse, ce qui était positif, que ce manger était égal en délicatesse et en saveur au meilleur porc rôti. L'armadillo a beaucoup d'analogie, en effet, avec la chair de cet animal.

« Le soleil commençait à décliner, et il nous fallut songer aux moyens de passer la nuit. Nous avions laissé toutes nos couvertures dans le chariot, et l'air devenait de plus en plus frais, ce qui arrive toujours dans le voisinage des montagnes Neigeuses. Cela s'explique bien facilement. Les couches supérieures de l'atmosphère, qui se refroidit sur le sommet enveloppé de neige, deviennent plus denses et cherchent constamment à descendre vers la base de la montagne, chassant l'air des couches inférieures, qui est plus chaud et par conséquent plus léger. Un vent frais soufflait d'en haut, par l'effet de ces lois naturelles, et déjà nous nous sentions glacés, après la chaleur brûlante que nous avions endurée pendant notre course de la journée. Essayer de dormir au sein de cette froide atmosphère, même en conservant du feu allumé toute la nuit, c'était s'exposer à de cruelles souffrances.

« Je pouvais retourner au chariot, qui était tout au plus à une distance de cinq milles, et rapporter nos couvertures. Devais-je y aller seul, y envoyer Cudjo, ou l'emmener avec moi? L'un de nous pouvait monter à cheval et prendre une charge d'autres objets avec nos couvertures. Notre monture, qui depuis une heure et demie avait eu de l'herbe et de l'eau à discrétion, paraissait déjà reprendre un peu de vigueur. Il suffit, en effet, aux animaux de cette espèce, pour se remettre d'une excessive fatigue, de boire et de manger autant qu'ils désirent. Je vis qu'il était capable de faire le voyage, et je donnai à Cudjo l'ordre de le prendre. Il lui attacha un bout de corde autour du cou, en guise de bride. J'hésitai quelque temps pour savoir lequel de nous deux resterait auprès de Marie et des enfants. Mais ma femme nous pressa de partir, disant qu'elle n'aurait pas peur tant que Henri et Frank se tiendraient auprès d'elle avec leurs carabines. Les chiens resteraient aussi. En vérité, il n'y avait pas beaucoup de danger à la laisser : tandis qu'elle tiendrait dans ses bras la petite Louisa, est-ce que ces animaux ne feraient pas bonne garde?

« Je me rendis à cet avis, et je consentis à la laisser seule avec les enfants. Je recommandai de faire feu d'une des carabines, en cas d'alerte, et je me mis aussitôt en route avec Cudjo et le cheval.

« Nous apercevions la toile blanche du chariot de très-loin, et nous n'eûmes aucune difficulté à nous diriger de ce côté.

« Je me demandais, en marchant, si les loups n'avaient pas déjà fait leur proie de notre malheureux bœuf, que nous avions été forcés d'abandonner avec le chariot; s'ils l'avaient épargné, mon intention était de l'écorcher et d'en conserver la viande, toute maigre et toute coriace qu'elle devait être : car la pauvre bête ressemblait assez à un squelette desséché et préparé pour un muséum. Je n'avais pas la perspective d'un meilleur déjeuner, et j'étais très-inquiet de savoir si nous en trouverions encore un morceau. Je fus tiré de mes réflexions par une exclamation de Cudjo, qui s'arrêta soudain pour regarder fixement un objet qui se trouvait tout droit devant nous. Je regardai à mon tour, et je vis dans le clair-obscur quelque chose qui ressemblait beaucoup à un grand quadrupède.

« Maître, murmura Cudjo, p't'êtrequ'c'est un buffle.

« — Peut-être que c'est un buffle ; mais qu'est-ce
« que cela fait ? j'ai laissé là-bas ma carabine. Allons,
« prends le cheval, et je vais essayer de l'approcher
« d'assez près pour le tuer avec nos pistolets. »

« Je remis le cheval à Cudjo, et lui recommandai le silence ; je pris ensuite le plus grand de mes pistolets, et me traînai, en rampant sur les genoux et sur les mains, aussi bas que possible, afin de ne pas donner l'alarme à l'animal. Je m'approchai ainsi avec précaution et je m'assurai que c'était bien un buffle. Mais, comme la lune n'était pas encore levée, je ne distinguais ses formes que très-imparfaitement. Enfin, je crus le tenir dans la direction de mon pistolet. Pensant que, si j'allais plus près de lui, il pourrait prendre le large, je m'arrêtai, et, toujours sur mes genoux, m'apprêtai à faire feu. Comme je levais mon arme, le cheval fit entendre soudain un hennissement, et, en réponse à cet appel, l'étrange animal poussa un long beuglement que je reconnus pour celui d'un bœuf. C'était, en effet, ni plus ni moins que notre bœuf, qui avait quitté le chariot et s'en allait d'un pas lent du côté de la montagne. La fraîcheur de l'air l'avait un peu ranimé, et son instinct l'avait conduit dans la direction que nous avions suivie.

« Je ne sais trop ce qui l'emportait du plaisir ou du désappointement dans cette rencontre de notre vieux compagnon. Un buffle bien gras nous serait arrivé plus à propos qu'un bœuf affamé; mais en réfléchissant qu'il pouvait encore nous aider à sortir du Désert, je trouvai que c'était du bonheur de le retrouver vivant. Le cheval et le bœuf se flairèrent les naseaux : évidemment ils se félicitaient de se retrouver, et, comme le bœuf se battait les flancs de sa longue queue, je ne pus m'empêcher de penser que le cheval lui avait dit tout bas quelque chose des délices de cette eau et de ce gazon qui étaient si proches. Le bœuf avait encore ses rênes, et, de peur qu'il ne s'écartât de la route, nous l'attachâmes à une branche de saule, afin de l'emmener avec nous à notre retour.

« Nous allions le quitter, lorsque je songeai que, s'il avait seulement un peu d'eau, il pourrait, aidé par le cheval, traîner le chariot jusqu'à la montagne. Quelle agréable surprise pour Marie, de nous voir ramener le bœuf, le chariot et tout le reste! non-seulement les couvertures, mais aussi les gobelets, les terrines, la batterie de cuisine, et en outre notre café avec toutes les provisions du grand coffre. Ah! quelle joie! je communiquai mon idée à Cudjo. Mon compagnon l'accepta avec empressement, et la jugea tout à fait praticable. Nous avions apporté le pot d'étain rempli d'eau fraîche puisée au ruisseau; mais il était trop étroit d'embouchure, et le bœuf ne pouvait y boire.

« Attendez, maître Roffe, dit Cudjo, quand nous
« être au chariot, nous prendre le grand baquet.
« Oui! oui! Et maîtresse bien étonnée! »

« Le grand garçon riait à l'idée du bonheur que nous allions procurer à sa maîtresse en retournant auprès d'elle.

« Sans plus parlementer, nous détachâmes les rênes du saule, et ramenâmes le bœuf au chariot. Nous avions eu soin de ne pas monter le cheval, sachant qu'il aurait assez à faire de traîner sa part de charge.

« Nous retrouvâmes tout ce que nous avions laissé. Mais plusieurs grands loups rôdaient aux environs, et, sans aucun doute, c'était à leur vue que le bœuf effrayé avait repris assez d'énergie pour se relever et quitter la place.

« Nous versâmes dans le baquet l'eau que nous avions apportée, et nous la donnâmes au bœuf, qui le but sans en laisser une seule goutte, léchant les parois et le fond du vase, jusqu'à ce qu'il fût tout à fait sec. Nous attelâmes ensuite les deux bêtes, et sans plus d'embarras nous nous dirigeâmes vers notre petit camp de la montagne.

« Nous avions pour guide le feu, que nous apercevions brillant comme un phare au milieu de l'ombre des hauteurs. Cette flamme avait la plus heureuse influence sur l'esprit de mon compagnon et sur moi-même; jusqu'au cheval et au bœuf, qui, paraissant comprendre que la fin de leur voyage approchait, pressaient le pas pour y arriver.

« Nous n'étions déjà plus qu'à un demi-mille, lorsque j'entendis un coup de carabine retentir parmi les rochers. Je fus saisi d'effroi. Marie et les enfants étaient-ils attaqués par les Indiens, ou peut-être par un animal sauvage? peut-être par un ours gris!

« Je n'hésitai pas un seul instant, et me précipitai en avant, laissant Cudjo avec le chariot. Je pris mes pistolets et, pendant ma course, je les mis en état de faire feu, tout en cherchant à saisir le moindre bruit venant de la direction du feu. Une ou deux fois je m'arrêtai pour écouter; mais tout était calme du côté du camp? Quelle pouvait être la cause de ce silence? que faisaient les chiens? Je savais que, s'ils avaient été attaqués par un ours ou quelque autre animal, leurs cris et leurs aboiements seraient parvenus jusqu'à moi. Mais on n'entendait rien. Les flèches des Indiens, silencieuses dans leurs mortels effets, les avaient-elles frappés tous à la fois? Grand

Dieu! et ma femme, et mes enfants étaient-ils tombés aussi?

« En proie à ces pénibles appréhensions, je courais avec une énergie croissante, résolu à me jeter sur l'ennemi, quel qu'il fût, et à vendre chèrement ma vie.

« Enfin j'arrivai en vue du feu. Quelle fut ma surprise, aussi bien que ma joie, de voir ma femme assise auprès de la flamme, avec la petite Louisa sur ses genoux, tandis que Marie jouait par terre à ses pieds! Mais où étaient Henri et Frank? Je n'y pouvais rien comprendre. Je savais qu'ils n'auraient pas tiré sans nécessité un coup de carabine pour me donner l'alarme, et je voyais Marie aussi tranquille que si de rien n'était.

« Qu'est-ce, ma chère Marie? criai-je en accou-
« rant. Où sont les garçons? Ne viennent-ils pas
« de tirer un coup de feu?

« — Oui, répondit-elle; Henri a tiré sur quelque
« chose.

« — Sur quoi?... sur quoi?

« — Sur un animal dont je ne connais pas l'es-
« pèce. Mais je crois qu'ils l'ont blessé, car ils se
« sont mis à courir avec les chiens, et ils ne sont
« pas encore revenus.

« — Dans quelle direction? » demandai-je à la hâte.

« Marie me l'indiqua et, sans plus attendre, je courus dans l'obscurité. A une centaine de pas du feu, je trouvai Henri, Frank et les mâtins se tenant autour d'une bête qui était morte. Henri n'était pas peu fier du beau coup qu'il avait fait, et il attendait mes félicitations. Je ne lui en fis pas faute, et saisissant l'animal par les pattes de derrière, je le tournai du côté de la lumière du foyer. Il pouvait avoir la taille d'un veau, mais il avait une forme plus élégante. En effet, ses membres étaient minces et élancés, et ses jambes pas plus grosses qu'une canne ordinaire. Il avait le corps d'un rouge pâle, le poitrail et le ventre blanchâtres, les yeux grands et languissants, les cornes minces. Je reconnus que c'était l'antilope aux cornes fourchues, la seule espèce qui se rencontre dans l'Amérique du Nord.

« Alors Marie me conta l'aventure. Ils étaient assis en silence auprès du feu, attendant, non sans impatience, notre retour, car le chariot nous avait beaucoup retardés. Tout à coup ils aperçurent deux grands yeux brillants comme des chandelles, à quelques pas de l'endroit où ils étaient assis. Ils ne pouvaient voir que les yeux; mais cela suffisait bien pour les effrayer, car ils croyaient que c'était un loup, et peut-être quelque chose de pire, comme un ours ou une panthère. Toutefois ils ne manquèrent pas de présence d'esprit; échapper au danger par la fuite était impossible : aussi Frank et Henri sautèrent sur leurs carabines. Henri fut le premier prêt. Il visa, tant bien que mal, entre les deux yeux brillants, et pressa la détente. La fumée et les ténèbres ne leur permettaient pas de voir si la balle avait ou non touché l'animal. Les chiens, qui étaient couchés auprès du feu, se levèrent et se mirent à sa poursuite. On les entendit courir à quelque distance, puis il se fit comme le bruit d'une lutte, suivi d'un silence complet. Il était évident, ce dont ils s'assurèrent bientôt, que Henri avait blessé l'animal, et que les chiens l'avaient attrapé et allaient le mettre en pièces. En effet, lorsque les garçons arrivèrent à l'endroit où la bête avait été achevée par les chiens, ceux-ci, pressés par la faim, se préparaient à la dévorer; mais Frank et Henri les prévinrent à temps. L'antilope, touchée à l'épaule, n'avait pas été bien loin.

« Quoique Henri ne se vantât pas de sa prouesse, son regard était triomphant. Cette belle pièce de venaison nous assurait contre la faim pour trois jours au moins. Une heure auparavant nous ne savions pas où nous prendrions notre prochain repas : certes il y avait de quoi s'enorgueillir. Je songeai alors à la surprise que je leur ménageais en amenant non-seulement le chariot qui renfermait tous nos ustensiles et nos provisions, mais aussi le meilleur de nos bœufs.

« Où est Cudjo? demanda ma femme. Est-ce qu'il
« porte les couvertures?

« — Oui, dis-je, et une bonne charge en outre. »

« A ces mots, nous entendîmes le craquement des roues et nous vîmes la grande banne de toile blanche, qui réfléchissait au loin la lueur du feu. Frank sauta sur ses pieds, et frappant des mains avec joie, il s'écria :

« Maman ! maman ! c'est le chariot ! »

« Alors la forte voix de Cudjo fit entendre un joyeux « Holà ! » et, un moment après, le cheval et le bœuf arrivaient aussi légèrement que si leur charge n'avait été qu'une simple bagatelle. On aurait dit qu'ils étaient capables d'aller cent milles plus loin sans se reposer. Nous ne mîmes pas longtemps à les débarrasser de leurs traits, pour leur donner, tant qu'ils en voulurent, de l'eau à boire et de l'herbe à manger.

« Comme il était déjà tard, et que nous étions très-fatigués des épreuves que nous venions de traverser, nous ne perdîmes pas de temps pour aller prendre du repos. Marie prépara un lit dans le chariot. Nous n'avions pas d'autre abri, mais il était excellent. En même temps, Cudjo et moi, nous nous mîmes à écorcher l'antilope, afin de l'avoir toute prête le lendemain pour notre déjeuner. Les chiens n'étaient pas indifférents à cette opération ; car les pauvres bêtes, jusqu'à ce moment, avaient encore fait plus maigre chère que nous. Ils eurent pour leur part la tête, les pieds et les intestins, dont ils se régalèrent. Ayant écorché l'antilope, nous attachâmes ses jambes avec une corde et la suspendîmes à une branche d'arbre, assez haut pour qu'elle fût hors de l'atteinte des loups, aussi bien que de nos propres chiens, pendant la nuit.

« Marie avait terminé ses arrangements pour notre coucher. Il ne nous restait plus qu'une chose à faire avant d'aller prendre du repos. C'était un devoir que nous n'avons jamais négligé, chaque fois que les circonstances nous ont permis de l'accomplir. Marie ne l'ignorait pas, et elle avait pris dans le chariot le seul livre qui s'y trouvât : la Bible. Cudjo attisa la flamme, et, quand nous fûmes tous assis autour du feu, je lus dans le livre saint les passages qui étaient le mieux en rapport avec notre situation présente : comment Dieu avait sauvé Moïse et les enfants d'Israël dans le Désert.

« Puis, les mains unies et le cœur reconnaissant, nous nous agenouillâmes pour remercier le Seigneur de notre miraculeuse délivrance.

XII.

Les bigornes.

« Le lendemain nous étions debout aux premières lueurs du jour, et nous avions le plaisir de constater un phénomène remarquable au lever du soleil : toute la contrée à l'est, aussi loin que pouvait s'étendre la vue, était une plaine unie qui ressemblait à l'Océan quand il est calme. Comme le grand globe jaune du soleil paraissait au-dessus de l'horizon, on aurait pu imaginer qu'il sortait de la terre même, quoiqu'il fût à plus de quatre-vingt dix millions de milles de distance. Il montait avec lenteur dans un beau ciel d'un bleu pâle, sans le moindre nuage. Dans ces hautes plaines de l'intérieur de l'Amérique, on marche souvent durant plusieurs jours sans apercevoir seulement un nuage gros comme un cerf-volant. Nous étions dans les meilleures dispositions d'esprit; nous avions bien reposé, et nous n'avions plus la crainte d'être poursuivis par les sauvages qui avaient massacré nos compagnons. En vérité, c'eût été folie de leur part de faire une route aussi effroyable pour le peu qu'il y avait à retirer de nous. De plus, la vue de notre antilope, avec sa graisse jaune et délicate crispée par la fraîcheur de la nuit, avait quelque chose d'encourageant. Comme Cudjo était un habile boucher, je l'engageai à dépecer la bête, tandis que j'irais moi-même au pied de la montagne, la hache sur l'épaule, faire provision de bois pour notre feu. Marie était tout affairée au milieu des pots, des terrines et des plats, nettoyant et lavant cette vaisselle dans l'eau claire du ruisseau. La poussière de ces plaines desséchées, soulevée par le chariot pendant la marche, avait couvert tous ces ustensiles d'une couche épaisse. Nous étions, du reste, très-bien approvisionnés : un gril, un grand chaudron, deux bassins, un pot à soupe, une cafetière, un moulin à café, une demi-douzaine de tasses et de plats d'étain, avec un assortiment de couteaux, fourchettes et cuillers. Tous ces objets avaient été achetés par nous à Saint-Louis, suivant les conseils de notre ami l'Écossais, qui savait combien ils sont indispensables pour un voyage à travers le Désert.

« Je ne fus pas longtemps à chercher du bois, et notre feu ne tarda pas à se rallumer et à jeter des flammes brillantes. Marie fit rôtir le café dans une poêlette et se mit à le moudre dans le moulin. Je pris le gril et fis cuire des tranches de venaison, tandis que Cudjo recueillait une grande provision de fèves de locuste, qu'il fit rôtir pour nous servir de pain, car nous n'avions ni blé ni farine. Notre provision était épuisée depuis plusieurs jours, et nous n'avions vécu que de viande grillée et de café. Nous étions très-avares de cette dernière denrée, dont il ne nous restait guère plus d'une livre, et c'était véritablement du luxe pour nous. Nous n'avions ni sucre ni crème, mais nous n'y songions seulement pas : tous ceux qui voyagent dans les déserts trouvent le café excellent ainsi, et peut-être encore meilleur, sans addition de sucre blanc et de crème épaisse, dont ne peuvent se passer les gens habitués aux recherches de la vie sédentaire. Mais, après tout, nous n'étions pas forcés de prendre notre café sans douceur; nous n'avions qu'à suivre l'exemple de Frank, qui, après avoir extrait les fèves du locuste, grattait la pulpe mielleuse des cosses et mettait le résidu de côté; il en avait déjà recueilli une pleine assiette. Bravo! Frank!

« La grande caisse qui renfermait les provisions avait été enlevée du chariot, et son couvercle, sur lequel nous étendîmes une nappe, nous servit de table. Pour siéges, nous avions rangé plusieurs grosses pierres autour de la caisse. Nous nous assîmes pour prendre ce délicieux café et manger des tranches savoureuses de venaison.

« Pendant que nous étions ainsi installés, je remarquai Cudjo qui, roulant de côté et d'autre le blanc de ses yeux, s'écria tout à coup :

« Grand Dieu! maître.... maîtresse! regardez là. »

« Chacun se retourna vivement, car nous étions tous assis le dos du côté de la montagne, et c'était la direction indiquée par Cudjo. De hautes collines nous faisaient face, et sur leurs flancs cinq grands objets rougeâtres couraient si vite, que je crus tout d'abord que c'étaient des oiseaux qui volaient. Au bout de quelques instants, nous reconnûmes des quadrupèdes; mais ils sautaient si légèrement d'un rebord à l'autre, qu'il était impossible de distinguer leurs membres. Ils paraissaient appartenir à la variété des daims, un peu plus gros qu'une brebis ou une chèvre; mais au lieu d'andouillers, chacun d'eux portait une paire de grandes cornes recourbées. Comme ils sautaient du haut d'une plate-forme des collines en bas, nous vîmes avec étonnement qu'ils tournoyaient en l'air, comme s'ils s'étaient jetés tous à la fois du haut en bas, la tête la première.

« Il y avait un monticule qui s'avançait en inclinant à moins de cent pas de la place que nous occupions; il se terminait par un précipice escarpé de soixante à soixante et dix pieds d'élévation au-dessus de la plaine. Les animaux gagnèrent bientôt la pente et continuèrent leur course jusqu'à l'escarpement. Apercevant le précipice, ils s'arrêtèrent soudain comme pour le reconnaître; alors nous les découvrîmes en plein, se détachant dans le ciel, avec leurs membres gracieux et leurs longues cornes recourbées, au moins aussi grandes que leur corps. Nous pensions que le précipice les empêcherait d'aller plus loin, et je calculais si ma carabine, que je venais de saisir, pourrait les atteindre à cette distance. Tout à coup, à notre grande surprise, le premier s'élança du haut du précipice, et, tournant dans l'air, il tomba, la tête la première, sur le sol endurci de la plaine; nous le vîmes tomber sur ses cornes, rebondir d'une hauteur de plusieurs pieds, faire un autre saut sur lui-même, se remettre alors sur ses jambes, et se tenir tranquille. Sans rien craindre, le reste de la bande en fit autant, l'un après l'autre, comme de véritables saltimbanques, et, le tour fait, ils semblaient attendre les applaudissements des spectateurs.

« L'endroit où ils étaient tombés ne se trouvait pas à plus de cinquante pas de notre camp; mais j'étais si surpris de ce saut périlleux, que j'oubliais tout à fait la carabine que je tenais à la main. Les animaux, de leur côté, semblaient tout étonnés de nous découvrir, car ils ne nous avaient pas aperçus au premier instant. L'aboiement des chiens, qui retentit alors, me rappela à moi-même et fit comprendre à nos visiteurs le danger d'un tel voisinage. Ils se retournèrent donc tout d'un coup, et bondirent vers la montagne. Je tirai au juger. Nous supposions que c'était de la poudre perdue, car ils gagnaient tous les cinq le pied des monts, suivis par les chiens. D'abord ils montèrent comme s'ils avaient des ailes; mais nous remarquâmes qu'un d'eux restait en arrière et paraissaient gravir avec difficulté. Nos yeux demeurèrent fixés sur lui, nous imaginant qu'il avait été blessé. Nous avions raison de le croire. Les autres furent bientôt hors de notre vue. Mais celui qui demeurait en arrière, voulant sauter d'un endroit élevé, s'arrêta court dans son élan et retomba sur le flanc de la montagne. Un moment après, nous le vîmes aux prises avec nos mâtins.

« Cudjo, Frank et Henri se précipitèrent ensemble sur la montée, et revinrent bientôt apportant l'animal que les chiens avaient achevé ! Cudjo en avait toute sa charge : à première vue il nous parut aussi grand qu'un daim. A ses vastes cornes rugueuses et à d'autres signes, je vis que c'était un *argali* où mouton sauvage, connu parmi les chasseurs sous le nom de *bigorne*, et quelquefois désigné dans les livres par celui de mouton des montagnes Rocheuses. Dans son aspect général il se rapproche davantage de la chèvre ou d'un grand daim fauve, avec une paire de cornes branchues sur la tête. Nous savions que cet animal n'était pas mauvais à manger, surtout pour des gens dans notre situation. Aussitôt que nous eûmes fini de déjeuner, Cudjo et moi aiguisâmes nos couteaux, et, ayant enlevé la peau, nous suspendîmes la carcasse auprès des restes de l'antilope. Les chiens eurent pour leur peine un déjeuner à leur goût, et nous autres, voyant une bonne provision de viande fraîche suspendue à l'arbre, avec les eaux limpides d'un ruisseau coulant au-dessous, nous pensions déjà être tout à fait sauvé du Désert !

« Nous nous assîmes pour délibérer sur ce que nous allions faire maintenant. L'argali et l'antilope nous assuraient une provision de viande suffisante pour une semaine au moins. Mais, quand elle serait finie, quelle chance avions-nous de nous en procurer encore? Bien peu, à notre avis. En effet, s'il y avait dans les environs d'autres antilopes et d'autres bigornes, ils ne pouvaient être en grand nombre, parce que, à en juger sur les apparences, il y avait peu de chose pour les nourrir. De plus, il n'était pas facile d'en tuer d'autres, car les bêtes que nous avions tirées semblaient avoir été amenées vers nous par la main de la Providence. Nous savions qu'il n'est ni juste ni sage de compter entièrement sur elle, c'est-à-dire que notre devoir, tout en nous confiant à ses desseins, était de faire ce qui dépendait de nous pour échapper au péril. Lorsque notre provision serait épuisée, que devions-nous donc faire pour y suppléer? Nous ne pouvions toujours vivre d'armadillos, d'argalis et d'antilopes, même en supposant que les rochers en fussent remplis. Or il y avait dix chances contre une pour ne plus en trouver. Dans une semaine notre bœuf serait en meilleur état. Il pourrait nous suffire pendant quelque temps; puis notre cheval, puis.... les chiens.... et puis.... nous aurions la certitude de mourir de faim.

« Toutes ces alternatives étaient assez terribles à envisager. Si nous en étions réduits à tuer notre bœuf, nous ne pourrions pas mener le chariot plus loin; et comment le cheval nous porterait-il tous hors du Désert? Puis, si nous en venions à tuer le cheval, ce serait pire encore, et nous n'aurions d'autre ressource que d'aller à pied. Or, aucun homme n'a jamais traversé le grand Désert à pied, pas même les chasseurs; comment donc faire? Rester où nous nous trouvions était impossible. Il y avait peu de végétation sur les bords des différents ruisseaux qui sortaient par infiltration de la montagne. Ils étaient couverts de saules, mais l'herbe n'était pas abondante et ne pouvait faire vivre assez de gibier pour suffire à notre nourriture, même si nous avions les moyens de le prendre. Il était donc évident pour nous tous qu'il fallait quitter ces lieux sans plus tarder.

« Restait un autre problème à résoudre. Le Désert avait-il au nord la même étendue que nous lui connaissions déjà au sud? Pour m'en assurer, je me décidai à faire le tour de la montagne, laissant tout le monde au camp jusqu'à mon retour.

« Notre cheval était maintenant reposé et bien repu. Je le sellai, je pris ma carabine et je montai l'animal. Je commençai ma tournée, en suivant le pied de la montagne du côté de l'est. Je traversai plusieurs ruisseaux semblables à celui près duquel nous avions campé, et j'observai qu'ils suivaient tous la direction de l'est, pour aller se réunir à un cours d'eau principal. Dans cette direction, je vis aussi quelques arbres rabougris, et çà et là une apparence de verdure à la surface de la plaine. J'aperçus en chemin une antilope, et un autre animal ressemblant à un daim, mais différent, par la longueur de sa queue, de tous ceux que j'avais vus. Je ne savais pas encore à quelle espèce il appartenait, n'ayant jamais trouvé sa description dans les livres d'histoire naturelle.

« Après avoir marché cinq milles, je franchis la côte occidentale des monts, et je pus apercevoir le pays qui s'étendait au sud. Aussi loin que ma vue pouvait atteindre, je ne découvris rien qu'une plaine ouverte, d'un aspect encore plus stérile que celle du nord. Vers l'est seulement on apercevait quelques traces de fertilité, et encore n'étaient-ce que de petites portions du sol couvertes d'une rare végétation.

« C'était une assez triste perspective. Nous avion: nécessairement tout le Désert à traverser avan d'arriver dans un pays habité! Chercher à regagne la frontière américaine du côté de l'est, dans l'éta de dénûment où nous nous trouvions, avec un at telage épuisé, c'était de la démence ; d'ailleurs il avait au moins huit cents milles. Je n'ignorais p qu'un grand nombre de tribus hostiles habite dans cette direction. Aussi, quoique le pays f˙ assez fertile, nous ne pouvions pas espérer de l traverser. Il était également impossible d'aller a nord ou au sud, puisqu'il n'existait pas un seul ét blissement civilisé à une distance considérable dans l'une ou l'autre direction. Notre unique espoir était donc d'essayer de traverser le Désert à l'ouest du côté des établissements mexicains de la rivière Del Norte : une distance de plus de deux cents milles ! Pour la franchir, il nous fallait d'abord faire reposer notre attelage mal assorti pendant plusieurs jours. Nous devions aussi réunir des provisions suffisantes pour la route ; mais comment nous les procurer ? Ayons confiance dans la Providence, qui a déjà si manifestement étendu sa main sur nous.

« J'observai que la montagne dans la partie sud, présentait vers la plaine une inclinaison plus facile que du côté du nord, où elle est hérissée de précipices. J'en couclus qu'une plus grande quantité de neige devait y fondre et s'écouler par là. Par conséquent, ce côté devait être beaucoup plus fertile que les autres. Je poursuivis ma course jusqu'au moment où j'aperçus les bouquets de saules et de cotonniers qui ombragent le cours d'eau arrosant cette vallée. Je les atteignis bientôt et découvris un ruisseau bordé de pâturages beaucoup plus considérables que ceux de notre camp. J'attachai mon cheval à un arbre, et je gravis la montagne à une certaine hauteur, afin de jeter un coup d'œil sur le pays au sud et à l'ouest. Je n'étais pas encore parvenu à une grande élévation lorsque je fus frappé du singulier aspect que donnait à la plaine un grand vide qui semblait ouvert de ce côté. Attiré par cette particularité, je voulus l'examiner de plus près. Je retournai à l'endroit où j'avais laissé mon cheval, je montai aussitôt et le poussai dans cette direction. En peu de temps j'arrivai au fond du précipice et je m'arrêtai pour considérer le riant vallon qui se trouvait en bas.

« Je n'aurais pu définir mes sensations en ce moment. Ceux-là seuls dont les yeux ont été pendant de longs jours fixés sur le sol desséché du Désert peuvent se rendre compte de l'effet produit par le spectacle d'une fertilité pareille à celle qui se présentait à moi. Nous étions à la fin de l'automne; les bois qui s'étendaient à mes pieds, revêtus de la riche parure de cette saison, m'apparaissaient comme un tableau où brillaient les couleurs les plus variées. Le chant des oiseaux s'élevait des bocages, porté sur l'air parfumé d'aromes. Toute cette scène se rapprochait plus de l'Élysée de la Fable que de la réalité de la nature. J'eus de la peine à me convaincre que je n'étais pas le jouet d'un songe ou de l'illusion fantastique du *mirage*.

« Je demeurai quelques minutes dans une sorte d'extase, les yeux fixés sur ce délicieux vallon. Je n'y remarquai aucun vestige d'habitation humaine. Pas de fumée au-dessus des arbres, nul bruit sous l'ombrage, si ce n'est les voix de la nature, qui se manifestaient dans le chant des oiseaux et le murmure des eaux jaillissantes. Il semblait que l'homme n'avait jamais profané ce paradis solitaire par sa présence et ses passions.

« J'ai dit que je demeurai quelques minutes regardant et écoutant; je serais resté là des heures entières : mais le soleil sur son déclin m'avertit de hâter mon retour. Je me trouvais à environ vingt milles de notre camp, et mon cheval n'était guère vigoureux. Déterminé, cependant, à ramener dès le lendemain avec moi mes compagnons et tout ce qui nous appartenait, je tournai bride et revins sur mes pas. Il était près de minuit lorsque j'arrivai au camp; je retrouvai toute chose en état; seulement Marie était très-inquiète de ma longue absence. Mais mon retour et la découverte que je lui annonçai eurent bientôt rassuré ses esprits. Nous arrêtâmes nos dispositions pour changer de campement, et nous résolûmes de partir le lendemain de bon matin.

XIII.

Le grand élan.

« Réveillés à la pointe du jour, nous déjeunâmes à la hâte et préparâmes le chariot pour quitter notre campement, que nous avions appelé *le Camp de l'Antilope*. Le ruisseau reçut dans la suite le nom de *Crique des Bigornes*. Nous arrivâmes à l'extrémité supérieure du vallon à une heure environ après midi. Nous y passâmes la nuit. Le jour suivant, je me mis en quête d'un passage pour nous conduire au fond de la vallée. Je fis plusieurs milles sur le bord de l'escarpement; mais, à ma grande surprise, je ne trouvai partout qu'un précipice effrayant, et je commençai à craindre que ce paradis tentateur ne fût inaccessible et n'eût été créé que pour nous désespérer. Enfin, j'arrivai à l'extrémité de la pente, où vous avez remarqué le peu d'élévation du précipice, en raison de l'inclinaison de la plaine. Là je trouvai un défilé tournant graduellement de haut en bas, et dans lequel je vis les traces de pas d'animaux de diverses espèces. C'était justement ce que je cherchais.

« Nous pouvions rester dans cette vallée jusqu'à ce que notre attelage fût suffisamment refait pour supporter la traversée du Désert, tandis que nous nous procurerions avec nos carabines les provisions nécessaires à ce voyage.

« Je retournai au chariot. Comme j'avais employé la plus grande partie du jour à ces explorations, il était déjà tard lorsque je rentrai au camp. Nous passâmes une seconde nuit en ces lieux, que nous désignâmes sous le nom de *Camp des Saules*.

« Le lendemain, nous étions debout de bonne heure. Arrivés au point où le défilé conduisait en bas, nous arrêtâmes le chariot. Marie et les enfants

Les bois étaient très-épais. (Page 143.)

restèrent auprès, tandis que je descendis avec Gudjo pour reconnaître la vallée. Les bois étaient très-épais : tous les arbres paraissaient liés entre eux par de vastes rameaux qui s'étendaient de l'un à l'autre comme d'immenses serpents. C'était un inextricable taillis; mais nous vîmes que les animaux nombreux qui l'habitaient avaient frayé un passage. Nous n'aperçûmes aucune trace de pas humains, rien qui indiquât la présence de l'homme.

« Nous suivîmes la piste, qui nous conduisit en droite ligne sur le bord de l'eau. Elle était alors très-basse, et une grande partie de son lit était à sec. C'était une excellente route pour le chariot, et nous en longeâmes le cours. A environ trois milles de la partie basse de la vallée, nous trouvâmes un endroit où la forêt s'éclaircissait et était moins obstruée de broussailles. Sur la rive droite du ruisseau, il y avait une hauteur formant une éclaircie d'assez grande étendue, où croissaient quelques arbres disséminés. Ce terrain, doucement incliné vers le ruisseau, était couvert d'un gras herbage, de gazons et de fleurs. C'était un lieu charmant; à notre approche plusieurs animaux effrayés s'enfuirent dans les fourrés d'alentour. Nous restâmes un moment à considérer ce délicieux tableau. Des oiseaux aux ailes brillantes sautillaient parmi les feuilles de toutes couleurs, chantant ou criant et se poursuivant de branche en branche. C'étaient des perroquets, des perruches, des loriots, des geais bleus, de beaux loxies de deux espèces écarlate et azurée. Des papillons, aux larges ailes bigarrées des plus vives couleurs, voltigeaient de fleur en fleur. Les uns étaient aussi grands que certains oiseaux, les autres même plus forts. Une foule de petits oiseaux-mouches, pas plus gros que des abeilles, brillaient au soleil comme des pierres précieuses, et se balançaient sur le calice entr'ouvert des fleurs.

« C'était, en vérité, un délicieux spectacle. Aussi nous convînmes, Cudjo et moi, que c'était le seul endroit convenable pour asseoir notre camp. Alors nous entendions par *camp* un lieu où nous pourrions demeurer jusqu'à ce que nos bêtes eussent repris des forces, et tout le temps nécessaire pour recueillir les provisions indispensables à notre voyage dans le Désert : un campement provisoire, en un mot ! Et voilà déjà, messieurs, la dixième année écoulée ! Et nous sommes encore ici à la même place ! Oui, mes amis, cette maison a été construite au milieu même de la clairière que je viens de vous décrire. Vous serez encore bien plus surpris quand je vous dirai qu'il n'existait pas de lac à cette époque ni rien de semblable. Cela est venu plus tard, comme vous l'apprendrez.

« Ce lac faisait alors partie de la clairière, et sa

surface, comme le reste, était couverte d'une belle verdure, avec des arbres, çà et là, tantôt isolés, tantôt réunis par petits bouquets, ce qui donnait à cet espace l'apparence d'un parc. Mais nous ne pouvions nous faire illusion et supposer qu'il y avait là-bas derrière quelque splendide habitation dont ce parc était une dépendance, quoique nous fussions entourés de bois épais et impénétrables à la vue.

« Nous ne restâmes pas plus longtemps qu'il ne le fallait pour examiner le terrain. Nous savions que Marie était anxieuse de nous revoir, et nous retournâmes bien vite au chariot. Moins de trois heures après, la voiture, couverte de sa toile blanche comme la neige, s'arrêtait au milieu de la clairière; le bœuf et le cheval, épuisés de fatigue, broutaient avec avidité cette riche pâture. Les enfants jouaient sur la verte pelouse, à l'ombre d'un magnolia touffu, tandis que Marie, Cudjo, les deux garçons et moi-même étions occupés de divers travaux sur la place. Les oiseaux voltigeaient autour de nous, babillant et criant au grand plaisir de notre petite famille. Ils venaient tout près de notre campement, se perchant sur les arbres les plus rapprochés : sans doute ils étaient émerveillés de voir d'étranges créatures comme nous s'introduire ainsi dans leur domaine jusqu'alors inoccupé. Je me réjouissais de ce qu'ils étaient si curieux de nous voir : c'était une preuve que le spectacle de l'homme était nouveau pour eux, et, alors, nous n'avions pas à craindre de rencontrer quelqu'un de notre espèce dans la vallée. N'est-il pas étrange que, de toutes les créatures, l'homme fût celui dont nous redoutions le plus la présence? Et pourtant telle était la vérité; car nous savions qu'en fait d'êtres humains nous ne pourrions trouver en ces lieux que des Indiens et, selon toute probabilité, des ennemis impitoyables.

« La fin du jour approchait. Nous résolûmes de ne rien faire de plus, et de prendre du repos. Nous avions éprouvé beaucoup de fatigue en conduisant le chariot dans le lit du courant. Il avait fallu remuer des pierres, et parfois nous frayer un passage avec la hache à travers les broussailles. Mais les difficultés étaient maintenant surmontées, et nous nous trouvâmes aussi à l'aise que si nous eussions gagné une bonne habitation. Cudjo fit du feu et dressa au-dessus une crémaillère à laquelle il suspendit nos pots et nos chaudrons : la crémaillère consistait en deux bâtons fourchus plantés dans la terre, de chaque côté du feu, avec une longue perche placée horizontalement sur les deux fourches. C'est ainsi que les coureurs des bois établissent des crémaillères pour cuire leurs aliments en plein air. La crémaillère à trois pieds, en usage chez les Bohémiens d'Europe, est rarement employée par les gens qui parcourent les solitudes de l'Amérique.

« En peu de temps, notre chaudière de campagne fut remplie d'une eau limpide qui ne tarda pas à bouillir pour recevoir le café odorant. Les restes de l'antilope, suspendus au-dessus du feu, furent rôtis et cuits à la flamme. Marie avait dressé la grande caisse, couverte d'une nappe blanchie le jour précédent. Nos tasses et nos assiettes d'étain, bien écurées et brillantes comme de l'argent, étaient rangées avec symétrie. Tous ces préparatifs achevés, nous nous assîmes autour du feu, attendant que l'appétissante venaison fut grillée et cuite à point. Cudjo avait suspendu cette pièce de viande à une longue corde, en sorte que, par un simple mouvement, elle tournait continuellement sur elle-même, comme si elle avait été attachée au meilleur tournebroche breveté. Nous nous félicitions d'avance du bon souper que nous allions faire, quand tout à coup notre attention fut éveillée par un bruit sortant des bois qui longeaient la clairière. C'était un bruit sourd, comme le craquement de feuilles mortes foulées par le sabot de quelque gros animal. Tous les yeux se dirigèrent immédiatement de ce côté. D'abord nous vîmes les feuilles agitées; puis trois grosses bêtes parurent à l'entrée de la clairière, avec l'intention évidente de la traverser.

« Au premier abord nous crûmes que c'étaient

des daims. Chacun de ces animaux portait une paire d'andouillers branchus; mais en même temps leur grande taille les distinguait de toutes les espèces que nous avions déjà rencontrées. Un d'eux était presque aussi grand qu'un cheval; et leurs vastes andouillers, qui s'élevaient à plusieurs pieds au-dessus de leurs têtes, les faisaient paraître encore plus grands. En voyant ces cornes branchues et recourbées, nous les avions pris pour des daims; et, en effet, la ressemblance était grande. Mais quelle différence avec ces daims roux ou fauves que l'on rencontre dans nos parcs et dans nos bois! C'étaient des élans.... le grand élan des montagnes Rocheuses.

« En sortant du taillis, ils marchaient de front, l'un à côté de l'autre, avec une allure fière dénotant la confiance que leur inspiraient leur force et leur grande taille, ainsi que l'armure redoutable qu'ils portaient sur la tête, et dont l'effet devait être terrible pour leurs ennemis. Ils avaient une apparence majestueuse, et nous les admirions tous en silence à mesure qu'ils s'approchaient, car ils venaient droit au camp.

« Enfin ils aperçurent notre chariot et le feu, objets inconnus pour eux jusqu'à ce jour. Ils s'arrêtèrent tout d'un coup, secouant la tête, aspirant l'air, et continuèrent à nous examiner pendant quelques instants avec une expression de surprise.

« Maintenant ils vont s'enfuir, « murmurai-je à

l'oreille de mon ami Cudjo; « dans un moment ils
« courront à toutes jambes, et ils seront bientôt
« hors de portée de ma carabine. »

« J'avais saisi le fusil dès qu'ils s'étaient montrés,
et je le tenais tout prêt entre mes jambes. Henri et
Frank avaient pris aussi leurs armes.

« Qué pitié, maître Roff! dit Cudjo. Le grand cara-
« bine, pas attraper eux! Grand Dieu! chacun il
« être gras comme lard. »

« Je me demandais si je ne ferais pas bien de
me traîner un peu plus près d'eux, quand, à notre
grande surprise, au lieu de retourner du côté des
bois, ils firent encore plusieurs pas en avant et
s'arrêtèrent de nouveau, secouant la tête et humant
l'air, comme ils avaient déjà fait tout à l'heure. J'ai
dit que cela nous surprenait tous, car nous avions
entendu rapporter que l'élan était un animal excessivement prudent. Cela est vrai quand ils connais-
sent le danger; mais, chez eux, comme chez la plupart des bêtes de l'espèce des antilopes et des daims,
la curiosité est encore plus forte que la peur : ils
ne manquent donc jamais de s'approcher d'un objet
nouveau pour eux, et l'examinent minutieusement
avant de s'enfuir. Leur curiosité avait diminué la
distance qui nous séparait, et j'espérais qu'il vien-
draient encore plus près de nous. C'est pourquoi
j'engageai mes compagnons à demeurer silencieux
et à ne faire entendre aucun bruit.

« Le chariot, avec sa grande toile blanche, semblait être le principal attrait pour nos étranges visiteurs. Ils le considéraient avec des yeux étonnés. Puis ils firent encore quelques pas en avant, s'arrêtèrent de nouveau, avancèrent une troisième fois et firent une nouvelle halte.

« Comme le chariot se trouvait à quelque distance de l'endroit où nous étions assis près du feu, leurs mouvements pour en approcher le mettaient quelquefois entre eux et nous. Mais, en ce moment, le chef de la bande était à pleine portée de ma carabine. C'était le plus grand des trois, et je ne voulus pas attendre davantage. Je visai donc à l'endroit que je supposai le plus près du cœur, et lâchai la détente. « Manqué! » m'écriai-je en voyant les trois bêtes retourner sur leurs pas et s'en aller comme si de rien n'était. Ce qui nous parut vraiment étrange, c'est qu'il ne galopaient pas, comme font les daims; mais ils marchaient au trot et allaient aussi vite qu'un cheval au galop.

« Les chiens, que Cudjo avait jusque-là retenus par le cou, furent lâchés après eux et les poursuivirent en aboyant. Élans et chiens furent bientôt hors de vue; mais pendant quelque temps nous entendîmes le bruit des feuilles qu'ils foulaient et la poursuite des chiens sous l'épais fourré.

« Je ne croyais pas que nos mâtins eussent quelque chance de les atteindre, et je n'étais guère disposé à les suivre. Mais tout à coup j'entendis la voix des chiens qui passaient de l'aboiement à des hurlements de fureur, comme s'ils étaient engagés dans un combat.

« J'ai peut-être blessé la bête, et ils ont fini par
« l'atteindre.... Allons, Cudjo, courons après eux et
« voyons cela. Enfants, restez auprès de votre mère
« et veillez sur elle. »

« Je saisis la carabine d'Henri, et, accompagné de Cudjo, je traversai la clairière et suivis la piste de l'élan et des chiens. En pénétrant dans le fourré, j'observai que les feuilles étaient tachées de sang.

« Plus de doute ! il est blessé, et assez grièvement.
« Nous pourrons encore nous en emparer.

« — C'est ça, maître ! » s'écria Cudjo ; et nous courions tous les deux aussi vite que nous pouvions à travers les épaisses broussailles. Je dépassai mon compagnon, qui était moins leste que moi. Çà et là je voyais des gouttes de sang sur les feuilles, et, guidé par la voix enrouée des dogues, je gagnai bientôt le terrain où ils étaient. L'élan, blessé, était agenouillé et se défendait avec ses cornes, tandis que l'un des chiens, étendu par terre, hurlait de douleur. L'autre, encore propre au combat, s'efforçait de prendre l'animal par derrière ; mais celui-ci tournait en cercle sur ses genoux comme sur un pivot, et lui présentait toujours ses cornes menaçantes du côté où il voulait l'attaquer.

« Je craignais que l'élan ne finît par atteindre mon brave chien. Je tirai donc à la hâte, et, sans attendre, je courus pour achever l'animal avec la crosse de ma carabine. Je frappai de toutes mes forces, visant à la tête; mais, dans ma précipitation, je manquai mon coup, et, entraîné par cet effort, je tombai juste au milieu de ses cornes branchues! Je lâchai ma carabine, saisis les cornes de l'élan par les extrémités, et cherchai à me dégager. Je n'en eus pas le temps. L'animal se lève sur ses pieds et, d'un vigoureux coup de tête, me jette en l'air à une grande hauteur. Je tombe sur un épais réseau de broussailles et de branches. Mais, sans perdre ma présence d'esprit, je les saisis en tombant et ne lâche pas prise. Ce fut ce qui me sauva.

« L'animal furieux bondissait au-dessous de moi, tout étonné de ne pouvoir m'atteindre. Certainement, si j'étais tombé sur la terre au lieu de me tenir aux branches, ses cornes redoutables m'auraient mis en pièces.

« Pendant quelques instants, je restai sans mouvement à la place où j'avais été lancé, observant ce qui se passait au-dessous de moi. Le chien continuait encore son attaque; mais il était évidemment intimidé par la défaite de son compagnon, et se bornait à mordre l'élan quand il pouvait le saisir

L'élan, d'un vigoureux coup de tête, me lance en l'air à une grande hauteur. (Page 130.)

aux flancs. L'autre chien, étendu sur les broussailles, continuait de pousser des hurlements douloureux.

« Cudjo, que j'avais devancé de beaucoup dans ma course, parut alors. Je le vis rouler avec étonnement le blanc de ses grands yeux, lorsqu'il aperçut la carabine à terre sans me découvrir nulle part. J'eus à peine le temps de pousser un cri pour l'avertir; l'élan venait de l'apercevoir, et, baissant la tête, il se rua sur lui avec un mugissement de fureur prolongé.

« Je tremblai pour mon fidèle serviteur et ami. Il portait une forte lance indienne, qu'il avait trouvée au camp après le massacre de nos compagnons; mais je n'espérais pas qu'il fût capable d'éviter une attaque aussi impétueuse. Il n'abaissait même pas la pointe de son arme pour recevoir l'animal plein de rage, et demeurait immobile comme une statue. Je le croyais paralysé par la terreur et je m'attendais à le voir succomber, percé par les cornes aiguës de l'élan. Je m'étais singulièrement mépris sur le compte de mon brave Cudjo. Quand il vit les cornes à deux pieds de sa poitrine, il sauta lestement derrière un arbre, et l'élan le dépassa avec furie. Ce mouvement avait été si brusque que je crus un instant Cudjo renversé; mais bientôt je le vis s'élancer de sa retraite et enfoncer sa lance dans les flancs de l'animal. Nul matador dans toute l'Espagne n'aurait fait un pareil coup avec plus d'adresse.

« Je poussai un cri de joie en voyant ce grand corps rouler sur la terre, et, descendant de l'endroit où j'étais resté perché, je courus à lui. En arrivant je trouvai l'élan en proie aux convulsions de la mort et Cudjo considérant sa victime d'un air heureux et triomphant.

« Bravo ! mon brave Cudjo ! tu l'as mis tout de
« bon hors de combat !

« — Oui, maître, » répondit Cudjo avec une gravité où perçait évidemment l'orgueil du vainqueur ; « oui, maître Roff, nègre à vous a donné son compte
« à la bête sous la cinquième côte. Li plus jamais
« percer poitrail à pauvre Castor. » Et Cudjo caressait le chien qui avait le plus souffert des coups de cornes de l'élan.

Henri qui avait entendu le bruit de la lutte, ne tarda pas à nous rejoindre. Il n'avait pu rester davantage au camp. Heureusement, il trouva sa carabine en bon état. Cependant Cudjo tira son couteau et se mit à saigner l'animal suivant toute les règles de l'art. Il pesait bien un millier de livres, et il nous aurait été impossible de le transporter sans avoir recours au cheval et au bœuf. C'est pourquoi nous nous décidâmes à le dépouiller et à le dépecer sur place. Pour cela il fallut retourner au camp chercher les instruments nécessaires et annoncer en même temps notre succès. Nous revînmes ensuite terminer notre opération. Avant le coucher du soleil nous avions près de mille livres de viande fraîche suspendue aux arbres qui entouraient notre petit campement. Nous avions à dessein différé notre souper jusqu'à ce que cette besogne fût achevée. Pendant que j'étais occupé avec Cudjo à suspendre les grands quartiers de viande, Marie avait mis sur le gril un morceau de la culotte de l'animal. Ce mets, qui ne le cédait en rien à la chair du meilleur bœuf nous fit un excellent souper. »

XIV.

Le carcajou.

« Le lendemain nous étions levés de bonne heure. Nous déjeunâmes avec des côtelettes d'élan et du café ; puis nous considérâmes ce que nous avions de plus pressé à faire. Nous avions assez de viande pour nous suffire pendant une longue route. Il ne nous restait plus qu'à la préparer afin de la conserver. Mais comment y réussir, alors que nous ne possédions pas la moindre quantité de sel ? Cette difficulté se dressa devant nous, pendant un moment, dans toute sa force. Je dis un moment, car je ne tardai pas à me rappeler que l'on peut conserver la viande sans sel, par un procédé qui a toujours été d'un usage fréquent chez les Espagnols et dans les contrées où le sel est rare et cher. J'avais entendu dire que cette méthode était surtout employée par les trappeurs et les chasseurs qui veulent conserver la chair d'un buffle ou de tout autre animal qu'ils ont la chance de tuer. La viande ainsi préparée est appelée viande séchée, et en espagnol *tasajo*.

« Je me souvins d'avoir lu une description de ce procédé, et, après que j'en eus fait part à Cudjo, nous nous mîmes immédiatement à sécher notre élan. Nous allumâmes d'abord un grand feu, dans lequel nous jetâmes beaucoup de branches de bois vert fraîchement coupées. La flamme s'éleva lentement, enveloppée d'un volume considérable de fumée. Nous plantâmes plusieurs pieux dans la terre autour du feu, et nous attachâmes des cordes de l'un à l'autre. Les quartiers de l'élan furent ensuite descendus à terre, et les os séparés de la chair coupée en longues bandes de trois pieds environ. Ces bandes furent suspendues aux cordes et exposées ainsi à la fumée et à la chaleur du feu, mais toutefois de façon à ne pas les griller. Il ne s'agissait plus que de veiller au feu et de regarder de temps en temps si les loups ou les chiens ne cherchaient pas à nous happer un morceau de la viande qui pendait aux cordes. Au bout de trois jours, la chair de l'élan fut toute séchée et bonne à transporter au loin, sans danger de se gâter.

« Durant ces trois jours nous restâmes tous dans le voisinage du camp. Nous aurions pu nous procurer d'autre gibier en allant à la chasse, mais nous ne voulûmes pas le faire : d'abord, nous en avions suffisamment pour nos besoins ; puis, nous n'étions pas disposés à employer, sans de pressants motifs, la moindre charge de poudre ; enfin, nous avions découvert dans les environs des traces d'ours et de panthères. Nous ne désirions nullement rencontrer quelqu'un de ces hôtes dans l'épaisseur des bois obscurs, ce qui serait inévitablement arrivé si nous nous étions laissé entraîner au loin à la poursuite du gibier. Nous étions donc résolus à laisser tranquilles les habitants des bois aussi longtemps qu'ils en useraient de même à notre égard. Afin d'empêcher quelqu'un d'entre eux de visiter notre camp pendant notre sommeil, nous avions soin d'entretenir un cercle de feux allumés autour du chariot durant toute la nuit.

« Cependant nous ne manquions pas de viande fraîche, et mêmes des espèces les plus exquises et les plus délicates. J'avais réussi à tuer un dindon sauvage, qui était entré dans la clairière en compagnie de plusieurs autres, et que j'avais surpris avant qu'il ne nous eût aperçus. C'était un gros volatile de plus de vingt livres pesant, et je n'ai pas besoin de vous dire qu'il nous procura un manger non moins délicieux que ceux de ses pareils qu'on élève avec soin dans une basse-cour.

« A la fin du troisième jour, la chair de l'élan était aussi sèche que des copeaux. Nous la détachâmes des cordes pour en faire de petits paquets que nous plaçâmes dans notre chariot. Nous n'attendions plus que de voir nos bêtes entièrement refaites. Le cheval et le bœuf étaient sous nos yeux, du matin au soir, dans ce gras pâturage; ils commençaient à engraisser, et nous nous réjouissions de ce que désormais nous n'aurions pas longtemps à attendre.

« Combien sont vaines les prévisions de l'homme! Au moment même où nous étions si joyeux de pouvoir bientôt quitter notre prison du Désert, un événement imprévu vint rendre notre retraite impossible, au moins pour quelques années, sinon pour toujours. Mais je vais entrer dans de plus amples détails.

« C'était dans l'après-midi du quatrième jour après notre arrivée dans le vallon. Nous finissions de dîner. Assis auprès du feu, nous observions les deux petites, Marie et Louisa, qui, dans leur joyeuse insouciance, s'ébattaient sur la verte pelouse.

« Ma femme et moi nous causions de la petite Louisa, nous entretenant de la fin malheureuse de son père et de sa mère, que nous supposions avoir péri tous les deux dans le massacre des sauvages. Devions-nous élever cette enfant dans l'ignorance du sort infortuné de ses parents et dans la croyance qu'elle était de notre famille, ou bien, quand elle aurait atteint l'âge de raison, lui révélerions-nous le triste événement qui l'avait rendue orpheline? Nous revenions ensuite tout naturellement à nos propres projets, maintenant déçus par la mort de notre ami l'Écossais. Nous nous disposions à partir pour une terre étrangère, où nous ne connaissions personne, dont la langue même ne nous était pas familière, dont les habitants n'étaient pas heureux et, par conséquent, se trouvaient peu disposés à être utiles aux autres, encore moins aux gens de notre pays. Nous partirions donc sans un but déterminé, car celui que nous avions en vue s'était évanoui avec la mort de notre ami. Nous ne possédions rien, nous étions sans argent, dans l'impossibilité de payer un abri pour une seule nuit. Qu'allions-nous devenir? Telles étaient les amères pensées que nous suggérait l'avenir; mais elles ne devaient pas nous tourmenter longtemps.

« Ne craignez rien, Robert, » dit ma noble femme en mettant sa main dans la mienne et me regardant avec tendresse; « celui qui a veillé sur
« nous dans le passé ne nous abandonnera pas dans
« l'avenir. »

« — Chère Marie! » répliquai-je, rappelé à une

énergie nouvelle par ses consolantes paroles, « vous
« avez raison…. vous avez raison…. plaçons en lui
« notre confiance. »

« Comme j'achevais ces mots, un bruit étrange
retentit à nos oreilles : il venait du côté de la forêt.
D'abord il nous parut éloigné ; mais il se rapprocha
peu à peu : c'était comme le cri d'un animal fuyant
sous l'empire de la crainte et de la douleur. Je
cherchai notre bœuf du regard : le cheval était
dans la clairière ; mais on ne voyait plus son compagnon. Le cri qui venait des bois était plus fort et
plus terrible que jamais : c'était bien le beuglement d'un bœuf ; mais quelle en était la cause ?
Il retentit une fois de plus dans les airs, plus
proche et plus distinct, comme si l'animal criait
tout en courant.

« Je saisis ma carabine ; Frank et Henri prirent
aussi leurs armes : Cudjo s'empara de la lance indienne ; et les chiens, sur pied en un instant, n'attendaient qu'un signe pour s'élancer.

« Une fois encore ce cri terrible se fit entendre ; le
bruissement des feuilles, le craquement des branches parvenaient déjà jusqu'à nous, comme si
elles avaient été brisées par un gros animal traversant les épais fourrés ; les oiseaux s'envolaient
des broussailles, effrayés et jetant des cris ; le cheval poussait des hennissements inaccoutumés ; les
chiens aboyaient avec impatience, et nos enfants

jetaient des cris d'effroi, un rugissement profond et sonore remplit la vallée de ses accents plaintifs; le bois sec bruissait sous le choc de pas précipités; nous voyions les feuilles agitées dans les bois à quelque distance, puis plus près, puis sur le bord de la clairière; enfin un objet rougeâtre sortit du feuillage et vint frapper nos regards : nous reconnûmes notre bœuf au premier coup d'œil. Mais qu'est-ce que cela signifiait? Était-il poursuivi par quelque monstre, par quelque bête de proie? Non! il n'était pas poursuivi, mais, hélas! atteint déjà! Regardez, voyez ce que le bœuf porte sur son dos! Oh! ciel! quel spectacle!

« Nous demeurâmes tous un instant comme paralysés. Entre les deux épaules de notre pauvre bœuf était une grosse bête dont les griffes enserraient son cou. A première vue, il nous sembla que cette masse de poils bruns et épais faisait partie du bœuf lui-même, tant elle était étroitement attachée à son corps. Comme ils approchaient, cependant, nous pûmes distinguer les griffes allongées, les membres courts et musculeux d'une terrible créature. Sa tête était penchée sur la gorge du bœuf, dont le corps déchiré en plusieurs endroits était tout taché de sang. La bouche de l'étrange animal était fixée sur la veine jugulaire : il déchirait la chair et suçait le sang.

« Le bœuf, en sortant du fourré, ne galopait plus que lentement, et il beuglait avec moins de force que tout à l'heure. Nous le vîmes ensuite se mettre au trot, cherchant encore à gagner le camp. Bientôt il fut au milieu de la clairière : mais alors, poussant un long gémissement, il tomba par terre, le râle de la mort dans la poitrine.

« L'animal étrange, éveillé par le choc, lâcha prise tout d'un coup et s'élança sur le cadavre. Je reconnus alors que c'était le terrible *carcajou*. Il parut en même temps s'apercevoir de notre présence et se mit soudain en position de s'élancer sur nous. Un moment de plus, et il tombait au milieu des enfants et de Marie !

« Comme il s'élançait, nous fîmes feu tous les trois ensemble; mais nous n'avions pas le coup d'œil sûr, et nos balles frappèrent inutilement le vide. Je saisis mon couteau et me précipitai en avant. Cudjo fut plus prompt que moi; je vis le fer de sa lance briller dans l'air comme un jet de lumière, et s'enfoncer dans l'épaisse crinière. Le monstre poussa un sourd grognement, il se retourna, et j'eus le bonheur de le voir traversé par la lame qui avait pénétré dans sa gorge. Au lieu de lâcher prise, il saisit le dard et força Cudjo d'abandonner l'arme pour se garantir de ses griffes redoutables. Avant que Cudjo pût se dégager, j'avais pris un de mes grands pistolets et tiré à la poitrine. Le coup était mortel; la bête velue roulait sur la terre et se tordait dans les convulsions de l'agonie. Nous étions sauvés!... mais notre pauvre bœuf, qui devait nous traîner hors du désert, gisait étendu sans vie sur l'herbe, et n'était plus qu'un cadavre sanglant. »

XV.

Recherches infructueuses.

« Un seul moment avait suffi pour détruire l'espoir que nous avions conçu de sortir de l'oasis de la vallée: le cheval était incapable de traîner le chariot; et comment nous en passer pour la route! quand même nous aurions traversé le désert à pied, il n'eût pas suffi à porter nos provisions et l'eau nécessaire. Traverser à pied une de ces terribles étendues des solitudes que les Espagnols appellent *jornadas*, ne pouvait être mis en question par nous; les trappeurs les plus robustes et les plus hardis ont souvent succombé dans de telles entreprises. Comment aurions-nous réussi, avec une faible femme et deux enfants qu'il fallait quelquefois porter dans nos bras? Il n'y fallait pas songer; et plus j'y réfléchissais, plus mes pensées étaient désespérées.

« Ne sortirions-nous donc jamais de ces lieux solitaires? Quelle perspective avions-nous de pouvoir les quitter un jour? Aucun être humain ne viendrait à notre secours. Peut-être avant nous le pied de l'homme n'avait jamais foulé le sol de ce vallon retiré. Il n'était pas impossible qu'une bande de chasseurs ou d'Indiens, traversant le Désert, visitât la montagne, sans même découvrir la vallée, si étrangement creusée dans la plaine.

« Je n'avais qu'un faible espoir, que le hasard conduisît dans cette direction quelque caravane de voyageurs ou de marchands. Le Désert environnant était une barrière insurmontable; en outre, je savais que la montagne était située dans le sud, bien loin des sentiers suivis par les trafiquants des prairies. Il ne me restait plus qu'une seule espérance, à laquelle je me rattachais avec quelque confiance. Le Désert ne s'étendait peut-être pas aussi loin qu'il le paraissait au sud ou à l'ouest. En brisant notre chariot et en construisant une voiture légère, nous pourrions peut-être traverser la plaine. Je me déterminai donc à partir seul, afin d'explorer la route dans ces deux directions. Si je reconnaissais qu'elle fût praticable, je mettrais immédiatement mon projet à exécution.

« Le lendemain matin, je chargeai mon cheval de vivres et d'autant d'eau qu'il en pouvait porter. J'embrassai tendrement ma femme et mes petits enfants, et, les recommandant à la protection du

Seigneur, je montai à cheval et me dirigeai vers l'ouest. Je suivis cette route pendant un jour et demi, et toujours le vide s'étendait devant moi à l'horizon. Je n'avais pas fait beaucoup de chemin, car je marchais à travers des sillons et des monticules de sable mouvant où mon cheval s'enfonçait à chaque pas jusqu'aux genoux. Dans l'après-midi du second jour, je renonçai à mon entreprise, craignant déjà de ne pouvoir regagner la vallée. J'y parvins pourtant; mais, en arrivant, mon cheval et moi nous étions presque morts de soif.

« Je trouvai ma petite famille aussi bien qu'à mon départ; mais je n'apportais pas de bonnes nouvelles et je m'assis auprès du feu, en proie à un sentiment de profond désespoir.

« J'attendis pour effectuer une nouvelle reconnaissance, que mon cheval, épuisé de fatigue, fût assez reposé pour entreprendre un autre voyage.

« Un jour se passa. Assis sur un tronc d'arbre auprès du feu, je réfléchissais au sombre avenir qui nous était réservé; j'étais rempli de découragement et je ne faisais pas attention à ce qui se passait autour de moi. Au bout de quelque temps, je sentis une main légère qui me touchait l'épaule, et, levant les yeux, je vis Marie, assise auprès de moi sur le tronc d'arbre, avec un sourire plein de tendresse et un air de satisfaction peint sur le visage.

« Évidemment, elle avait quelque chose à me communiquer.

« Qu'y a-t-il, Marie ? » lui dis-je.

« — N'est-ce pas ici un endroit ravissant ? » dit-elle en faisant signe de la main comme pour embrasser toute la scène qui nous environnait. Mes yeux suivirent les siens et se reposèrent un moment sur ce riant tableau. Je ne pus que répondre affirmativement. C'était, en vérité, un lieu charmant. La clairière ouverte, avec les rayons dorés du soleil se jouant sur le gazon vert; les fleurs aux vives couleurs; les teintes variées du feuillage des bois, revêtus de la brillante livrée de l'automne; les collines lointaines; formant contraste par la couleur sombre des cèdres et des pins; plus loin encore et plus haut, les sommets tout blancs de neige, perçant l'azur du ciel, réfléchissant la lumière du soleil, et prêtant une délicieuse fraîcheur à l'atmosphère : tous ces objets formaient un panorama qui était en vérité ravissant à contempler. L'oreille était doucement impressionnée par mille bruits divers : le murmure des eaux lointaines; le frémissement des feuilles agitées par une bonne brise qui portait avec elle le parfum des bourgeons et des fleurs; la mélodie des oiseaux qui se renvoyaient leurs chansons dans les bosquets, ou poussaient des cris joyeux en fendant l'air de leurs ailes brillantes au-dessus de la clairière.

« Oui, Marie; c'est en vérité un séjour délicieux.

« — Alors, Robert, » dit-elle en me regardant d'une manière étrange, « pourquoi serions-nous si « inquiets de ne pouvoir le quitter?

« — Pourquoi? » répétai-je machinalement après elle, tout surpris de cette question.

« — Oui, pourquoi? continua ma femme. Nous « sommes à la recherche d'une habitation.... Pour-« quoi ne pas nous établir en ces lieux? Où rencon-« trerons-nous quelque chose de mieux? Dans ce « pays où nous allons, nous ne trouverons certes « pas un séjour aussi agréable, en supposant même « qu'on veuille nous donner une habitation.

« — Mais, ma chère Marie, comment pourrez-vous « vivre loin du monde, vous qui avez été élevée au « milieu de la société et habituée à ses raffinements?

« — Le monde! répliqua-t-elle; quel souci avons-« nous du monde? Nos enfants ne sont-ils pas avec « nous? Voilà notre monde; cette société nous suffira « bien. De plus, continua-t-elle, souvenez-vous com-« bien nous étions petits dans le monde.... Souve-« nez-vous comment il nous a conduits si loin. Avons-« nous été heureux dans le monde? Non; pour moi, « j'ai déjà goûté plus de bonheur ici que je n'ai ja-« mais fait au milieu de cette société dont vous par-« lez. Pensez-y, Robert; réfléchissez avant de quitter « ce vallon délicieux, cette suave demeure, où je « crois que la main du Seigneur nous a guidés.

« Mais, Marie, vous n'avez pas songé aux diffi-
« cultés, à la fatigue auxquelles une telle existence
« vous expose.

« — J'y ai pensé, répliqua-t-elle ; j'ai réfléchi à
« tout cela pendant votre absence. Je ne vois aucune
« difficulté à nous procurer ici de quoi vivre; le
« Créateur a béni cette singulière oasis. Nous y trou-
« verons toutes les choses nécessaires à la vie :
« quant au superflu, j'en ai peu de souci. Nous
« pouvons nous en passer. »

« Ces paroles produisirent sur moi un effet étrange.
Jusqu'à ce moment, la pensée de nous établir dans
l'oasis n'était pas entrée dans mon esprit; je ne m'é-
tais occupé que de rechercher les moyens de nous
en éloigner. Maintenant, un changement soudain
s'opérait dans mes idées; je commençai à envisager
sérieusement les conseils pleins d'abnégation de ma
compagne. Les durs traitement que nous avaient
fait subir les hommes civilisés, les revers de la fortune, nos déceptions continuelles, notre position de
plus en plus précaire, tout contribuait à diminuer
mon désir de retourner dans le monde. Je n'étais
pas éloigné de l'idée de Marie, et j'étais de plus en
plus disposé à adopter ce nouveau plan.

« Je demeurai quelque temps silencieux, calculant
dans mon esprit la possibilité de mener à bonne fin
un tel projet et les chances que nous avions de
nous procurer de quoi vivre. La vallée était évidem-

ment pourvue de gibier en abondance. Nous avions des carabines, et, par bonheur, une grande quantité de munitions. Outre ma poire à poudre, Frank et Henri en avaient chacun une contenant au moins une livre. Mais quand cette provision serait épuisée, que ferions-nous ? Oh ! alors, nous aurions sans doute trouvé quelque moyen de prendre le gibier. D'ailleurs, la vallée renfermait d'autres choses propres à notre subsistance : des racines et des fruits. Nous en avions déjà quelques indices. Marie, qui était versée dans la connaissance de la botanique, nous en apprendrait l'usage. Nous avions donc à la fois la nourriture et l'eau. Que pouvions-nous demander de plus à la nature ?

« Plus je roulais ces pensées dans mon esprit, plus le projet me semblait réalisable. Je devins même aussi enthousiaste de cette idée que ma femme.

« Cudjo, Frank et Henri furent appelés au conseil, et ils entrèrent avec joie dans ce dessein. Le fidèle Cudjo se trouvait, disait-il, content de son sort, tant qu'il le partagerait avec nous. Pour les enfants, ils étaient dans le ravissement quand ils songeaient à cette vie libre et solitaire.

« Nous ne voulûmes rien résoudre définitivement le jour même. Nous voulions agir avec circonspection, réfléchir sérieusement à ce projet, et reprendre notre délibération le lendemain.

« Durant la nuit, une circonstance imprévue vint

me déterminer à rester dans la vallée, au moins jusqu'à ce qu'une chance favorable nous permît de la quitter avec une meilleure perspective. »

XVI.

L'inondation mystérieuse.

« Oui, mes amis, je vais maintenant vous raconter un incident qui me détermina à me rendre aux suggestions de ma femme et à demeurer dans la vallée. Peut-être, à cette époque, n'envisagions-nous pas un établissement définitif en ces lieux, mais seulement un séjour de quelques années. Toutefois nous étions résolus présentement à y rester et à faire l'épreuve de cette vie solitaire, laissant indécise la question de l'avenir.

« Voici les motifs qui me faisaient éprouver de l'hésitation à ce sujet : je ne pouvais songer à m'établir ici pour le reste de mes jours sans aucun espoir d'améliorer notre condition. En effet, quelle que fût notre industrie, il ne nous était pas possible de lui demander plus que la satisfaction de nos besoins et de nous enrichir de ses produits. Nous n'avions aucun débouché pour écouler notre superflu, lors même que nous aurions pu cultiver toute la vallée. Nous ne pouvions donc pas nous enrichir et acquérir un état de fortune qui nous permît de retourner dans la société civilisée; car, malgré tout, cette pensée demeurait toujours dans mon esprit.

« Marie, qui était plus facile à contenter que moi, persistait dans cet argument que, le bonheur ne dépendant pas de la possession des richesses, nous ne devions pas chercher à quitter ces lieux, et que, par conséquent, nous n'avions pas besoin d'amasser.

« C'était peut-être la vraie philosophie; elle était du moins toute naturelle. Mais les besoins artificiels de la société nous inspirent le désir d'accumuler des biens individuels, et je ne pouvais me défaire de ce sentiment de prévoyance. Si nous trouvions un seul objet qui nous permît d'exercer notre industrie, en sorte que notre temps ne fût pas perdu, et que notre retour dans la société fût ainsi préparé, alors nous pourrions vivre heureux ici.

« Qui sait? disait Marie; nous trouverons peut-
« être dans cette vallée de quoi nous occuper et
« créer cette réserve dont vous parlez, comme si
« nous continuions notre route pour le Nouveau-
« Mexique. Quelles chances aurons-nous là plus
« qu'ici? Nous ne possédons plus rien désormais; il
« nous faut commencer la vie avec rien. Ici, nous
« avons la nourriture et la terre, la terre que nous
« pouvons dire notre propriété; là-bas nous n'au-
« rons ni l'une ni l'autre. Ici nous avons une de-
« meure; et savez-vous, Robert, si nous ne ferons
« pas fortune dans le Désert? »

« Cette idée nous fit rire tous les deux. Marie n'avait entendu faire qu'une plaisanterie, afin de rendre notre projet plus séduisant.

« Il était près de minuit, car nous étions restés fort tard à délibérer sur ce que nous devions faire. Comme je l'ai déjà dit, nous avions laissé la question indécise jusqu'au lendemain. La lune se levait au-dessus des collines de l'est, et nous allions nous retirer et monter dans le chariot pour prendre du repos, quand nos yeux furent frappés d'un objet qui nous fit pousser un cri d'étonnement.

« Je vous ai dit qu'à notre arrivée dans la vallée il n'y avait pas de lac en ces lieux. Où vous en voyez un maintenant, était une verte pelouse, avec de petits taillis çà et là, faisant partie de la prairie où nous étions campés. Le ruisseau la traversait, comme il traverse maintenant le lac ; mais en cet endroit il avait à peine des bords, et l'eau coulait dans un canal plat et bas. Les nuits précédentes, lorsque la lune éclairait le vallon, comme nous étions assis autour de notre feu, nous avions remarqué le ruisseau qui se détachait sur le fond vert sombre de la prairie, pareil à un filet d'argent. Maintenant, à notre grande surprise, au lieu de cette ligne étroite, une large flaque d'eau étincelait devant nous ! Elle paraissait couvrir un espace de trois ou quatre cents pas, et s'étendait assez loin sur la clairière où nous avions campé. Était-ce réellement de l'eau, ou bien l'effet d'un mirage? Non, ce n'était pas une illusion. Nous avions eu plusieurs fois l'occasion d'observer le phénomène du mirage, durant notre voyage à travers les grandes plaines, et il n'y avait rien de semblable dans ce qui frappait nos yeux. Le mirage a quelque chose de vaporeux, de blanchâtre, qui empêche le voyageur expérimenté de prendre l'illusion pour la réalité. Mais il n'y avait rien ici de tout cela. C'était l'eau qui s'étendait devant nous. La lune s'élevait au-dessus de la colline et se réfléchissait en plein sur cette surface calme et transparente. Il n'y avait plus de doute à cet égard.

« Mais nous étions résolus à ne pas nous fier au seul témoignage de nos yeux. Nous courûmes tous de ce côté, Cudjo, mes fils et moi. En quelques minutes, nous avions atteint le bord d'un grand lac qui nous parut formé comme par une influence magique.

« Nous avions d'abord seulement considéré ce phénomène avec un sentiment de surprise; mais notre étonnement ne tarda pas à se changer en consternation, lorsque nous aperçûmes l'eau montant toujours! Elle arrivait déjà jusqu'à nos pieds, et s'élevait avec lenteur le long de cette pente douce, comme le flux de la marée.

« Quelle était la cause de cette inondation? voilà ce que nous nous demandions avec des regards qui trahissaient nos craintes. Sans aucun doute c'était une crue subite de la rivière; mais d'où venait-elle?

Il n'y avait pas eu de pluie depuis plusieurs jours, ni de grandes chaleurs qui eussent pu causer une fonte de neige inaccoutumée sur la montagne. D'où pouvait donc venir ce débordement si soudain et si étrange? Qu'était-ce enfin?

« Nous restâmes quelques instants silencieux; notre cœur battait avec violence; nous nous interrogions du regard. Nous eûmes tous en même temps la même pensée. Sans doute une convulsion terrible, la chute du précipice peut-être, avait obstrué la partie basse et fermé la grande fissure par laquelle le ruisseau s'échappait de la vallée. Si telle était la réalité, il n'y avait plus d'espoir : dans quelques heures la vallée serait inondée; l'eau couvrirait bientôt, non-seulement le terrain occupé par notre camp, mais jusqu'aux sommets des arbres les plus élevés !

« Vous devez concevoir la terreur qu'une telle pensée nous inspirait. Nous ne pouvions trouver d'autre cause à cette inondation étrange, et, à la vérité, nous n'en cherchâmes pas d'autre. Nous courûmes vers le camp, bien résolus à quitter la vallée s'il nous était encore possible de le faire. Cudjo prit le cheval, Marie réveilla les enfants et les fit descendre du chariot, pendant que mes garçons et moi réunissions à la hâte quelques objets indispensables pour les emporter avec nous.

« Jusqu'alors nous n'avions pas songé à la difficulté, que dis-je, à l'impossibilité de sortir de la vallée. Maintenant cette affreuse perspective nous paraissait claire comme la lumière du jour. Le chemin qui nous avait conduits dans la clairière et qui suivait le ruisseau se trouvait complétement couvert, et l'eau montante le dépassait de beaucoup. Il n'existait pas d'autre issue. Pour nous en frayer une nouvelle à travers l'épaisseur des bois, il nous eût fallu un travail de plusieurs jours. De plus, nous nous souvenions d'avoir traversé le ruisseau pour venir au camp; il devait être considérablement grossi, en sorte qu'il ne nous était plus possible de le repasser. Nous ne pouvions pas nous dissimuler que la vallée, dans sa partie basse, était maintenant pleine d'eau, et qu'il n'y avait plus de retraite possible de ce côté.

« Je ne saurais décrire l'état où nous nous trouvions quand ces faits devinrent évidents pour nous tous. Nous allions quitter le camp. Chacun portait déjà son fardeau. Mais cette tentative était tout-à-fait inutile, et nous laissâmes tomber à terre avec désespoir les divers objets dont nous nous étions chargés. L'eau montait encore, le lac grossissait à vue d'œil!

« Les loups hurlaient, chassés de leurs repaires par l'élément envahisseur; les oiseaux, troublés dans leur sommeil, criaient et s'agitaient parmi les arbres; nos chiens aboyaient à cet étrange spectacle; et, au clair de la lune, on voyait les daims, les animaux sauvages, se précipiter, en proie à la terreur, au travers de la clairière. Grand Dieu! nous allons être engloutis, nous allons périr dans cette mystérieuse inondation!

« Que faire? Monter sur les arbres? cela ne nous sauverait pas. Si le grand canal était envahi par les eaux, ce moyen ne pouvait plus nous sortir de là, puisque les bords étaient plus hauts que la cime des arbres les plus élevés, et que l'eau nous atteindrait bientôt sur les branches. Cela pouvait prolonger notre vie en même temps que notre désespoir. Mais quoi! Ah! une inspiration du ciel illumina tout à coup mon esprit.

« Un radeau! Un radeau! et nous serons sauvés! »

« Je fus compris de tout le monde. Cudjo saisit la hache, tandis que Marie court au chariot prendre toutes les cordes qui s'y trouvent. Je vois qu'il n'y en a pas assez; je m'empare de la peau de l'élan, et je me mets à la couper en longues lanières.

« Nous trouvons près du camp un grand nombre de troncs d'arbres longs et minces, tombés par terre et tout à fait secs. Je reconnais le bois du beau *liriodendron*, ou tulipier, dont les Indiens font leurs canots quand ces arbres sont de grandeur convenable. Vous savez, en effet, que ce bois est extrêmement tendre et léger, et ne pèse guère plus de vingt-six livres le pied cube. Occupé de mon côté, j'ordonne à Cudjo de couper une certaine quantité de ces bois d'une longueur égale. Cudjo, qui n'a pas son pareil pour manier la hache, a bientôt coupé ces arbres dans la dimension voulue. Nous les rapprochons les uns des autres; au moyen de nos cordes et de pièces transversales, nous les attachons solidement. Notre radeau est achevé. Nous y plaçons notre grande caisse, contenant la viande séchée, avec nos couvertures et les ustensiles indispensables à conserver. Quant à l'eau nécessaire pour ce nouveau voyage, nous n'avons pas la crainte d'en manquer.

« Près de deux heures se passent à construire le radeau. Durant tout ce temps, nous sommes si affairés, que nous regardons à peine du côté de l'inondation, si ce n'est pour nous assurer que l'eau continue de monter. Nos dispositions terminées, je retourne vers le bord de l'eau. J'attends quelques minutes, et, à ma grande joie, je m'aperçois que le flot est arrêté. Je crie cette bonne nouvelle à mes compagnons, qui se hâtent de me rejoindre pour s'assurer par eux-mêmes de ce fait inespéré. Pendant une demi-heure, nous nous tenons debout sur le bord du nouveau lac, et nous demeurons enfin convaincus que les eaux ne montent plus et qu'elles sont stationnaires. Je pense alors qu'elles ont atteint le sommet de la digue et qu'elles coulent par-dessus.

« C'est malheur, maître Roff, » dit Cudjo en reve-

nant au camp ; « c'est malheur, nous faire si beau
« radeau pour rien.

« — Ah! Cudjo, reprend ma femme, il ne faut ja-
« mais regretter un ouvrage de précaution, et nous
« ne devons pas oublier que le radeau, quoiqu'il
« nous soit inutile désormais, nous a déjà payé de
« notre peine. Rappelons-nous nos premières an-
« goisses et combien cette idée nous a donné de cou-
« rage. Les mesures de prudence, quelque pénibles
« qu'elles soient, ne doivent jamais être négligées.
« Le paresseux, l'homme irrésolu, peut seul les né-
« gliger ou les regretter.

« — Ça vrai! maîtresse, bien vrai! » dit Cudjo
d'un ton sérieux, car il savait goûter les leçons de
sa maîtresse.

« Il était alors très-tard, ou plutôt très-matin, et
Marie alla reprendre avec les enfants sa place habituelle dans le chariot. Cudjo et moi, n'osant nous
fier aux caprices de l'eau, nous résolûmes de veiller
jusqu'au jour, dans la crainte d'une nouvelle crue
qui aurait pu nous atteindre en dormant. »

XVII.

Les castors et le wolverene.

« Quand le jour parut, l'inondation mystérieuse
était encore dans toute sa hauteur. Je dis mysté-

rieuse, car nous n'en connaissions pas la cause. Nous supposions qu'il fallait l'attribuer à la chute d'une partie élevée du précipice. Je résolus, aussitôt le soleil levé, de me frayer un chemin au travers des bois, et d'éclaircir tous mes doutes. Cet étrange phénomène était pour nous un grave sujet d'inquiétude.

« Je partis seul, laissant la garde du camp à Cudjo avec sa grande lance et à mes fils avec leurs carabines. Je pris mon fusil, ainsi qu'une petite hache que nous possédions, afin de m'ouvrir un chemin dans les broussailles.

« Je pénétrai dans les bois, guidé par les rayons du soleil qui venait de se lever, et me dirigeai du côté du sud-est. Mon intention était de gagner le bord de l'eau un peu au-dessous de cet endroit, puis de suivre son cours. Après m'être frayé un passage dans les fourrés et avoir fait un mille environ, j'arrivai tout d'un coup sur les bords du ruisseau. Jugez de ma surprise : non-seulement il n'était pas enflé, mais il y avait même moins d'eau que d'habitude dans son canal ! Je remarquai, toutefois, que l'eau était trouble et que des feuilles vertes, des tiges fraîchement cassées, flottaient, entraînées par le courant.

« Je me retournai en amont, pensant que la digue devait se trouver de ce côté; mais je ne pouvais m'imaginer qu'un accident naturel eût arrêté le cours du ruisseau : la chute des arbres n'aurait pas produit un semblable effet; il n'y avait pas d'élévation aboutissant au ruisseau qui se fût écroulée dans son lit. Je commençai à croire que la main de l'homme n'était pas étrangère à cet accident, et déjà je cherchais des empreintes de pieds humains. Je n'en vis aucune, mais les traces d'animaux étaient nombreuses. Il y en avaient des milliers, empreintes sur le sable et sur la vase, tout le long du ruisseau. C'étaient de grands pieds larges, avec des membranes comme les canards, et des griffes aiguës.

« J'avançai avec précaution, craignant toujours, bien que je n'en aperçusse aucun vestige, de rencontrer des Indiens, et par conséquent des ennemis. Enfin j'atteignis un coude du ruisseau, au-dessus duquel je me souvenais que le canal allait en se rétrécissant et coulait entre deux rives d'une hauteur considérable. Je me rappelais parfaitement cette circonstance, parce que, en pénétrant dans la vallée, nous avions été obligés, à cet endroit, de traîner le chariot hors du lit de la rivière, et de lui frayer un passage à travers les bois adjacents. Assurément, je devais trouver là l'obstacle qui avait si mystérieusement intercepté le courant.

« Pour gagner ce coude, je grimpai sur le bord, et, me glissant silencieusement sous les broussailles, je regardai à travers les feuilles. Un spectacle des plus singuliers frappa mes yeux.

« Comme je l'avais pensé avec raison, le courant était barré à l'endroit où le canal se rétrécissait ; ce n'était pas une œuvre du hasard, mais une construction faite avec intention, comme si la main de l'homme y eût pris part. Un grand arbre avait été abattu en travers du ruisseau. La partie qui avait été coupée ne se trouvait pas entièrement détachée du tronc, mais elle y tenait encore solidement par des fibres nombreuses. De l'autre côté, les branches étaient enterrées sous un tas de pierres et de vase, afin de les tenir fixées au sol. De longs pieux étaient appuyés contre cet arbre. Ils formaient une sorte de claie, fortement retenue à son extrémité inférieure par des pierres entassées à dessein. Derrière cette claie, d'autres pieux, et des branches mises en travers étaient empilées et reliées ensemble par des couches de pierres et de vase, de sorte que cette construction formait un mur de plus de six pieds d'épaisseur, large au sommet et obliquant vers l'eau. D'un côté le mur se dressait presque perpendiculairement. Le sommet était couvert de vase, et deux écluses étroites laissaient l'eau couler tout doucement sans recouvrir le parapet.

« J'ai dit que cet ouvrage avait été construit évidemment avec intention, comme si la main de l'homme y eût travaillé. Il n'en était pourtant rien.

Les constructeurs de ce parapet étaient sous mes yeux et paraissaient se reposer de leurs travaux.

« Ils étaient au moins une centaine, tapis sur la terre et le long du parapet de la nouvelle digue. De couleur brune ou marron foncé, ils ressemblaient à des rats gigantesques, si ce n'est que leur queue n'était pas allongée et terminée en pointe. Ils avaient le dos voûté et le corps d'une forme épaisse et arrondie, comme tous les animaux de l'espèce des rats. De plus, j'aperçus qu'ils étaient armés de dents incisives, qui caractérisent la famille des *rodentia* ou rongeurs. Je voyais ces dents très-distinctement, car ils s'en servaient à chaque instant, et elles formaient saillie, même lorsque leur bouche était fermée ; ils en avaient deux à chaque mâchoire, larges, fortes et tranchantes comme des ciseaux. Leurs oreilles étaient courtes et à demi cachées sous les poils. Leur fourrure était longue et lisse sur toutes les parties du corps. Une touffe de poils hérissés croissait de chaque côté de leur nez, comme les moustaches d'un chat. Leurs yeux étaient petits et élevés comme ceux d'une loutre. Leurs pattes de devant étaient plus courtes que celles de derrière, les unes et les autres armées de cinq griffes. Mais les pieds de derrière, grands et larges, avaient les doigts complétement unis par une membrane. C'étaient donc eux qui avaient laissé les traces que j'avais observés en venant au ruis-

Les constructeurs de ce parapet étaient sous mes yeux. (Page 184.)

seau. La partie la plus singulière de ces animaux était la queue, tout-à-fait sans poil, d'une couleur sombre, et qu'on aurait dit recouverte en peau de chagrin. Elle pouvait avoir un pied de long, plusieurs pouces en largeur et en épaisseur, et ressemblait assez à une raquette pour jouer au volant. Toutefois elle était plus épaisse et plus arrondie à l'extrémité. Plus grands que des loutres, mais pas aussi allongés, ces animaux étaient en même temps plus gros et plus lourds.

« Quoique je n'eusse jamais vu de telles créatures, je ne laissai pas que de les reconnaître. Tout en négligeant mes autres études, l'histoire naturelle avait toujours eu de l'attrait pour moi, et j'étais assez fort dans cette science. Je savais donc que ces animaux extraordinaires étaient des *castors*.

« Dès lors, le mystère était expliqué. Une colonie de castors avait émigré dans la vallée, et construit la digue qui venait de causer une inondation soudaine.

« Après avoir fait cette découverte, je demeurai quelque temps à observer les mouvements de ces intéressantes créatures. Le parapet me semblait tout à fait terminé; mais cela ne résultait pas de ce que ces animaux n'y travaillaient plus en ce moment, car ils ont l'habitude de n'exécuter ces sortes de travaux que pendant la nuit; il est bien rare qu'on les aperçoive le jour, dans les contrées où ils sont inquiétés par les chasseurs; mais, évidemment, ceux-ci n'avaient jamais été troublés par l'homme. Ils paraissaient se reposer de leur travail de la nuit. Sans doute ils n'avaient pas construit le parapet tout entier dans une seule nuit, mais seulement la partie qui avait produit la soudaine inondation. Comme la clairière au-dessus de laquelle ils avaient barré le ruisseau était presque de niveau, un très-petit obstacle au cours de l'eau avait suffi pour inonder une grande étendue de terrain.

« Quelques-uns des castors étaient couchés sur la nouvelle construction, rongeant les feuilles et les tiges qui sortaient de la vase ; d'autres se baignaient en jouant dans l'eau ; d'autres enfin, accroupis sur des troncs d'arbres au bord de la digue, battaient l'eau de temps en temps avec leurs lourdes queues, comme des blanchisseuses lavant du linge.

« C'était un spectacle aussi curieux que comique. Après m'en être amusé quelque temps, j'étais sur le point de me montrer pour voir l'effet que produirait ma présence, quand tout à coup je m'aperçus qu'un autre objet avait causé une émotion soudaine parmi les castors. Un d'eux, qui était placé sur un tronc d'arbre, à quelque distance au-dessus du lac, comme une sentinelle, venait de sauter en bas et de frapper l'eau de trois coups de sa lourde queue. C'était évidemment un signal : car aussitôt l'animal, comme s'il était poursuivi, se jeta dans le lac la tête la première, et disparut. Le reste de la bande tressaillit au bruit ; et, regardant autour d'eux avec effroi, il coururent tous sur le bord et plongèrent sous l'eau. Chacun donna un coup de queue, et disparut ensuite.

« Je cherchai la cause de cette fuite soudaine ; je découvris, du côté où le castor placé en sentinelle avait disparu, un animal de forme extraordinaire. Il marchait lentement et sans bruit, se glissant parmi les arbres et serrant de près le bord de l'eau. Je vis qu'il se dirigeait vers l'écluse, et je restai à l'observer. Enfin il atteignit le parapet et se traîna le long du barrage avec précaution, en ayant soin de se tenir caché derrière pour ne pas être aperçu du côté du lac.

« Je le vis alors tout à mon aise. C'était un animal difforme, pas beaucoup plus grand qu'un castor, et en quelques points assez semblable à lui. Mais il y avait en même temps des dissemblances frappantes. La couleur n'était pas du tout la même : il avait le dos et le ventre presque noirs. Deux raies brun clair s'étendaient le long de ses flancs et venaient se réunir sous sa croupe. Il avait le nez et les pieds tout à fait noirs, tandis que sa poitrine et sa gorge étaient blanches, avec un cercle blanchâtre autour des yeux. Il avait les oreilles petites, une touffe de poils hérissés sous le nez, la queue courte et velue. Son pelage était long et épais, ses jambes fortes, musculeuses, et si courtes que, dans sa marche, son corps paraissait se traîner sur le sol : il semblait ramper plutôt que marcher ; mais cela venait de ce qu'il appartenait à la famille des plantigrades. Ses pieds étaient longs, noirs et armés de griffes blanches et recourbées. Il avait toutes les allures d'un carnivore, en d'autres termes d'une bête de proie. C'était le *wolverene*, l'ennemi redouté des castors.

« En arrivant vers le milieu de la digue, il s'arrêta, et, posant ses pieds de devant sur le parapet, il leva la tête lentement et regarda par-dessus le bord dans le lac.

« Quoique le castor soit un animal amphibie et qu'il passe la moitié de sa vie dans l'eau, il ne peut y rester longtemps sans revenir prendre haleine à la surface. Aussi apercevait-on déjà plusieurs têtes sortant de l'eau à différents endroits du lac. D'autres encore avait grimpé hardiment sur les petits îlots qui paraissaient çà et là, et où ils savaient bien que le wolverene, qui n'est pas bon nageur, ne pouvait les atteindre. Aucun d'eux cependant ne se montrait disposé à retourner vers le parapet.

« De son côté, le wovelrene semblait ne plus les attendre là. Il ne cherchait même pas à éviter d'être vu du lac ! il regardait tout autour de lui, comme s'il avait l'intention de poursuivre sa proie ou d'adopter quelque mesure plus efficace pour s'en emparer. Enfin, il parut avoir pris un parti, et sautant hardiment sur le parapet, sans craindre d'être aperçu par les castors, il s'en retourna, tout le long du bord de l'eau, vers l'endroit d'où il était venu. Arrivé à une certaine distance de la digue, il s'arrêta un moment, puis, tournant le dos au lac, il s'enfonça dans les bois.

« J'étais curieux de voir si les castors reviendraient au barrage, et je résolus de rester quelque temps sans me montrer. J'attendis tout au plus cinq minutes, et je vis plusieurs de ceux qui s'étaient enfuis sur les îlots les plus éloignés plonger dans l'eau et venir en nageant de mon côté. Pendant que je les observais, j'entendis soudain un bruit sourd parmi les feuilles tombées près de la digue, je levai les yeux et j'aperçus le wolverene qui revenait en toute hâte vers le barrage. Néanmoins, lorsqu'il l'atteignit, au lieu de se glisser derrière le parapet comme la première fois, je le vis saisir de ses longues griffes le tronc d'un arbre et grimper dessus, en ayant soin de se tenir du côté opposé au lac. Les branches de cet arbre s'avançaient horizontalement au-dessus du parapet. En un instant, le wolverene atteignit une de ces branches, et, se traînant dessus à plat ventre, il regardait en bas.

« Il était à peine établi dans cette nouvelle position qu'une demi-douzaine de castor, s'imaginant sans doute qu'il était loin de là, grimpèrent sur le parapet, en battant de leurs grandes queues, comme auparavant; ils se trouvaient à peine sous l'extrémité de la branche, que le wolverene se leva sur ses pattes et dressa les oreilles, tout prêt à sauter sur sa proie. C'était à mon tour : je levai le canon de ma carabine et je visai droit au cœur. Au bruit de la détonation, les castors surpris se précipitent dans l'eau, tandis que le wolverene tombe de l'endroit où il était perché, peut-être un peu plus vite qu'il n'en avait l'intention, et roule évidemment blessé. Je cours à lui et le frappe avec la crosse de mon fusil pour l'achever ; mais quelle est ma surprise! ce féroce animal saisit le bois avec les dents et le met presque en morceaux ! Alors, je l'assomme avec de grosses pierres, tandis qu'il s'efforce à chaque coup de me saisir avec ses griffes. Enfin, je le frappe d'un coup de hache, et il expire. C'était un monstre horrible, à peu près semblable au carcajou qui avait tué notre bœuf auprès du camp; seulement, il était plus petit. Je n'essayai pas d'emporter sa carcasse, car c'était un fardeau inutile. De plus, comme il laissait échapper une odeur fétide, je n'étais pas fâché de m'en éloigner au plus vite. Je le laissai donc là où il était tombé, et je pris la route la plus courte pour m'en retourner au camp. »

XVIII.

Une maison en troncs d'arbres.

« Je n'ai pas besoin de vous décrire la joie de ma femme et des enfants, quand je fis, à mon retour, le récit de ce que j'avais vu, ainsi que de mon aventure avec le wolvenere. La question de savoir si nous nous fixerions dans la vallée fut résolue dès que nous eûmes la conviction que notre nouveau lac était une écluse de castors. C'était pour nous une source de richesses plus abondante qu'aucune position dans les mines du Mexique, et préférable à la mine elle-même. La fourrure de chaque castor valait plus d'une guinée et demie. Il y en avait au moins un cent, et peut-être plus; mais, comme ces animaux produisent annuellement quatre ou cinq petits par couple, ils se multiplieraient bientôt par milliers. Nous pourrions les surveiller, pourvoir à leur nourriture, et détruire les wolveneres, ainsi que ceux de leurs ennemis qui se trouveraient dans le vallon; de cette manière, leur nombre augmenterait bien plus vite; et, pour empêcher qu'il ne devînt trop considérable, nous n'aurions qu'à prendre les plus vieux et à conserver soigneusement leurs peaux; au bout de quelques années ainsi employées, nous pourrions rentrer dans la vie civilisée, et emporter avec nous une quantité suffisante de ces précieuses fourrures pour nous créer une fortune considérable.

« C'était dès-lors une délicieuse perspective que de nous établir en ces lieux ; je ne crois même pas que nous eussions rien de mieux à faire. J'aurais eu à ma disposition une paire de bœufs frais, que je ne serais pas parti en ce moment. Ce que Marie avait dit en plaisantant semblait devoir se réaliser : nous pouvions encore faire fortune dans le désert.

« Ce fut dès-lors un point arrêté ; nous étions déterminés à rester.

« La première chose à faire était donc de pourvoir à une habitation ; nous ne pouvions songer qu'à une maison en troncs d'arbres, et, pour Cudjo, c'était pure bagatelle. Durant notre séjour à la Virginie, il en avait construit deux ou trois sur ma ferme, et personne n'était plus habile dans ce genre de travail. Nul ne savait mieux équarrir les souches, les façonner et les mettre solidement en place ; il n'avait pas son pareil pour fendre les douves, les assujettir aux solives et les fixer à demeure sans employer un seul clou ; personne enfin, mieux que Cudjo, n'était capable de donner de la solidité aux murs, d'enduire de terre une cheminée et de poser une porte. Certes, je puis répondre qu'il n'y a pas au monde un architecte plus habile pour construire une maison en bois.

« Les espèces de bois de charpente convenables étaient à notre portée et en abondance, surtout les tulipiers, avec leurs grands troncs sveltes qui s'élèvent à plus de cinquante pieds, sans une seule branche. La hache de Cudjo retentit pendant deux jours entiers dans la forêt. A chaque instant le craquement des arbres abattus éveillait les échos de la vallée. Pendant qu'il coupait tous ces troncs à la longueur nécessaire, aucun de nous ne restait inactif. La préparation de notre repas, le nettoyage de la vaisselle, la surveillance des enfants, suffisaient à occuper Marie, tandis que Frank, Henri et moi, avec l'aide de notre cheval Pompo, nous transportions les troncs d'arbres à l'endroit qui avait été choisi pour construire la maison.

« Le troisième jour, Cudjo tailla la charpente, et le lendemain nous dressâmes les murs en carré. La cinquième journée fut employée à placer les poutres et les solives.

« Le sixième jour, Cudjo se mit à travailler sur un grand tronc de chêne qu'il avait abattu et coupé en morceaux de quatre pieds de long, dès le commencement de notre opération. Le bois était maintenant tout à fait sec et pouvait se fendre aisément ; Gudjo en vint à bout avec sa hache et des coins. Au coucher du soleil, il avait auprès de lui une pile de planches d'un volume égal à celui de notre chariot, et assez considérable pour former le toit de notre maison. J'employai cette journée à préparer l'argile pour garnir les murailles et les cheminées.

« Nous nous reposâmes le septième jour, qui se trouvait un dimanche. Nous avions résolu d'observer toujours le sabbat. Les yeux des hommes ne nous voyaient pas, il est vrai, et ce n'est que trop souvent l'influence des regards d'autrui qui fait observer ce saint jour ; mais nous savions que l'œil de Dieu était fixé sur nous, même au fond de ce vallon retiré.

« Nous nous levâmes comme d'habitude, et, après le déjeuner, la Bible fut apportée. Nous offrîmes au Seigneur le seul sacrifice qui puisse lui être agréable, celui de nos humbles prières. Marie avait été très-occupée toute la semaine, et les enfants furent habillés comme pour un jour de fête. Nous les prîmes avec nous pour faire une promenade du côté du lac, à quelque distance de ses bords. Les castors avaient été aussi occupés de leurs constructions que nous-mêmes ; déjà leurs demeures, en formes de cônes, paraissaient au-dessus de l'eau, les unes près des bords, les autres sur les petits îlots. Il y avait une de ces

Déjà les demeures des castors paraissaient au-dessus de l'eau. (Page 196.)

huttes que nous pouvions approcher : nous l'examinâmes avec une vive curiosité. Elle était à quelques pas seulement du bord, mais dans un endroit où l'eau était profonde sur sa façade. Elle était presque conique, semblable à une ruche d'abeilles, construite en pierres, en bois et en mortier mêlé avec de l'herbe. Une partie était sous l'eau; mais, quoiqu'il ne nous fût pas possible de voir l'intérieur, nous reconnûmes qu'il existait un étage au-dessus du niveau de l'eau, car nous apercevions les extrémités des solives qui supportaient le second plancher. L'entrée regardait le milieu du lac, et se trouvait immergée, en sorte que, pour sortir de sa maison, le castor est toujours obligé de faire un plongeon; mais c'est le moindre de ses soucis et il semble que c'est pour lui plutôt un plaisir qu'un inconvénient. Il n'y avait pas d'entrée du côté de la terre, comme nous l'avions souvent entendu dire. C'eût été, en effet, un mauvais calcul de la part du castor, que de construire une porte par laquelle son ennemi, le wolverène, aurait pu facilement pénétrer et le détruire. Toutes ces huttes étaient couvertes de mortier qui, par le battage de la queue du castor, le piétinement continuel de ses larges pieds, était devenu aussi uni que s'il avait été égalisé avec la truelle. Nous savions qu'elles étaient façonnées de même à l'intérieur, ce qui les rendait chaudes et commodes pour l'hiver.

« Quelques-unes de ces huttes ne formaient pas des cônes réguliers : elles étaient plus ovoïdes. Il y en avait parfois deux de placées, pour ainsi dire, sous le même toit, afin de présenter plus de résistance à l'eau et d'épargner du travail dans la construction. Elles étaient toutes assez spacieuses. Un grand nombre s'élevaient à hauteur d'homme au-dessus de la surface du lac, avec de larges toits, sur lesquels les castors aimaient à se reposer et à se chauffer au soleil. Chaque demeure avait été construite par ses habitants et occupée par un couple de castors, mâle et femelle; et quelquefois la famille se composait de quatre ou cinq membres. Ceux qui avaient achevé la construction de leurs habitations avant les autres étaient déjà en train d'amasser leurs provisions d'hiver : elles consistent en feuilles et en tiges minces de diverses variétés d'arbustes, tels que le saule, le bouleau, le mûrier. On en voyait des masses flotter sur l'eau à l'entrée de plusieurs de ces maisons.

« La saison était déjà bien avancée pour la construction d'une nouvelle digue. C'est ordinairement au printemps que les castors entreprennent cet ouvrage. Il était donc évident que la colonie qui venait d'arriver avait été chassée par des trappeurs ou par des Indiens, ou qu'un défrichement subit l'avait forcée d'abandonner son dernier établissement, situé peut-être à quelque centaines de milles. Nous supposâmes qu'ils avaient remonté le cours de la rivière qui se dirigeait vers l'est.

« Sans doute ils étaient entrés dans la vallée quelque temps avant ma découverte; car ils avaient dû employer plusieurs jours à abattre des arbres et à accumuler des matériaux pour construire la digue dont l'élévation subite nous avait tant alarmés. Plusieurs de ces arbres avaient près d'un pied de diamètre. La plupart des pierres qu'ils avaient roulées ou transportées entre leurs pattes de devant et leur poitrine pouvaient bien peser une vingtaine de livres.

« Ils étaient donc arrivés tard dans la saison, et avaient travaillé avec vigueur pour être prêts avant l'hiver. Mais Cudjo et moi nous décidâmes que, aussitôt nos constructions terminées, nous leur donnerions un coup de main pour terminer leurs approvisionnements. »

XIX.

L'intelligent écureuil.

« Tandis que nous observions ainsi les mouvements de nos castors, devisant des habitudes de ces intéressantes créatures, un incident qui nous amusa beaucoup vint nous prouver que les castors ne sont pas les seuls animaux que la nature ait doués d'une sagacité extraordinaire.

« Presque au milieu du lac s'élevait un bouquet de grands arbres, dont les troncs plongeaient dans l'eau à une profondeur de deux ou trois pieds. Avant la formation de l'étang, ces arbres se trouvaient sur les bords du ruisseau; ils étaient maintenant entourés d'eau de tous les côtés, et formaient une sorte d'îlot. Ils étaient évidemment destinés à périr, parce qu'ils appartenaient à l'espèce des peupliers, qui ne peut vivre avec les racines couvertes d'eau.

« Sur le sommet de ces arbres, nous remarquâmes plusieurs petits animaux qui sautaient avec agilité de branche en branche, et d'un arbre à l'autre. C'étaient des écureuils. Ils paraissaient en proie à une vive excitation. On aurait dit qu'ils étaient effarouchés par la présence d'un ennemi. Cependant rien ne les menaçait. Ils passaient d'un arbre à l'autre, et descendaient le long de la tige aussi bas que l'eau le permettait. Puis, après avoir regardé au dehors, comme s'ils avaient l'intention de sauter dans le lac, ils remontaient tout à coup et couraient dans les hautes branches. Il y en avait environ une douzaine; mais la rapidité avec laquelle ils passaient d'un endroit à l'autre aurait pu faire croire qu'ils étaient dix fois plus nombreux. Les branches et les feuilles étaient constamment agitées, comme si une foule de petits oiseaux eût voltigé dans ce bouquet d'arbres.

« Nous avions remarqué déjà ces animaux qui sautaient d'arbre en arbre; mais ne trouvant à cela rien d'extraordinaire, nous n'avions pas fait attention à leurs mouvements. Maintenant, toutefois, il nous paraissait évident que ces petites bêtes, qui n'entrent jamais dans l'eau sans y être contraintes par une nécessité absolue, avaient été tout d'un coup surprises dans leur retraite accoutumée par la formation de l'écluse, et qu'elles se trouvaient ainsi prisonnières. Les arbres étaient dépouillés de la plupart de leurs feuilles, et l'écorce était dégarnie des tiges et des branches les plus minces. Les écureuils avaient été réduits à vivre de cette manière, et ils cherchaient avec anxiété les moyens de quitter la place.

« Nous découvrîmes la cause de cette agitation qui se manifestait ainsi parmi eux. Près du bouquet d'arbres, mais dans le haut du lac, un petit tronc flottait sur l'eau. Il avait été jeté d'une façon ou d'autre dans le ruisseau, et était entraîné par le courant. Il approchait du petit îlot formé par les arbres où se trouvaient les écureuils; mais il venait lentement, parce que le courant au milieu du lac était à peine sensible. Ce tronc d'arbre causait tout ce désordre; et les animaux avaient certainement l'intention, lorsqu'il serait à portée, de s'en servir comme d'un radeau.

« Nous nous assîmes pour suivre à notre aise toutes leurs manœuvres. Le tronc s'avançait tout doucement; mais, au lieu de dériver en droite ligne vers l'îlot, il était entraîné par le courant dans une direction qui devait le tenir éloigné de plus de vingt pas de ces arbres. Les écureuils s'assemblèrent de ce côté; et, au lieu de monter et de descendre, comme auparavant, ils se tinrent en observation sur l'extrémité des branches.

« Pauvres petites bêtes! dit Marie, elles ne pour« ront jamais l'atteindre. Quel malheur! »

« Comme elle faisait cette réflexion, le tronc flottait vers le point où il semblait devoir passer le plus près des arbres. Une longue branche s'avançait dans cette direction; mais nous calculions que le bois en dérive ne passerait pas à moins de vingt pas. Cependant les écureuils étaient tous réunis, l'un derrière l'autre, sur une longue file, et celui qui était en tête prenait déjà son élan pour sauter

« En vérité, ils ne peuvent avoir l'intention de « sauter aussi loin! » dit Marie, tandis que nous retenions notre haleine, en les observant avec une anxieuse curiosité.

Celui qui était en tête prenait déjà son élan pour sauter. Page 204.

« — Si, maîtresse, répliqua Cudjo. Eux avoir « intention! dame! eux sauter sur li, tout de « même. Nègre à vous, li voir en Verginie sauter « loin beaucoup.... Tiens! voir li à c'te heure. Eh!... « hop! »

« Cudjo n'avait pas achevé, que déjà le premier écureuil fendait l'air et venait tomber sur le tronc flottant. Le second suivit, puis un autre, et ainsi de suite, comme une troupe d'oiseaux volant dans les airs à la file, jusqu'à ce que le morceau de bois fût couvert de ces petites bêtes, et continuât de flotter avec son nouveau chargement.

« Nous supposions qu'ils avaient tous réussi à s'y loger, mais c'était une erreur. En regardant de nouveau du côté des arbres, nous en aperçûmes encore un qui était resté. Probablement il n'avait pu arriver à temps sur la branche. En effet, le poids de chacun de ceux qui l'avaient précédé ayant peu à peu imprimé une certaine impulsion au tronc flottant, il avait fini par se trouver trop loin pour qu'un pareil saut fût sans danger. La pauvre bête allait et venait dans un état de folle agitation, à la fois causée par l'impossibilité de s'échapper et par le désespoir de rester seul, abandonné. Pendant quelques instants il se mit à sauter d'arbre en arbre, montant et descendant de tous les côtés, s'arrêtant à considérer d'un air désespéré ses compagnons qui s'éloignaient.

« Enfin il descendit d'un arbre dont l'écorce était extrêmement épaisse, fendue en grands morceaux ou en écailles de plus d'un pied de long sur plusieurs pouces de large, et qui paraissaient sur le point de se détacher de l'arbre. C'est pour cela, du reste, que cet arbre est désigné, par les coureurs des bois, sous le nom d'*écaille d'écorce*. Il descendit jusqu'à l'endroit où l'arbre sortait de l'eau, s'arrêta un moment et disparut derrière un des plus grands morceaux de l'écorce. Nous pensions qu'il s'était réfugié là pour y demeurer. Mais nous vîmes bientôt l'écorce se soulever peu à peu, et le petit animal qui en sortait. Il faisait tout ce qui dépendait de lui pour détacher l'écorce de l'arbre, et rentrait, ressortait, rongeant des deux côtés avec ses dents et travaillant des griffes.

« Ces étranges évolutions durèrent quelques minutes, pendant lesquelles nous étions tous sur le bord, attendant avec curiosité le résultat.

« Enfin le morceau se détacha rapidement du tronc de l'arbre, et demeura suspendu seulement par quelques fibres qui ne tardèrent pas à être rongées par les dents de l'écureuil. L'écorce tomba dans l'eau; elle en avait à peine touché la surface, que l'animal sautait dessus légèrement. A cet endroit le courant ne se faisait pas sentir, et il était douteux que l'écorce pût emporter l'écureuil loin des arbres; mais nous eûmes bientôt la preuve que notre petite bête n'était pas embarrassée pour si peu de chose. Après s'être balancé gentiment sur sa petite nacelle, il leva sa large queue dans l'air, en façon de voilure; et, un moment après, la bise soufflant dessus poussa tout doucement, mais sûrement, le petit marinier! Il eut bientôt dépassé les arbres, et le vent le conduisit vers le courant, qui l'entraîna, lui et son écorce, dans la même direction que ses camarades.

« Ceux-ci approchaient du parapet de l'écluse, et Henri était tout disposé à leur barrer le passage; mais sa mère l'empêcha de mettre son projet à exécution, en déclarant que ces petites bêtes méritaient leur liberté, après nous avoir procuré l'amusant spectacle de leur adresse.

« Au bout de quelques minutes, ils sautaient tous à terre, et se répandaient dans les arbres d'alentour pour chercher un dîner dont ils devaient avoir grand besoin. »

XX.

Une maison bâtie sans clous.

« Le lendemain, Cudjo se remettait avec moi à notre construction. Ce jour-là fut employé à la toiture. Nous plaçâmes d'abord une rangée de planches dépassant de beaucoup les bords, afin de rejeter l'eau au loin. Elles furent assujetties à leurs extré-trémités inférieures par une longue perche qui traversait le toit horizontalement d'un bout à l'autre. Cette perche fut attachée au moyen de courroies en peau d'élan humectées. Les courroies devaient se rétrécir en séchant, et fixer la perche plus solidement encore aux parois.

« Une seconde rangée de planches fut ensuite disposée de façon à recouvrir en partie la première par les extrémités inférieures. Nous l'attachâmes à son tour au moyen d'une deuxième perche horizontale. Puis nous plaçâmes une troisième rangée, et ainsi de suite jusqu'au faîte.

« L'autre côté fut recouvert de la même façon; et le faîte lui-même se trouva préservé de l'eau, par l'ajustement des planches, qui débordaient d'un côté, de manière à couvrir les extrémités de l'autre. Cela donnait au sommet de notre cabane l'apparence des dents d'un peigne, et ajoutait à son aspect pittoresque.

« Notre maison était construite et couverte, et nous pouvions dire que nous l'avions bâtie sans avoir pénétré à l'intérieur, car il n'existait encore ni porte ni fenêtres. Les espaces compris entre les troncs d'arbres n'étaient pas encore remplis, et elle ressemblait plutôt à une immense cage qu'à une maison.

« Nous employâmes le jour suivant à faire la

porte et les fenêtres, c'est-à-dire à ménager des ouvertures là où nous devions les placer. Nous ne voulions avoir qu'une seule fenêtre, sur le derrière.

« Nous ouvrîmes une baie pour la porte d'une manière bien simple. Nous disposâmes d'abord les poteaux qui devaient soutenir la porte de chaque côté, et nous enlevâmes avec la scie les troncs qui se trouvaient entre eux. Heureusement nous possédions cet outil, sans lequel un pareil travail nous eût donné beaucoup de mal. Nous vînmes donc à bout de faire cette ouverture, et nous achevâmes l'opération en plaçant des linteaux et des piliers. Nous opérâmes de la même manière pour la fenêtre. Nous prîmes ensuite un beau tulipier dans lequel nous sciâmes la quantité de planches nécessaires pour faire une porte et une fenêtre, ou plutôt un volet de fenêtre. Quand nous les eûmes coupées de la grandeur convenable, nous les assujettîmes ensemble au moyen de chevilles taillées dans le bois si dur du locuste. Nous attachâmes la porte et le volet de la fenêtre avec des courroies de peau d'élan; le soir nous transportâmes tous nos ustensiles et notre literie, et nous reposâmes sous le toit de notre nouvelle demeure.

« Elle était encore loin d'être terminée. Le jour suivant fut consacré à construire un foyer et une cheminée. Celle-ci devait naturellement se trouver sur le bord du toit, et nous choisîmes le côté qui regardait le nord ; le devant de notre case était à l'est. Après avoir enclavé le tronc d'arbre comme nous avions déjà fait pour la porte, nous ménageâmes un espace vide avec la scie jusqu'à la hauteur habituelle d'un manteau de cheminée. Par derrière, et tout à fait au dehors de la maison, nous construisîmes un foyer de pierres et de mortier, avec un revêtement de la même façon, pour préserver la maison du feu ; il ne nous restait plus qu'à élever la cheminée. Nous plaçâmes, les uns en travers des autres, des morceaux de bois courts et droits, comme nous avions fait pour la case elle-même. Ces pièces de bois étaient de plus en plus courtes à mesure que nous approchions du sommet, en sorte que celles du haut fussent légères et plus aisément supportées par celles du bas. Cette opération terminée et les vides remplis avec du mortier, notre cheminée s'élevait en pointe comme le tuyau d'une petite fabrique. Ce travail nous prit une journée. Le soir venu, quoiqu'il ne fît pas encore froid, nous allumâmes un grand feu de souches qui flamba gaîment.

« Le lendemain nous bouchâmes les vides des murs avec des copeaux, des pierres et du mortier ; nous en fîmes autant pour le toit, et nous ne laissâmes pas un seul trou capable de donner passage à une souris. Restait le plancher : nous avions l'intention de le construire en planches, au moyen de notre petite scie, le seul instrument en notre possession qui fût propre à ce travail. Comme il fallait quelque temps pour laisser sécher le bois, nous nous occupâmes d'abord de choses plus indispensables, et nous résolûmes de terminer le plancher à loisir. Nour tapissâmes le sol, qui était tout à fait sec, de feuilles vertes de palmier, ce qui le rendit suffisamment confortable pour le présent. Nous prîmes alors formellement possession de notre nouvelle habitation, qui avait été construite du haut en bas sans employer un seul clou.

« Notre premier soin fut ensuite de fournir un abri à notre cheval, en d'autres termes, de lui construire une écurie : la saison ne rendait pas indispensable à Pompo de dormir sous un toit, mais nous craignions que quelque bête de proie ne se glissât la nuit dans la clairière, et ne lui fît subir le même sort que le carcajou à notre pauvre bœuf.

« L'écurie fut l'affaire de deux journées; nous employâmes à sa construction des troncs déjà coupés et le rebut de nos planches. Nous n'avions ni cheminée ni fenêtre à faire, et dans un tel climat il n'était pas nécessaire de calfeutrer une écurie avec beaucoup de soin; notre cheval devait avoir assez chaud sans cela. Cudjo lui fit une auge en creusant un tronc de tulipier.

« Depuis ce temps on appelait Pompo régulièrement tous les soirs, au coucher du soleil, et il était renfermé dans son écurie; nous ne voulions pas qu'il devînt la proie d'un carcajou : ses services étaient trop nécessaires pour traîner notre bois et pour faciliter nos autres travaux.

« Dès que l'écurie fut achevée, nous nous mîmes à façonner une table et six fortes chaises. Comme je vous l'ai dit, nous n'avions pas de clous; heureusement je possédais un ciseau, une tarière et plusieurs autres outils que j'avais apportés de la Virginie dans un grande caisse, pensant en avoir besoin dans notre belle ferme du Caire. Au moyen de ces instruments et grâce à l'habileté de Cudjo comme menuisier, nous pûmes faire des mortaises et des queues d'aronde tout à notre aise. Les cornes et les sabots de l'élan et du bœuf me servirent à faire une excellente colle forte. Nous aurions eu besoin d'un rabot pour polir notre table, mais nous pouvions facilement nous en passer : le dessus de la table était en planches sciées dans un tronc de catalpa; avec quelques morceaux de pierres ponce ramassés dans la vallée, et que les mains de la maîtresse du logis mirent activement en œuvre, elle eut bientôt une surface aussi polie que le verre. La trouvaille que j'avais faite de cette pierre ponce me fit présumer que notre montagne neigeuse avait été autrefois un volcan, peut-être semblable au pic de Ténériffe, demeuré seul au-dessus des eaux lorsque la vaste plaine environnante avait été couverte par l'Océan.

« Nous n'avions pas oublié la promesse faite aux castors. L'on voyait ces petites bêtes de jour en jour plus occupées à jeter de grandes branches à l'eau et à les pousser vers leurs huttes : c'étaient leurs provisions d'hiver. Ils s'étaient peu à peu apprivoisés, parce qu'ils voyaient bien que nous ne voulions leur faire aucun mal; souvent même ils venaient de notre côté. Cette confiance de leur part nous détermina à leur donner un régal que certes ils ne s'attendaient pas à recevoir de nos mains.

« J'avais remarqué un bouquet de beaux arbres qui croissaient sur le bord de la clairière, tout près de l'endroit où s'élevait notre habitation. Notre attention avait été éveillée par le parfum de leurs fleurs, qui embaumaient l'air autour de nous pendant toute la durée de notre construction. Ils étaient minces, courbés et ne s'élevaient pas à plus de trente pieds, avec des feuilles ovales de six pouces de long et d'un beau vert bleuâtre. Les fleurs avaient la forme d'une rose, quoiqu'elles fussent semblables au lis et blanches comme la neige. Leur parfum était extrêmement agréable, et Marie avait l'habitude d'en cueillir tous les jours un bouquet qu'elle mettait dans un vase plein d'eau.

« J'ai déjà dit que ma femme savait la botanique, et tous les botanistes prennent plaisir à faire part de leurs connaissances aux autres : elle nous expliqua donc la nature et la propriété de cet arbre parfumé. C'était une sorte de magnolia, non pas celui qui est renommé pour ses grandes fleurs, mais une espèce différente, appelée *magnolia glauca*. On le nomme quelquefois sassafras de marais ; mais il est plus généralement connu des chasseurs et trappeurs sous le nom d'arbre des castors, parce que ces animaux sont très-friands de ses racines, qu'ils préfèrent à tout autre mets ; on s'en sert souvent comme d'amorce pour les prendre au piége.

« Nos castors avaient-ils déjà découvert leur arbre favori dans quelque autre partie de la vallée! c'est ce que nous ignorions. A tout événement, Cudjo et moi nous nous mîmes à l'œuvre, et, au moyen de notre pique et de la hache, nous leur préparâmes un grand festin.

« En quelques heures nous eûmes arraché plusieurs souches garnies de fortes racines, que nous transportâmes sur les bords du lac ; nous les jetâmes à l'eau à l'endroit que les castors avaient l'habitude de fréquenter. Les racines parfumées furent bientôt découvertes ; les castors arrivèrent en foule, et chacun s'empressa de regagner sa tanière, avec une racine ou une touffe entière entre les dents. Ce fut une grande fête pour ces intéressantes créatures. »

XXI.

Une battue de queues-noires.

« Nous ne pouvions rien faire de plus, dans le présent, pour nos castors. Nous avions l'intention d'en prendre quelques-uns lorsqu'ils seraient très-nombreux; et alors il nous serait facile de nous procurer tous les ans une grande quantité de peaux. La queue des castors est un manger tout à fait délicat; mais nous ne pouvions nous résoudre à tuer un de ces animaux pour le plaisir d'en manger la queue, d'autant plus que les autres parties ne sont pas mangeables. En outre, nous espérions trouver assez de gibier sans cela, puisque, partout où la terre était molle, nous apercevions des traces de daims et d'autres animaux.

« Pendant que nous avions été occupés à la construction de notre demeure, la provision de viande d'élan s'était épuisée, et nous résolûmes de faire une grande excursion de chasse. Ce devait être en même temps une expédition de découverte, car nous n'avions pas encore visité d'autre partie de la vallée que celle qui entourait notre habitation.

La troupe se composa de Frank, d'Henri et de moi. Cudjo resta à la maison, chargé de garder, avec sa grande lance, la portion féminine de notre petite communauté.

« Tout étant prêt, nous partîmes avec nos trois carabines, et nous prîmes la route du haut de la vallée. En passant sous les grands arbres, nous vîmes une foule d'écureuils de tous les côtés : les uns assis sur leur derrière comme de petits singes, les autres cassant des amandes, ceux-ci glapissant comme de petits chiens, ceux-là sautillant dans les branches. Quand nous approchions d'eux, ils grimpaient dans les arbres où se glissaient sur la terre, si rapidement qu'on eût dit le vol d'un oiseau plutôt que la course d'un quadrupède. Quand ils atteignaient l'arbre qu'ils avaient choisi pour refuge, ils prenaient généralement le côté opposé à nous, comme pour se mettre en sûreté. Quelquefois cependant la curiosité l'emportait sur leurs craintes, et, lorsqu'ils étaient grimpés à la hauteur de la première ou de la deuxième branche, ils s'arrêtaient pour jeter un coup d'œil dans notre direction, tout en faisant la roue avec leurs queues touffues. Nous avions ainsi toutes nos commodités pour leur envoyer du plomb ; et Henri, qui n'était pas aussi raisonnable que son frère, avait grande envie d'essayer son adresse. Mais je le lui défendis, en lui faisant observer que nous ne devions pas brûler notre poudre pour de si petit gibier. En effet, cette pensée était toujours présente à mon esprit, et je me préoccupais continuellement de ce que nous ferions lorsque nos munitions seraient épuisées. Je recommandai à mes deux garçons de ne pas dépenser une seule charge pour tirer un animal plus petit que le daim ou l'élan, et ils firent la promesse de m'obéir.

« Quand nous fûmes à environ un mille au-dessus du ruisseau, nous remarquâmes que les arbres s'éclaircissaient à mesure que nous avancions. Ils formaient alors de petites clairières, ou espaces couverts d'herbes et de fleurs, qu'on appelle ordinairement des *coulées*. C'était assurément le lieu propice à la rencontre du daim, bien mieux que dans les bois épais, où ces animaux sont en danger plus qu'ailleurs d'être surpris par le cougar et le carcajou, qui s'élancent ordinairement sur eux du haut des arbres. Nous ne fîmes pas beaucoup de chemin dans ces coulées sans voir des traces fraîches. Elles ressemblaient plutôt à celles d'un cochon que d'un daim, si ce n'est qu'elles étaient plus larges. Elles étaient presque aussi grandes que celles de l'élan; mais nous ne pûmes les reconnaître.

« Nous avancions avec précaution, à l'abri des arbres autant que possible. Enfin nous aperçûmes devant nous une clairière beaucoup plus étendue que toutes celles que nous venions de traverser, autant que nous pouvions en juger par la clarté qui nous frappait à travers les arbres. Nous approchâmes sans faire de bruit, et à notre grande satisfaction nous découvrîmes un troupeau de daims qui paissait tranquillement.

« Papa, ce ne sont pas des daims, » dit Frank qui les aperçut le premier. « Voyez ! Avez-vous ja-
« mais entendu parler de daims avec des oreilles
« comme cela ? Elles sont, à mon avis, aussi longues
« que celles d'un mulet !

« — Oui ! ajouta Henri ; et, connaissez-vous une
« espèce de daims avec la queue noire ? »

« J'avoue que je fus moi-même tout ébahi pendant quelques instants. Les animaux qui étaient sous nos yeux appartenaient certainement à cette famille, comme l'attestaient leurs longues jambes minces et leurs grands andouillers branchus ; mais ils différaient de l'espèce commune ainsi que de l'élan. Ils étaient plus grands que le daim roux ou jaune, quoique pareils de forme et de couleur. Mais ce qui paraissait extraordinaire, comme mes garçons l'avaient déjà remarqué, c'était la singularité de leurs oreilles et de leur queue. Leurs oreilles étaient aussi longues que celles d'une mule, et atteignaient plus de la moitié de la hauteur de leurs andouillers. La queue était courte et touffue, blanche par-dessous ; mais à l'extrémité et par-dessus elle était aussi noire que l'aile d'un corbeau. Ils avaient également quelques poils noirs sur la croupe, et une raie de la même couleur le long du cou et des épaules, tandis que le nez était cendré de chaque côté. Ces différents traits les distinguaient tout à fait du daim de Virginie ou d'Angleterre.

« J'ai dit que je fus d'abord tout ébahi ; mais je me rappelai bientôt avoir lu quelque chose concernant ces animaux, quoiqu'ils soient peu connus des naturalistes. Ce ne pouvait être que le daim à queue noire des Montagnes Rocheuses, ou *cervus macrotis*, décrit par le naturaliste Say. Cela était évident à en juger par leur taille, leurs grandes oreilles, et surtout la couleur de leur queue, puisque cette dernière circonstance leur a valu le nom sous lequel ils sont communément désignés par les chasseurs et les trappeurs.

« Nous ne nous arrêtâmes pas longtemps à les examiner. Nous étions trop désireux de tirer dessus : mais comment les approcher suffisamment ? Le troupeau se composait de sept têtes : ils étaient tous au milieu de la clairière, et il y avait plus de trois cents pas entre eux et nous. Le plus rapproché des sept était hors de la portée de ma longue carabine. Qu'y avait-il donc de mieux à faire ?

« Après avoir réfléchi quelques instants, je vis qu'il y avait de l'autre côté un passage ouvert, conduisant hors de la clairière à travers les arbres. C'était une avenue qui menait probablement à une autre coulée, et je pensai que, si nous faisions peur aux daims, ils s'enfuiraient certainement dans cette direction. Je résolus donc de me glisser en tournant vers ce côté, et de leur couper la retraite lorsqu'ils prendraient la fuite. Frank demeura où nous les avions d'abord aperçus, tandis qu'Henri s'établit à mi-chemin dans la direction que j'avais prise et se cacha derrière un arbre. Les daims se trouvaient ainsi pris dans un triangle, et nous étions sûrs de les avoir à portée de fusil avant qu'ils réussissent à s'échapper.

« J'étais à peine arrivé du côté de l'avenue que je vis le troupeau s'en allant brouter dans la direction de Frank. A chaque pas ils se rapprochaient de lui ; j'attendais avec anxiété. Je savais qu'il ne ferait pas feu avant qu'ils fussent très-près, comme je le lui avais recommandé, à cause de la petite portée de sa carabine. Tout à coup je vis un nuage de fumée et de feu s'élever dans les feuilles : la détonation retentit et le jappement de nos chiens se fit entendre. En même temps un des daims faisait un bond en haut, et tombait mort sur la place. Les autres tournaient en courant de côté et d'autre dans la plus grande confusion ; enfin, après plusieurs tours, ils se précipitèrent du côté de l'avenue où j'étais placé. Dans leur fuite, cependant, ils s'étaient rapprochés d'Henri, et, comme ils passaient auprès de lui, le sifflement aigu de sa carabine re-

J'eus la mortification de manquer celui que je visais. (Page 225.)

tentit dans les broussailles et un autre queue-noire roulait dans la plaine.

« C'était à mon tour. Je me préparai à faire de mon mieux pour ne pas être battu par mes fils. Je tirai sur les daims qui venaient à moi, et j'eus la mortification de manquer celui que je visais; c'est du moins ce que je crus un moment. Bientôt, cependant, je reconnus que je m'étais trompé. Castor et Pollux couraient sur les traces du troupeau; et avant que les daims eussent disparu dans la coulée, je vis les chiens sauter sur celui qui demeurait derrière et le jeter par terre. Je courus à leur aide, et, saisissant l'animal blessé par un de ses andouillers, je l'achevai d'un coup de couteau. Il était blessé au flanc, ce qui avait permis aux chiens de l'atteindre : autrement ils ne l'auraient jamais pu, car ses compagnons étaient déjà à plus de cent pas en avant. Nous nous étions tous trois rassemblés, exaltant notre bonne fortune, qui nous avait procuré une *battue* dans les règles. Nous étions heureux de n'avoir pas manqué un seul coup et d'avoir réussi à nous procurer une si grande quantité de bonne viande. Ce n'était pas, en effet, pour le vain plaisir de la chasse que nous avions massacré ces belles créatures; mais nous étions poussés par la nécessité impérieuse de nous procurer de la nourriture. Chacun félicitait les autres de leur beau coup et ne disait mot du sien, quoiqu'il fût évident que tous les trois nous étions fiers de notre adresse. Pour faire justice, celui d'Henri fut décidé le meilleur : il avait tiré l'animal à la course, ce qui n'est pas facile avec ces queues noires, qui ne galopent pas régulièrement comme les autres daims, mais bondissent en avant, enlevant tous leurs pieds à la fois, comme vous avez pu souvent voir les moutons sauter. Cette manière de courir est une des singularités de leur espèce, et c'est peut-être celle qui les distingue le plus du daim commun.

« Après avoir soigneusement essuyé et rechargé nos carabines, nous les appuyâmes contre un arbre, et nous nous mîmes à écorcher notre gibier.

« Pendant que nous étions engagés dans cette opération, Henri se plaignit de la soif; à vrai dire, nous étions tous altérés, car le soleil était brûlant, et nous avions fait une bonne course. Nous ne pensions pas être loin du ruisseau, quoique nous ne fussions pas certains de sa direction. Henri prit la tasse d'étain que nous avions avec nous, et se mit à la recherche de l'eau, promettant de revenir bientôt nous en apporter. A peine nous avait-il quittés, que je distinguai sa voix qui nous appelait à travers le bois. Pensant qu'il était aux prises avec un animal qui l'avait attaqué, je saisis ma carabine; Frank en fit autant, et nous courûmes après lui. En arrivant, nous fûmes surpris de le voir tranquillement assis sur le bord d'un ruisseau limpide, tenant la tasse pleine d'eau dans sa main.

« Pourquoi nous fais-tu venir? demanda Frank.

« — Goûte cela, répondit-il; c'est salé comme « la mer! »

« — Oh! papa! » s'écria Frank après avoir appliqué ses lèvres aux bords de la tasse, « c'est de vé-« ritable saumure, je le déclare.

« — Ah! oui, c'est salé, continua son frère; la « mer elle-même ne l'est pas autant. Goûtez cela, « mon père! »

« Je fis ce qu'il désirait, et j'eus la joie de reconnaître que l'eau du ruisseau était, comme le disait Frank, de véritable saumure. Je dis que j'en éprouvai de la joie, parce que, en effet, cette découverte était un bonheur inespéré. Les enfants, qui avaient soif, n'y pouvaient rien comprendre, et auraient certes préféré une coupe d'eau fraîche à toute une rivière d'eau salée. Je leur expliquai, sans plus tarder, l'importance de cette découverte. Nous avions jusqu'alors eu grand besoin de sel; nous n'en possédions pas un seul grain, et depuis notre arrivée dans la vallée, nous avions déjà beaucoup souffert de cette privation. Ceux qui n'ont jamais manqué de sel ne peuvent comprendre ce qu'il y a de terrible à se trouver privé de ce grossier, mais nécessaire condiment.

« La viande de notre élan, qui nous servait de nourriture depuis plusieurs jours déjà, était tout à fait insipide, faute de sel : il nous était impossible de faire un bouillon potable ; maintenant nous allions avoir du sel autant qu'il nous en faudrait. J'expliquai à mes petits compagnons qu'en faisant simplement bouillir cette eau dans notre chaudron, nous obtiendrions ce qui nous avait fait si grand défaut jusque-là. « Voilà, disions-nous, de « grandes nouvelles pour maman à notre retour. » La perspective de la rendre heureuse un moment par le récit de notre découverte nous rendait tous impatients de retourner à la maison. Nous ne restâmes pas davantage sur les bords de ce petit ruisseau d'eau salée, qui descendait sans aucun doute d'une source située dans le haut du vallon. Tout près de nous il se jetait lui-même dans le grand courant d'eau douce ; nous pûmes donc étancher notre soif, et nous retournâmes à l'ouvrage.

« Nous fîmes toute la diligence possible, et nos trois queues-noires ne tardèrent pas à être écorchés, dépecés et suspendus aux arbres, afin de les mettre hors de la portée des loups. Puis, nos carabines sur l'épaule, nous nous dirigeâmes au pas accéléré vers l'habitation. »

XXII.

La moufette.

« La joie de Marie fut grande en apprenant la découverte que nous avions faite. Un des premiers besoins d'une ménagère est une provision de bon sel, et nous promîmes à la nôtre de lui en procurer dès le lendemain. Notre intention était de porter la chaudière au bord du ruisseau salé et de fabriquer le sel sur place, ce qui nous paraissait plus commode que d'apporter l'eau jusqu'à la maison. Telle était notre tâche du jour suivant. Toutefois, comme la nuit était encore loin, nous prîmes Pompo et nous l'emmenâmes avec nous pour rapporter à l'habitation nos queues-noires. Cela nous nécessita plusieurs voyages. Nous n'avions pas de charrette pour tout traîner d'un coup, et chaque daim était aussi fort qu'une génisse de grande taille. Nous réussîmes cependant à tout transporter avant le coucher du soleil, excepté les peaux, que nous laissâmes accrochées aux arbres. Pendant que mes fils et moi étions à cette besogne, Cudjo ne demeurait pas inactif. Nous voulions conserver notre venaison, non pas en la séchant, comme nous avions fait pour la chair d'élan, mais au moyen du sel que nous comptions fabriquer le lendemain. Pour cela, il nous fallait un grand vase capable de contenir la saumure. Nous n'en avions pas, et nous fûmes quelque temps embarrassés pour savoir comment nous pourrions nous en passer. Le jour n'était pas encore fort avancé, et nous n'avions pas transporté la venaison, lorsque cette difficulté se présenta à notre esprit.

« Pourquoi ne la laisserions-nous pas dans le
« courant? demanda Henri. L'eau est très-pure, et
« il y a au fond de belles pierres bien nettes. Pour-
« quoi ne pas mettre les quartiers de venaison sur
« ces rocs, en les assujettissant au moyen de gran-
« des pierres?

« — Ah! ah! dit Frank en riant aux éclats, tu
« crois que les loups ne les trouveraient pas? Ces
« messieurs auraient bientôt vidé ton fameux baril
« de saumure.

« — Maître, dit Cudjo, nègre à vous pas voir ça
« ben mal aisé. Li bientôt faire une place à ce viande.

« — Comment cela, Cudjo? demanda Marie.

« — Comme li font canots, en Virginie; y creu-
« ser le bois. »

« En effet, un tronc d'arbre creusé en manière de canot, atteindrait admirablement notre but; et Cudjo, ayant choisi le tronc d'un grand tulipier, se mit à l'ouvrage. Pendant que nous amenions la dernière charge à la maison, il achevait de creuser un arbre capable de contenir nos trois queues-noires à la fois. Cette opération nous suggéra une idée lumineuse. Nous nous souvînmes des baquets, des plats et autres ustensiles de bois, façonnés de la sorte, que nous avions souvent remarqués chez les nègres de notre plantation : quoique grossiers, ils auraient parfaitement pourvu à nos besoins, et nous résolûmes de nous en procurer ainsi désormais.

« Après déjeuner, nous nous rendîmes au ruisseau. Nous y allâmes tous ensemble ; Marie montait le cheval, tandis que Cudjo et moi portions les fillettes dans nos bras. Frank et Henri portaient la chaudière, suspendue à une longue perche qu'ils tenaient par les deux bouts, et avaient leur fusil de l'autre main. Les chiens nous suivaient, et notre habitation fut laissée à la garde de Dieu. Nous avions suspendu la venaison à de hautes branches, de peur que les loups ne s'avisassent de la dévorer en notre absence.

« Marie était charmée du tableau qui se déroulait sous nos yeux, et surtout dans les endroits où les bois étaient éclaircis, en approchant de l'extrémité supérieure de la vallée. Elle observait les différentes espèces d'arbres à mesure que nous avancions, et elle poussa une fois de joyeuses exclamations, comme si elle eût découvert encore quelque chose de plus agréable que tout le reste.

« Nous lui demandâmes ce qu'elle avait vu ; mais

elle ne voulut pas satisfaire notre curiosité autrement qu'en nous affirmant qu'elle avait fait une découverte pour le moins aussi importante que notre rivière salée. Nous étions curieux de savoir ce que c'était; mais ma femme nous ferma la bouche en disant que nous étions assez heureux pour le moment, et qu'elle ne voulait pas nous causer trop de plaisir. Elle garderait son secret jusqu'à ce que nous fussions rentrés, le soir, à l'habitation.

« Vous serez alors fatigués, ajouta-t-elle, et je
« vous dirai quelque chose qui vous rendra tout
« joyeux. »

« Je ne pouvais assez admirer le bon sens et la patience de ma femme, qui nous réservait de bonnes nouvelles pour le moment où nous serions le plus aptes à en goûter les heureux effets.

« Nous traversions une petite clairière, parlant et riant de tout notre cœur, lorsqu'un animal vint sauter hors des buissons et se mit à marcher doucement à notre côté. C'était une charmante petite bête, à peu près de la grandeur d'un chat, avec une fourrure sombre et lustrée qui s'arrêtait à la tête et au cou; quelques raies blanches s'étendaient sur son dos. Elle n'alla pas loin sans s'arrêter; et, remuant sa longue queue fourrée, nous regarda de l'air innocent et folâtre d'un jeune chat. Je savais très-bien quelle était cette petite bête. Il n'en était pas de même de l'impétueux Henri, qui, ne pouvant plus y tenir, laissa perche, chaudière et tout, pour courir après l'animal.

« J'eus beau crier pour l'arrêter : soit qu'il ne m'entendît pas, à cause des aboiements des chiens qui s'étaient mis à la poursuite de la bête; soit qu'il eût trop envie de faire cette capture, le garçon continua sa course. Mais la chasse ne fut pas longue. La petite bête, apparemment tout épouvantée de voir les terribles ennemis qu'elle avait sur ses pas, s'arrêta sur le bord de la clairière, comme pour attendre ses persécuteurs. Henri, tout en courant, cherchait à retenir les chiens. Il voulait prendre ce joli animal vivant, et il craignait que les mâtins ne l'eussent étranglé avant son arrivée. En effet, ils étaient déjà sur le point de le happer avec leurs gueules ouvertes. A ce moment même, l'étrange animal se leva sur ses pattes de derrière, agita sa longue queue par-dessus son dos, et se retourna d'un bond, comme pour insulter ceux qui le poursuivaient. Mais c'était quelque chose de plus qu'un vain outrage. L'effet de ce singulier mouvement ne se fit pas attendre. Les chiens revinrent aussitôt sur leurs pas. Leurs victorieux aboiements se changèrent en un hurlement de terreur, et ils se mirent à courir en frottant leur nez dans l'herbe et en cabriolant sur le sol, comme s'ils avaient été piqués d'une guêpe ou pris de convulsions soudaines. Henri s'arrêta un instant tout étonné; mais il ne fut pas longtemps immobile. Un instant après, nous le vîmes porter les mains à sa figure, en jetant un cri de douleur et d'effroi, et revenir à nous, courant plus vite qu'il ne s'en était allé.

« Le putois (car c'était un putois, le *méphitischinga* ou moufette d'Amérique), après avoir lancé sa fétide liqueur, s'arrêta un instant à regarder par-dessus son épaule; on aurait dit qu'il riait au nez de mon fils. Puis, agitant sa queue de côté et d'autre d'une façon gaillarde, il fit un saut dans les ronces et disparut.

« Que la moufette eût ri au nez d'Henri ou non, nous le lui assurâmes, et Frank surtout, qui voulait se venger de ce que son frère lui avait laissé la grande chaudière entre les jambes. Mais nous n'avions pas de temps à perdre pour nous éloigner de la clairière, qui était pleine d'une odeur suffocante. J'invitai donc Henri à reprendre sa charge au plus vite, et nous quittâmes ces lieux au pas de course. Les chiens, néanmoins, répandaient autour d'eux des exhalaisons empestées, et nous fûmes obligés de les repousser et de leur jeter des pierres afin de les tenir à distance respectueuse. Henri s'en était tiré mieux que je ne l'attendais, l'animal ayant tout dirigé contre les chiens. Il n'en avait eu pour sa part que ce qu'il fallait pour le punir de sa témérité et de sa désobéissance.

« En continuant notre route, je saisis cette occasion pour instruire mes enfants des habitudes de ce singulier animal.

« Vous avez vu, dis-je en m'adressant à Frank
« et à Henri, qu'il est à peu près de la grosseur
« d'un chat, quoiqu'il ait le corps plus fort et plus
« charnu, les membres plus bas et le museau plus
« fin et plus allongé. Il est tacheté et rayé, et en cela
« il ressemble aussi au chat, car ces taches et ces
« raies varient suivant les individus de la même es-
« pèce; aussi n'y a-t-il pas deux moufettes de la
« même couleur. Vous connaissez les moyens que
« la nature a mis à sa disposition pour se défendre
« contre ses ennemis, et je vais vous dire tout ce
« qui reste à connaître de vos habitudes. C'est un
« animal carnivore : il détruit et mange une foule
« de créatures vivantes. Aussi est-il muni d'ongles
« forts, aigus, et de trois espèces de dents, dont
« l'une (les canines ou dents propres à déchirer la
« chair) est le signe caractéristique de ses mœurs
« carnassières. Vous savez que c'est à la forme des
« dents que cela se reconnaît : les animaux qui se
« nourrissent de végétaux, tels que les chevaux, les
« moutons, les lapins et les daims, n'ont jamais de
« dents canines. La moufette en possède quatre
« (deux dans chaque mâchoire) qui sont très-aiguës,
« ce qui lui permet de tuer et de manger, quand
« elle a la chance de tomber dessus, lapins, poules,

« oiseaux, souris, grenouilles et lézards. Cet animal
« est très-friand d'œufs; il en dérobe dans la cour
« des fermes, dans les nids des faisans, des dindes
« sauvages, et tue ces volatiles quand il peut les
« surprendre. Le meurtre n'est pas, cependant, sa
« prérogative exclusive; car le loup, le grand-duc,
« le wolverene et le fermier, à son tour, ne se font
« pas faute de le tuer quand ils peuvent l'attraper.
« Ce n'est point un coureur rapide; son salut ne
« réside pas dans la légèreté de ses pieds. Son arme
« défensive consiste dans la liqueur fétide que, par
« un jeu des muscles, il peut jeter sur son adver-
« saire. Il la porte dans deux petits sacs qui se trou-
« vent sous sa queue, avec deux conduits presque
« aussi gros que le tube d'une plume d'oie. L'exha-
« laison elle-même est causée par un fluide clair,
« qu'on ne peut voir au jour, mais qui paraît la nuit,
« quand il est lancé dehors, comme un double
« courant de lumière phosphorescente. Il peut l'en-
« voyer à plus de cinq pas. Aussi s'arrête-t-il tou-
« jours lorsqu'il est poursuivi, pour laisser appro-
« cher l'ennemi à sa portée, comme il avait fait
« avec Castor et Pollux. Le jet de ce fluide manque
« rarement de mettre en fuite ses ennemis : loups,
« chiens, et l'homme lui-même. Quelquefois il
« occasionne des maladies, des vomissements; on
« raconte que des Indiens ont même perdu la vue
« par suite de l'inflammation qui en est résultée. Les

« chiens éprouvent souvent de l'enflure et de l'é-
« chauffement, plusieurs semaines après avoir reçu
« le jet de la moufette. Au désagrément de cette
« odeur, il faut ajouter qu'on ne peut jamais en
« défaire les vêtements qui ont été une fois tou-
« chés par cette liqueur. On a beau les laver, les
« frotter à plusieurs reprises, ils en demeurent im-
« prégnés des mois entiers. Là où une moufette a
« été tuée, l'odeur se conserve pendant plusieurs
« mois, lors même qu'une neige épaisse a séjourné
« sur la terre. C'est uniquement lorsqu'on l'attaque,
« ou qu'il est irrité, que cet animal lance sa liqueur
« offensive. Quand on le tue tout d'un coup, ou
« bien avant qu'il ait le temps de *faire feu*, on n'a-
« perçoit rien de semblable sur son corps.

« La moufette est un animal terrier : dans les
« pays froids, il se retire dans son trou. Il demeure
« endormi dans une sorte de torpeur, tout le temps
« de l'hiver. Dans les climats chauds, il continue à
« rôder toute l'année, principalement la nuit; car
« il fait du jour la nuit, comme la plupart des
« bêtes de proie. Il vit dans sa tanière, qui s'étend
« à plusieurs pieds sous terre, en compagnie de dix
« ou douze associés. La femelle a une retraite par-
« ticulière, garnie de gazon et de feuilles, où elle
« élève ses petits, dont le nombre varie de cinq à
« neuf par portée. Chose étrange! les Indiens, ainsi
« que des hommes blancs, chasseurs ou autres,

« mangent la chair de cette bête, et on assure
« qu'elle est à la fois agréable et savoureuse à
« l'égal du meilleur cochon rôti.

« Mais en voilà bien assez sur la moufette et sur
ses mœurs. Retournons maintenant à notre sel. »

XXIII.

La source salée.

« Nous étions enfin arrivés sur les bords de la crique salée. Mais, comme nous apercevions la hauteur tout près de nous, la source qui alimentait ce petit ruisseau ne pouvait être éloignée, et nous résolûmes d'aller à la source même. Nous la trouvâmes à une petite distance, et elle méritait bien la peine que nous nous étions donnée pour la voir de plus près.

« Au pied de la pente, il y avait une grande quantité d'objets arrondis, semblables à des demi-globes ou à des bols renversés. Ils étaient d'une couleur blanchâtre et ressemblaient à des morceaux de quartz blanc. On en voyait de toutes les dimensions, depuis la grandeur d'un four à cuire le pain jusqu'à celle d'un plat de bois. Au sommet de chacun se trouvait une cavité ronde, pareille au cratère d'un petit volcan, dans laquelle une eau bleuâtre bouillonnait, comme si un feu ardent eût été allumé dessous. Il en existait une vingtaine dans tout le voisinage, mais un grand nombre n'avait pas de cavité sur le sommet. Ces derniers, par conséquent, ne laissaient pas couler l'eau vers le ruisseau. Ils étaient les plus anciens et se trouvaient taris.

« Ces bouches en forme de fours avaient été évidemment formées par l'eau elle-même, par suite d'un dépôt non interrompu pendant des siècles. De belles plantes et des arbrisseaux couverts de feuilles et de fleurs croissaient aux alentours, baignés dans l'eau. La hauteur était couverte de tiges rampantes et de fleurs du plus beau rouge. Des buissons de groseilliers sauvages embaumaient l'air du parfum de leurs feuilles odoriférantes. Cet endroit ravissant nous remplissait d'un sentiment de douce quiétude.

« Notre curiosité satisfaite, nous nous préparâmes à fabriquer du sel. Frank et Henri ramassaient du bois sec pour allumer le feu, pendant que Cudjo établissait une crémaillère à sa façon accoutumée. Il y suspendit la chaudière et la remplit de l'eau puisée à la source. Le feu petilla bientôt, et nous n'eûmes plus rien à faire que d'attendre l'évaporation complète.

« Nous choisîmes une place où la terre était tapissée d'un gazon vert et tendre sur lequel nous nous assîmes, attendant le résultat de notre opération.

« Je n'ai pas besoin de dire que nous y attachions

un intérêt profond, qui allait presque jusqu'à l'inquiétude. Était-ce bien du sel, en définitive? L'eau avait un goût salé, c'est vrai; mais l'eau pouvait être imprégnée de sulfate de magnésie ou de sulfate de soude. A la fin de l'évaporation, l'une ou l'autre de ces substances pourrait bien se trouver au fond du vase.

« Qu'est-ce que le sulfate de magnésie, papa? demanda Frank.

« — Peut-être le connais-tu mieux sous le nom
« de sel d'Epsom! répondit sa mère en souriant.

« — Bah! reprit-il en faisant la grimace, je sou-
« haite alors que ce n'en soit pas. Mais quelle es-
« pèce de substance est-ce que le sulfate de soude?

« — C'est le nom scientifique du sel de Glauber.

« — Encore, père! je ne crois pas que nous ayons
« besoin de l'un ni de l'autre! Qu'en dis-tu, Henri?

« — Pas un seul morceau! répondit Henri, » en faisant la grimace à la pensée de ces spécifiques bien connus. « Je préférerais cent fois du salpêtre et du
« soufre. Alors nous pourrions faire de la poudre. »

« Henri était un bon tireur, comme vous avez vu, et il craignait par-dessus tout de manquer de poudre.

« Ne compte pas là-dessus, Henri, dit la mère;
« nous pouvons très-bien nous passer de poudre.
« Souhaite quelque chose de plus utile pour le
« moment. »

« Nous passions le temps à deviser ainsi, attendant avec anxiété que la chaudière répondît à nos espérances.

« Pour moi, j'avais confiance. Quelques années auparavant, j'avais observé un fait qui me parut dans ce temps-là fort singulier. Le voici. Je crois que le Créateur a disposé toutes choses de façon que le sel, si essentiel à la vie animale, se trouve dans toutes les parties du globe, soit en roches, en sources, en grands lacs, en incrustations; soit dans l'Océan même. Il n'existe pas de grande étendue qui en soit dépourvue. J'avais remarqué, dans les territoires intérieurs du continent américain, où la mer est trop éloignée pour être fréquentée par les animaux, que la nature y a placé de nombreuses sources salées ou *licks*, comme on les appelle dans le langage du pays. Ces sources ont été de temps immémorial les lieux de réunion des animaux sauvages de la forêt et de la prairie; ils viennent s'y désaltérer ou bien y laper les parties salines qu'elles roulent dans leurs eaux. De là leur nom vulgaire de *licks* (lapeurs). Eh bien, notre vallée renfermait des quadrupèdes qui n'avaient jamais quitté ces ombrages. J'étais donc certain que la nature avait pourvu à leurs besoins en leur donnant tout ce qui était nécessaire à la vie, et, parmi ces choses nécessaires, le sel, à la recherche duquel nous étions en ce moment. En d'autres termes, si cette source n'était pas une saline, ou s'il n'en existait pas d'autre dans le vallon, nous n'y aurions pas trouvé de créatures vivantes. Je crus opportun de faire part de ma théorie à mes fils, afin de leur indiquer la main du Créateur qui se montrait si évidente. Je leur inspirai ainsi la confiance qu'après avoir fait évaporer l'eau, nous trouverions du sel pour notre peine.

« Papa, » demanda Frank, qui était un grand amateur d'histoire naturelle, « je voudrais bien
« savoir comment il se fait que ce petit ruisseau
« roule de l'eau salée.

« — Apparemment, répondis-je, l'eau que tu vois
« a passé sur un lit de roches de sel, et s'en est
« imprégnée.

« — Des roches de sel! Est-ce que le sel que l'on
« emploie se trouve en roches?

« — Pas tout, mais une grande quantité. Il y a
« des couches de sel gemme dans beaucoup de con-
« trées, en Angleterre, dans les Indes orientales, en
« Russie, en Hongrie et en Espagne; on en a même
« découvert d'immenses quantités dans le désert
« où nous demeurons. Ces couches de sel gemme,
« quand on travaille à leur extraction, s'appellent
« mines de sel. Les plus célèbres sont en Pologne,
« près de la ville de Cracovie. Elles sont exploitées
« depuis plus de sept cents ans, et assez abondantes
« pour suffire à la consommation du monde entier
« pendant plusieurs siècles. On les dit magnifiques,

« éclairées comme elles le sont par une multitude
« de lampes. Les mineurs ont taillé dans les roches
« toutes sortes de formes : des maisons, des cha-
« pelles, des colonnes, des obélisques et une
« foule d'autres constructions qui, à la lumière
« des lampes et des torches, paraissent aussi
« splendides et aussi étincelantes que les palais
« d'Aladin.

« — Oh! que je voudrais donc voir ces merveil-
« les! » s'écria Henri avec transport.

« — Mais, papa, » demanda Frank qui cherchait
toujours à se rendre compte de ce qu'il entendait
« je n'ai jamais vu de ces roches de sel. Comment
« se fait-il qu'il nous vienne toujours écrasé ou
« en grandes briques, comme s'il avait été cuit au
« four? Le casse-t-on en petits morceaux avant de
« l'envoyer des mines au marché?

« — Dans quelques-unes de ces mines il n'y a qu'à
« écraser la roche; ailleurs elle ne se trouve pas
« formée de sel pur, mais elle est mélangée de sub-
« stances étrangères, comme l'oxyde de fer ou
« l'argile. Dans ce cas, il faut d'abord dissoudre
« les fragments de roche pour extraire les impu-
« retés, puis faire évaporer l'eau salée, précisé-
« ment comme nous faisons maintenant.

« — De quelle couleur est le sel de roche, papa?

« — Pur, il est blanc; mais il prend les couleurs
« les plus variées, suivant les substances qui s'y

« trouvent mêlées. Quelquefois il est jaune, bleu,
« ou couleur de chair.

« — Comme cela doit être joli ! s'écria Henri ; je
« suis sûr qu'il ressemble ainsi à des pierres pré-
« cieuses.

« — Oui, et c'est en effet une pierre précieuse. »
reprit son frère ; « plus précieuse assurément que
« tous les diamants de la terre. N'est-ce pas vrai,
« mon père ?

« — Tu as raison, mon enfant. Le sel de roche
« est plus utile à l'espèce humaine que les dia-
« mants, quoique ceux-ci possèdent une valeur
« réelle, en outre de leur valeur comme ornement
« futile. Ils sont d'un usage important dans les arts
« et dans les manufactures.

« — Mais, papa, » reprit encore Frank, déterminé à apprendre tout ce qu'il pourrait sur le
compte du sel, « j'ai entendu dire que le sel est
« fait avec l'eau de la mer. En est-il ainsi ?

« — On en fait d'immenses quantités.

« — Comment le fait-on ?

« — On l'obtient de trois manières : d'abord, dans
« les climats chauds, où le soleil a de la force, l'eau
« de mer est recueillie dans des étangs peu profonds
« où on la laisse s'évaporer aux rayons du soleil.
« La terre où ces marais sont construits ne doit être
« ni boueuse ni poreuse, sans quoi le sel se mêlerait
« avec la vase et le sable. Les peuples qui le fa-

« briquent ainsi ont soin de choisir un terrain
« ferme et dur pour former le fond de leurs ma-
« rais. Des écluses sont adaptées à ces étangs, afin
« de laisser échapper l'eau qui ne s'évapore pas.
« C'est ainsi qu'on fabrique le sel dans la plupart
« des contrées méridionales, en Espagne, en Por-
« tugal, en France et dans les autres pays que bai-
« gne la Méditerranée; il en est de même dans
« l'Inde, dans la Chine, à Siam et dans l'île de
« Ceylan.

« La seconde manière d'extraire le sel de l'eau
« de mer est absolument la même que celle que je
« viens de décrire, à l'exception que, au lieu de
« ces étangs artificiels, l'évaporation se fait sur de
« vastes étendues de terrain couvertes par la mer
« à l'époque des hautes marées. Lorsque la mer
« redescend à son niveau ordinaire, elle laisse der-
« rière elle, sur un grand espace, une certaine
« quantité d'eau que le soleil fait évaporer, et il ne
« reste plus que des champs de sel pur. Il n'y a
« qu'à gratter ensuite ce sel, à le mettre en tas, et
« à l'enlever dans des charrettes. A la marée sui-
« vante, le flot nouveau produit une nouvelle ré-
« colte de sel, et ainsi de suite. Le sel ainsi recueilli
« vaut mieux que celui qui est fait dans les étangs
« artificiels, quoiqu'aucun des deux ne puisse être
« comparé au sel des mines. On les connaît dans le
« commerce sous le nom de sel gris, pour les dis-

« tinguer du sel de roche, des mines. On trouve de
« grands lits naturels de sel gris dans les îles du
« Cap-Vert; dans l'île de Saint-Martin, aux Indes
« occidentales; et dans l'île du Kanguroo, près des
« côtes de l'Australie.

« Il y a encore un troisième moyen de préparer
« le sel d'eau de mer : c'est de faire bouillir l'eau,
« comme nous; mais c'est le pire de tous. En outre,
« il est bien plus dispendieux de fabriquer le sel de
« cette manière que de l'acheter dans les autres
« pays. Aussi n'emploierait-on jamais ce dernier
« moyen, si quelques gouvernements n'obligeaient
« leurs peuples à payer des droits énormes pour
« l'importation du sel, ce qui le rend encore plus
« cher que de le fabriquer dans le pays.

« — Qu'est-ce qui rend l'eau de mer salée, papa?

« — C'est un de ces phénomènes sur lesquels
« les savants diffèrent le plus d'opinion. Les uns
« prétendent qu'il existe, au fond de la mer, de
« vastes couches de sel dont l'eau est constamment
« imprégnée. Je crois que c'est un pur enfantil-
« lage, et que cette raison ne peut supporter un
« examen sérieux. D'autres affirment que l'eau
« salée de l'Océan est un fluide primitif qui a tou-
« jours été comme il est; ce qui n'explique rien
« du tout et revient à dire : l'eau est salée, parce
« qu'elle a toujours été salée. C'est en même temps
« une théorie peu rationnelle. D'autres encore pen-

« sent que la salure de l'Océan est causée par les
« fleuves salés qui viennent y mêler leurs eaux.

« — La mer est-elle partout aussi salée? » demanda le philosophe Frank, après une courte pause.

« — Non ; elle est plus salée à l'équateur que
« dans les froides régions qui environnent les
« pôles. Elle est moins salée dans les golfes et dans
« le voisinage des terres qu'au milieu de l'Océan.
« Cela peut s'expliquer, à mon avis, en s'appuyant
« sur la théorie des rivières salées dont je vous
« ai parlé. Toutefois, la différence de salure dans
« les diverses parties de la mer est presque insen-
« sible.

« — Y a-t-il beaucoup de sel dans l'eau de mer?

« — Trois et demi pour cent environ ; c'est-à-dire
« que, en faisant bouillir cent livres d'eau de mer
« jusqu'à parfaite évaporation, il restera environ
« trois livres et demie de sel.

« — Mais y a-t-il beaucoup de lacs et de sources
« qui en contiennent une plus forte proportion?

« — Beaucoup. Il existe dans le Désert un grand
« lac, au nord-ouest de l'endroit où nous nous trou-
« vons, qu'on appelle le Grand Lac Salé, dont les
« eaux contiennent plus d'un tiers de sel pur. Un
« grand nombre de sources et de rivières en contien-
« nent une plus grande quantité que l'Océan. Il est
« à désirer que notre crique en possède une plus forte

« proportion. Mais allons, venez voir où en est la
« chaudière, que nous avons tout à fait oubliée. »

« Nous approchâmes et levâmes le couvercle. Une écume épaisse flottait sur le dessus, semblable aux cristaux que forme la neige à demi fondue. Nous en prîmes une parcelle que nous portâmes à nos lèvres. O bonheur ! c'était du sel !... du pur chlorure de soude de la meilleure qualité du monde. »

XXIV.

Combat de serpents.

« Cette nouvelle fut reçue avec des acclamations de joie. Chacun voulut s'en convaincre en goûtant le sel. Il se cristallisait en petits tubes, et était aussi blanc que la neige, ce qui dénotait une grande pureté. Nous avions mis dans notre chaudron de campagne environ quatre gallons d'eau, et, lorsqu'elle fut tout à fait évaporée, nous n'obtînmes pas moins de dix pintes de sel, ce qui nous montra que l'eau de la source contenait plus de matières salines que la mer.

« Quand nous eûmes épuisé une première fois la chaudière, nous la remplîmes encore d'eau et la replaçâmes sur le feu. Nous mîmes, à côté du chaudron, un autre ustensile qui nous servait de poêle à frire, avec plusieurs belles tranches de venaison, assaisonnées de sel nouveau, pour dîner. Nous n'oubliâmes pas les remercîments que nous devions à Dieu pour nous avoir permis d'ajouter à nos découvertes celle d'un article dont nous avions si grand besoin. Aussitôt que le dîner fut terminé, ma femme saisit cette occasion de fixer sur ce sujet l'attention de ses enfants ; et nous demeurâmes assis quelque temps, faisant rouler la conversation là-dessus.

« Tout à coup nous fûmes interrompus par une série de curieux incidents, que nous pûmes observer sans quitter notre feu. Nous entendîmes d'abord, à une petite distance de nous, des cris assez forts, que nous reconnûmes pour ceux d'un geai bleu. Il n'y avait rien d'extraordinaire à entendre cet oiseau crier au beau milieu du jour, car c'est peut-être un des volatiles les plus faciles à exciter. Mais, comme vous savez, il jette un cri tout particulier quand il y a *quelque chose dans l'air*. Lorsqu'un ennemi redoutable est à sa portée, ses notes deviennent aigres et discordantes. C'était le cas présent, et, pour cette raison, il attira mon attention ainsi que celle de mes compagnons.

« Nous regardâmes du côté d'où le cri était parti. Les branches d'un arbre peu élevé étaient agitées par le battement des ailes bleu d'azur de l'oiseau qui cherchait à s'envoler. Nous ne distinguâmes rien de plus sur l'arbre, et aucun ennemi sur les arbres voisins. En abaissant nos regards vers la terre, nous aperçûmes pourtant ce qui avait mis le geai en émoi. Se glissant lentement sur le sol, passant à travers le gazon et les feuilles sèches, sans faire le moindre bruit, rampait un hideux reptile... un serpent. Son corps jaunâtre, pommelé de pustules noires, brillait comme un rayon de soleil par l'éclat de ses écailles ; il se levait et s'abaissait suivant les ondulations de ses mouvements. Il avançait lentement, par sinuosités verticales, presque en droite ligne, la tête négligemment élevée au-dessus de l'herbe. Il s'arrêtait par intervalles, montrait son cou, abaissait sa tête plate comme un cygne apprivoisé, et la faisait osciller dans un sens horizontal, effleurait les feuilles de sa langue couleur de feu, puis paraissait chercher un chemin et se mettait de nouveau en mouvement. Dans ces temps d'arrêt, comme il s'allongeait sur la terre, il nous parut cylindrique, de la taille d'un homme ordinaire, et gros comme l'avant-bras. Sa queue se terminait par un appendice calleux, d'environ un pied de long, qui ressemblait à un chapelet de grains inégaux et jaunâtres, ou à une partie de ses vertèbres dépouillées de chair. Cette particularité nous indiqua son espèce. Nous avions devant nous le terrible serpent à sonnettes, le *crotalus horridus.*

« Mes compagnons étaient tout prêts à se jeter en avant pour attaquer le monstre. Je les retins ainsi que les chiens. J'avais entendu parler, comme tout

le monde, de la puissance de fascination de ces
dangereux reptiles. J'ignorais s'il fallait y croire ou
non. C'était une occasion de découvrir la vérité.
Parviendrait-il à *charmer* l'oiseau? C'est ce que nous
allions voir. Nous demeurâmes donc tous silencieux
et immobiles. Le serpent rampait vers l'oiseau, qui
planait au-dessus de lui.

« Le geai se posait d'une branche sur l'autre,
d'arbre en arbre, criant de toutes ses forces.
Ni l'un ni l'autre ne nous apercevait, car nous
étions en partie cachés.

« Le serpent à sonnettes atteignit le pied d'un grand
magnolia. Après avoir fait une fois le tour de l'arbre
et apparemment flairé l'écorce, il se roula lentement et avec précaution en spirale conique, tout
près du tronc. Son corps ressemblait ainsi à un
câble tacheté et luisant, comme ceux qui sont ordinairement roulés sur le pont d'un vaisseau. La
queue avec son appendice calleux sortait par dessous, et la tête plate pointait par dessus, se reposant
sur les derniers anneaux du corps. La membrane
était abaissée sur ses yeux. Il paraissait endormi.
Je trouvai cela d'autant plus étrange que j'avais entendu dire que le pouvoir fascinateur de ces reptiles
réside dans le regard. Il nous parut bientôt évident que l'oiseau n'était pas l'objet que le serpent
poursuivait; car le geai, voyant que le reptile restait
tranquille, cessa ses cris et s'envola dans les bois.

« Je crus alors que la scène n'avait plus d'intérêt pour nous, et j'allais me lever pour prendre ma carabine et tirer sur le serpent, lorsqu'un mouvement du reptile me convainquit que la hideuse bête ne dormait pas, mais épiait. Quoi ? Un écureuil peut-être, car c'est sa proie favorite. Je regardai dans un arbre qui paraissait un de ceux que prétèrent les écureuils et dans lesquels ils font leurs nichées. Ah ! justement, comme je m'y attendais, il y avait un trou dans le tronc, à une certaine hauteur : l'écorce était légèrement décolorée autour de l'orifice, par les pattes des écureuils qui passaient par cette ouverture. De plus, en regardant le sol, j'aperçus un petit sentier battu, comme par les pas d'un rat, et qui traversait le gazon. Une protubérance semblable à un toit se projetait au pied de l'arbre, marquant la direction d'une des grosses racines, et courait droit au petit sentier. En observant la décoloration de l'écorce, il était évident que les écureuils grimpaient et descendaient de ce côté. Le serpent à sonnettes s'était enroulé si près de ce chemin qu'aucun animal ne pouvait passer sans être à sa portée ! Je restai convaincu alors qu'il attendait que l'écureuil descendît, et je désirai voir ce qui arriverait. Je murmurai quelques paroles à l'oreille de mes compagnons, qui demeurèrent silencieux comme auparavant.

« Nous observions le trou, nous attendant à voir

l'écureuil sortir. Enfin, une petite tête grosse comme celle d'un rat se montra avec précaution ; mais l'animal resta dans cette position et il nous sembla disposé à disparaître de nouveau. Assurément il nous avait aperçus, ce qui lui était facile de l'endroit élevé où il se trouvait, et il n'osait se hasarder à descendre.

« Nous étions sur le point de renoncer à notre espoir d'assister à une scène, lorsque notre attention fut éveillée par un petit bruit de feuilles sèches. Nous regardâmes de ce côté et nous aperçûmes un autre écureuil qui se dirigeait vers l'arbre. Il courait à toutes jambes, tantôt le long des troncs abattus, tantôt parmi le gazon et les feuilles tombées, comme s'il eût été poursuivi. Il l'était en effet et nous vîmes presque au même moment l'animal qui cherchait à l'attraper, long, mince, deux fois grand comme l'écureuil, d'un beau jaune brillant ; nous reconnûmes la belette ou *pine-weasel*.

« Il n'y avait pas vingt pieds entre eux, et les deux bêtes couraient de toute leur vitesse.

« Je jetai un coup d'œil sur le serpent à sonnettes. Je le vis en mouvement, les mâchoires ouvertes ; celle d'en bas touchait presque sa poitrine ; ses crocs empoisonnés étaient à découvert et visibles. Sa langue était poussée en avant, ses yeux brillaient comme des diamants, et tout son corps se soulevait et s'abaissait sous l'effort d'une respiration haletante. Il paraissait être deux fois plus gros que sa taille habituelle.

« L'écureuil courait vers l'arbre en regardant par derrière. Il passa comme un trait de lumière le long du petit sentier, et déjà il sautait au-dessus, lorsque la tête du serpent lancée avec vigueur le frappa à son passage; mais l'action avait été si rapide que l'écureuil ne semblait pas seulement touché.

« Bien ! » pensions-nous en voyant la petite bête grimper sur le tronc, « le serpent ne lui a pas fait « de mal. » Cependant, avant d'avoir atteint la première branche, nous remarquâmes qu'il grimpait plus lentement, puis qu'il hésitait; enfin il s'arrêta tout à fait. Ses pieds de derrière glissèrent de l'écorce, son corps oscilla un moment suspendu par les griffes de devant, puis il tomba lourdement dans les mâchoires du serpent!

« La belette, en apercevant le reptile, s'était arrêtée soudain à quelques pieds de distance. Maintenant elle courait en tournant, repliant son long corps, comme un ver, et parfois se dressait tout debout, crachant et grondant comme un chat en colère. L'animal était évidemment furieux d'être privé de sa proie : nous crûmes un instant qu'il allait livrer bataille au serpent, qui s'était roulé sur lui même en voyant ce nouvel adversaire, et attendait l'attaque, les mâchoires ouvertes. Le corps de l'écureuil, qui était bien mort, était auprès de lui, de sorte que la belette ne pouvait venir le prendre sans se trouver à portée de ses crocs redoutables.

« A cet aspect, l'animal, effrayé de rencontrer un si terrible adversaire, cessa, au bout d'un certain temps, ses démonstrations hostiles, et, tournant sur le côté, s'enfuit en bondissant vers les bois.

« Le reptile put alors dérouler petit à petit la moitié supérieure de son corps, et, roidissant son cou vers l'écureuil, il se prépara à l'avaler. Il étendit l'animal tout de son long sur la terre, de façon que sa tête se trouvât vis-à-vis de la sienne. Il se proposait évidemment d'avaler d'abord la tête, et commençait déjà à en lisser le poil avec la salive que sécrète sa langue fourchue.

« Tandis que nous observions cette curieuse opération, notre attention fut attirée par un mouvement qui se produisit dans les feuilles vers l'endroit où était le serpent. Droit au-dessus de lui, à la hauteur de plus de vingt pieds, une énorme liane d'une espèce particulière s'étendait d'arbre en arbre : elle était aussi grosse que le bras d'un homme, couverte de feuilles vertes et de fleurs cunéiformes d'un beau rouge cramoisi, qui semblaient lui appartenir. D'autres fleurs étaient mêlées à celles-là, enroulées les unes autour des autres, et nous pouvions distinguer les fleurs étoilées du cyprès. Au milieu d'elles, quelque chose de vivant se remuait : c'était un corps.... le corps d'un grand reptile, presque aussi gros que la liane elle-même.

« Un autre serpent à sonnettes? Non, car le serpent à sonnettes ne grimpe pas sur les arbres. De plus, la couleur du dernier venu était tout à fait différente, d'un noir uniforme, poli et luisant. C'était donc le serpent noir, ou *constrictor* du Nord.

« Quand nous l'aperçûmes, il était roulé en spirale autour de la liane, comme le filet d'une vis gigantesque. Nous le vîmes glisser lentement vers le bas, car le sarment s'étendait diagonalement d'un arbre à l'autre, et son extrémité inférieure touchait au tronc du magnolia, à environ vingt pieds au-dessus de la terre.

« En atteignant ce point, le serpent resserra peu à peu ses anneaux, jusqu'à ce qu'ils parurent se toucher, enveloppant toujours la liane. Alors il commença à se dérouler lui-même, par la tête d'abord, en la faisant tourner lentement autour du sarment et se tenant toujours étroitement serré à la liane. Après un nombre suffisant d'évolutions, les anneaux disparurent entièrement à l'exception d'un ou deux près de la queue, et le reptile s'étendit en double le long du sarment, Cette manœuvre fut exécutée sans bruit et avec de grandes précautions; actuellement il semblait se reposer et observer ce qui se passait en bas.

« Durant tout ce temps, le serpent à sonnettes était

Son long corps était suspendu tout droit au-dessus de l'autre. (Page 259.)

trop occupé de l'écureuil pour songer à autre chose. Après avoir léché ce dernier à son aise, il ouvrit ses mâchoires ardentes, prit sa victime par la tête, et roidissant son long corps de toutes ses forces, il se mit en devoir d'avaler sa proie, queue et tout. En quelques secondes la tête et les épaules de l'écureuil avaient disparu.

« Mais le glouton fut soudain interrompu au beau milieu de son repas ; le serpent noir descendait petit à petit de la liane, jusqu'à ce qu'il n'y eût plus sur l'arbre qu'une seule maille de sa queue flexible. Son long corps, étendu de haut en bas, était suspendu tout droit au-dessus de l'autre.

« Assurément, nous disions-nous, il ne cherche
« pas à rencontrer le serpent à sonnettes, le plus
« terrible de tous les reptiles. » Mais le constrictor en savait à ce sujet plus long que nous, car, un instant après, nous le vîmes sauter à terre, et, rapide comme la pensée, il enveloppa de ses noirs replis le corps tacheté du *crotale*.

« C'était un spectacle étrange que ces deux créatures enroulées, se tordant sur l'herbe, et nous fûmes quelque temps avant de nous rendre compte de ce combat. Il n'y avait pas une grande différence de taille entre les deux combattants. Le serpent noir était plus long d'un pied, mais plus mince de corps que son adversaire. Il possédait, toutefois, un avantage qui se manifesta bientôt ; son agilité était dix fois supérieure à celle du serpent à sonnettes. Il se roulait et se déroulait à volonté, enlaçant le corps de l'autre et le comprimant à chaque fois de toute la puissance de ses muscles ; c'est ce qui lui a valu le nom de *constrictor*. A chaque nouvel embrassement, le corps du crotale semblait se tordre et se contracter sous l'influence écrasante de son noir adversaire.

« Le serpent à sonnettes n'avait qu'une arme dont il pût faire usage avec succès : ses crocs empoisonnés. Ils étaient déjà enfoncés dans le corps de l'écureuil, et il ne pouvait plus s'en servir contre son ennemi. Comment, d'ailleurs, se débarrasser de cette proie velue, qui, semblable à une flèche barbelée, tenait maintenant à sa gorge? L'écureuil était toujours dans son gosier, et, tandis que les deux reptiles luttaient sur le gazon, sa queue tournoyait au milieu de leurs replis tortueux.

« La bataille touchait à sa fin. Les mouvements des deux combattants devenaient de plus en plus lents. Nous pouvions maintenant voir comment ils se battaient. Chose étrange! au lieu de lutter tête à tête, face à face, les crocs du constrictor étaient enfoncés dans les pièces cornées de la queue du crotale ; et, chose plus étrange encore ! la queue du premier se levait et s'abaissait avec une impétuosité musculaire d'une puissance extrême, frappant le dernier jusqu'à la mort.

C'était un spectacle étrange que ces deux créatures enroulées, se tordant sur l'herbe. (Page 259.)

« Le combat fut bientôt terminé. Le serpent à sonnettes, étendu tout de son long, était bien mort. Le serpent noir continuait encore à enlacer le cadavre tacheté, comme s'il y eût trouvé du plaisir. Au bout de quelques instants, se déroulant avec lenteur, le vainqueur se retourna, rampa vers la tête de sa victime, et commença à s'approprier la proie. La scène terminée, nous nous levâmes tous pour l'acte final.

« J'aurais fait grâce au constrictor pour le bon service qu'il avait rendu en détruisant le serpent à sonnettes ; mais Cudjo, qui avait horreur de tous les reptiles, avait pris les devants, et, avant que je fusse arrivé, je vis le vainqueur suspendu à sa lance !

XXV.

L'arbre à sucre.

« Vers le soir, nous retournâmes à l'habitation, emportant avec nous, sur le dos de Pompo, un sac de sel d'un respectable volume. Nous en avions assez pour conserver la venaison et pour nos propres besoins pendant plusieurs semaines. Quand il ne nous en resterait plus, je savais où il y en avait d'autre. Il n'y avait pas à craindre que la source se desséchât. Nous avions remarqué, avant la découverte de la petite baie salée, que l'eau du lac était légèrement saumâtre ; mais nous n'en avions pas cherché la cause. Sans cela, nous n'aurions pas été aussi tourmentés pour nous procurer la précieuse substance dont nous possédions déjà une grande quantité.

« A la nuit, lorsque nous eûmes fini de souper, Henri, qui avait été toute la journée en proie à la curiosité de connaître l'importante découverte annoncée par sa mère, lui rappela la promesse qu'elle avait faite.

« Allons, maintenant, maman, » dit-il d'un petit ton provocateur, « qu'est-ce que c'est ?... Qu'avez-
« vous trouvé qui puisse être comparé à ce beau sac
« de sel, qui, vous voudrez bien tous vous en sou-
« venir, est le résultat de ma découverte ?

« — Mais vous ai-je promis de parler ce soir ?
« J'ai dit : *Quand vous aurez l'esprit abattu*, il me
« semble. Et je vous vois tous heureux en ce mo-
« ment.

« — Oh ! dites-le nous ce soir ! reprit Henri,
« D'ailleurs, ajouta-t-il en regardant d'un air triste,
« j'ai l'esprit abattu. J'ai été ainsi tout le jour....
« depuis que.... depuis que....

« — Depuis que tu m'as jeté la chaudière dans
« les jambes pour aller à la chasse de la mou-
« fette, » interrompit Frank en riant, tandis que Cudjo se joignit à lui de tout son cœur.

« Cette allusion à l'aventure du matin, qui avait

été un sujet de plaisanterie continuelle, n'était pas tout à fait du goût d'Henri. Ce regard, où il feignait la tristesse pour se donner l'air abattu, allait devenir une réalité. Sa mère, dont il était le favori, s'aperçut de sa contrariété et jugea qu'il était opportun d'appliquer le remède. Elle changea donc aussitôt le cours de ses idées en consentant à dévoiler son secret.

« Eh bien donc, dit-elle, voici ma découverte.
« Pendant que nous traversions la vallée, ce matin,
« j'ai vu, à quelque distance dans le bois, les
« feuilles d'un arbre des plus beaux et des plus
« précieux.

« — Un arbre ? s'écria Henri. Lequel ? un cocotier ?
« — Non.
« — Un arbre à pain, peut-être ?
« — Non.
« — Un oranger, alors ?
« — Non, Henri, répondit sa mère. Tu devrais sa-
« voir que nous ne sommes pas sous une latitude
« propice aux arbres que tu nommes. Nous nous
« trouvons trop au nord pour rencontrer des coco-
« tiers, des arbres à pain et des orangers.

« — Ah ! reprit le garçon avec un soupir, ces
« trois arbres sont les seuls que je préfère aux
« figues.

« — Comment ! maintenant tu parles comme si
« c'était un figuier.

« — Ah! bien! répliqua Henri, ce sont des figues;
« mais j'aurais préféré un des autres.

« — Mais ce n'est pas même un figuier.

« — Bah!... qu'est-ce donc, maman?

« — L'arbre dont je parle appartient à la zone
« tempérée; et, en effet, il parvient à la plus grande
« dimension dans les parties les plus chaudes de
« cette région. Avez-vous remarqué de grands ar-
« bres droits, avec un feuillage d'une belle couleur
« rouge et brillante?

« — Oui, maman, répondit Frank, je sais une
« partie du vallon où il y en a un grand nombre;
« les uns sont cramoisis, tandis que les autres sont
« couleur d'orange.

« — C'est justement de ces arbres qu'il s'agit. Les
« feuilles sont maintenant de cette couleur à cause
« de l'automne. Si la saison était moins avancée,
« elles paraîtraient d'un vert brillant par-dessus,
« et blanchâtres ou plutôt glauques en dessous.

« — Oh! » dit Henri, qui nous sembla tout dés-
appointé de cette nouvelle, « je les ai remarqués
« aussi, moi. Ce sont de beaux arbres, il est vrai;
« mais alors....

« — Alors.... quoi?

« — Ils ne sont bons à rien pour nous, car ils
« sont beaucoup trop gros. Ils ne portent point de
« fruit; j'y ai bien fait attention. Qu'en faire alors?
« nous n'avons pas besoin de leur bois, j'ima-

« gine. Nous avons tout ce qu'il nous faut pour
« la charpente, dans les tulipiers qui nous entou-
« rent.

« — Allons, maître Henri.... pas si vite, s'il vous
« plaît. Il y a dans un arbre beaucoup de parties
« qui peuvent être d'un usage précieux, en outre
« de ses fruits et de son bois.

« — Quoi! les feuilles? » demanda l'impatient garçon; « mais à quoi peuvent servir les feuilles?

« — Allons, mon frère, » dit Franck d'un ton de reproche, « les feuilles de quelques arbre sont
« très--tiles. Que penses-tu de la plante qui produit
« le thé, par exemple? »

« Henri, ainsi repris, resta silencieux.

« — Nous ne pouvons faire aucun usage des
« feuilles de cet arbre, continua la mère, mais d'une
« autre partie dont je n'ai pas parlé.

« — L'écorce? demanda Henri.

« — Non.... pas même l'écorce.

« — Les racines?

« — Je ne sache pas que les racines possèdent des
« propriétés particulières plus que celles du chêne,
« du frêne, ou de tout autre grand arbre.

« — Quoi! maman? il n'a pas de fleurs, j'en suis
« sûr; pas de fruit, si ce n'est de petites graines
« avec des membranes saillantes comme une mou-
« che prise dans une toile d'araignée.

« — Ce sont ses fruits.

« — Et que pouvons-nous en faire? j'en ai vu de
« pareils sur le sycomore commun.

« — Tu as raison; car le sycomore commun,
« ainsi que tu l'appelles, est un arbre de la même
« famille. Mais je n'ai pas dit que nous pouvions
« nous servir de ces graines. N'y a-t-il donc plus
« rien à considérer dans un arbre?

« — Rien! laissez-moi.... si.... si.... la séve?

« — Ah! la séve! répéta la maman avec une em-
« phase particulière.

« — Quoi, maman? s'écria Frank; un érable?

« — Oui! l'érable à sucre.... Eh bien! maître
« Henri?... »

« Ces paroles produisirent un effet extraordinaire
sur tout le monde. Frank et son frère avaient entendu parler du fameux érable à sucre, sans en
avoir jamais vu. Les plus jeunes enfants, Marie et
Louisa, ne savaient rien de l'érable; mais le mot
sucre leur était plus familier. Ce mot et les joyeux
regards des autres produisirent dans leur esprit
comme des visions fantastiques de friandises et
de sucre candi. Cudjo même, qui n'avait jamais
trouvé d'érable, car cet arbre ne pousse pas dans
le pays qu'il avait habité, n'en aimait pas moins le
sucre autant que les autres, et salua cette bonne
nouvelle avec transport. Pendant quelques instants
on n'entendit que des cris de joie interrompus par
ces mots : « du sucre.... l'érable à sucre! » -Cha-

cun brûlait d'envie de savoir si le sucre d'érable est difficile à obtenir, et surtout de faire l'expérience des procédés que l'on emploie.

« Lorsque les transports de notre petit cercle furent un peu calmés, Marie se mit en devoir de décrire cet arbre remarquable.

« L'érable à sucre, dit-elle, se distingue aisé-
« ment des autres arbres par la couleur brillante
« de son écorce et par ses feuilles palmées à cinq
« lobes, qui sont d'un beau vert clair en été, mais
« changent en automne et deviennent, comme vous
« voyez, cramoisis ou orange. Il a quelque ana-
« logie avec le chêne d'Angleterre, par le tronc,
« les branches et la grande masse de feuillage
« qu'il porte. Son bois est très-dur; on l'emploie
« dans la fabrication des beaux meubles, ainsi
« que pour construire les vaisseaux, les moulins et
« certaines machines. Mais la plus grande richesse
« de cet arbre consiste dans la séve. Par une mys-
« térieuse, mais toujours sage distribution de la
« nature, il semble avoir été donné aux peuples
« des latitudes froides et tempérées afin de rem-
« placer la canne à sucre, qui, vous le savez, n'est
« florissante que dans les pays chauds et sous les
« tropiques.

« Chaque érable, continua ma femme, produit
« annuellement de trois à quatre livres d'excellent
« sucre. Pour cela, il doit être percé à l'approche

« du printemps : la séve ne coule pas pendant l'été
« ni pendant l'hiver. Elle coule aussi en automne,
« mais pas aussi facilement qu'au printemps. Nous
« pouvons donc espérer nous en procurer encore
« une provision suffisante pour attendre le retour
« du printemps.

« — Mais, maman, interrompit le curieux Henri,
« quand et comment obtiendrons-nous la séve?

« Je vais répondre séparément à ces deux ques-
« tions. Le temps le plus favorable pour tirer la séve
« est après la première gelée qui se fera ressentir.
« Il a été prouvé que la séve coule mieux quand les
« nuits sont humides et froides et les jours secs et
« chauds.

« La manière d'extraire la séve et le procédé de
« fabrication du sucre sont très-simples. En pre-
« mier lieu, nous devons faire une grande quantité
« de petits baquets : un pour chaque arbre que
« l'on veut percer. Ils remplaceront les vases que
« nous n'avons pas. Les fermiers des États-Unis,
« qui font du sucre d'érable, emploient aussi,
« eux, ces baquets ou ces auges. Ils ont quelque-
« fois plusieurs centaines d'arbres qui coulent en
« même temps, et il serait trop dispendieux pour
« un habitant du fond des bois de se procurer un
« si grand nombre de vases chez le potier, le tail-
« landier ou le tonnelier. Mais les baquets, qui
« sont faciles à fabriquer, répondent tout aussi

« bien à cet objet; et Cudjo, que voici, nous en
« fera tant que nous voudrons.

« Après les baquets, il n'y a plus besoin de rien
« que de petits bouts de canne, et il en croît ici,
« tout autour de nous. Il faut percer un trou avec
« la tarière dans chacun de ces arbres, à trois pieds
« environ au-dessus du sol. On introduit dans
« chacun de ces trous un simple tube de canne,
« afin de former une gouttière pour conduire la
« séve qui coule dans les baquets placés au-des-
« sous. Quand nous en serons là, il ne nous res-
« tera plus rien à faire. La séve tombera goutte à
« goutte; nous la verserons ensuite dans la chau-
« dière, que nous ferons bouillir sur le feu comme
« pour l'eau salée.

« Maintenant, maître Henri, ajouta ma femme
en manière de conclusion, « un peu de patience.
« Souhaite l'arrivée du froid, et tu pourras mettre
« en pratique tout ce que je viens de t'apprendre. »

« Henri n'attendit pas longtemps. La troisième
nuit qui suivit, une belle gelée blanche couvrit la
terre, et le jour fut sec et chaud. C'était le temps
le plus propice pour percer les érables, et nous
nous en occupâmes aussitôt.

« Cudjo avait déjà préparé plus de vingt baquets,
fabriqués de la manière accoutumée. Il coupait les
troncs de plusieurs tulipiers, choisissant de préfé-
rence ceux d'un diamètre de douze pouces, en mor-

ceaux de trois pieds de long. Il les fendait en deux parties égales, et, creusant chaque côté fendu avec son ciseau et son marteau, il formait ainsi des vases grossiers, mais tout à fait propres à contenir la séve. Les tuyaux de cannes furent obtenus aussi facilement. Passant ensuite aux arbres, nous perçâmes un trou dans chacun avec la tarière, afin d'y adapter nos tuyaux, et enfin nous mîmes nos baquets au-dessous. En très-peu de temps, le liquide cristallin commença à dégoutter au bout des tuyaux; puis il coula de plus en plus fort, jusqu'à ce qu'un petit courant limpide s'échappât de l'arbre pour tomber dans le baquet. Nous versâmes dans nos gobelets la première eau qui s'échappa. Elle était délicieuse; les enfants en buvaient avec avidité, particulièrement Marie et Louisa, qui ne voulaient jamais dire « assez. » Henri était aussi avide que les autres, et disait à qui voulait l'entendre que l'érable à sucre était le premier arbre de la forêt et qu'il l'emportait sur l'arbre à pain, sur l'oranger et sur le cocotier. Nous avions apporté la grande chaudière. On alluma le feu; la crémaillère fut dressée, comme nous avions fait pour le sel. Au bout de quelques heures, la chaudière était pleine et bouillait sur le feu.

« Chacun avait sa tâche. Cudjo, avec un sceau, allait d'un arbre à l'autre, recueillant la séve qui coulait dans les baquets, tandis que Marie et moi avions soin du feu et écumions la liqueur. Lorsqu'une chaudière avait suffisamment bouilli, il fallait la verser dans de petits vases où le sucre se cristallisait en refroidissant. Nous employâmes ainsi tous nos plats, nos assiettes et nos gobelets. Dès que le sucre était refroidi, il devenait dur comme la brique et d'une couleur très-foncée. Alors nous vidions les petits vases, et nous y versions ensuite une nouvelle quantité de séve. La portion qui ne se cristallisait pas était soigneusement égouttée dans les vases et faisait de la mélasse plus belle, plus riche en couleur et plus agréable au goût, que celle qu'on fabrique avec le sucre de canne.

« Frank et Henri avaient aussi leur tâche, qui consistait à faire sentinelle la carabine à la main, et à veiller sur les baquets. Cela était fort important, car c'est un fait singulier que les loups, les blaireaux, les opossums, en un mot tous les animaux sauvages ou domestiques, aiment à boire la séve de l'arbre à sucre, et en sont si friands qu'ils risquent leur vie pour s'en procurer. Comme les arbres que nous avions percés étaient à une grande distance les uns des autres, nos deux sentinelles se relevaient tour à tour pour faire la ronde.

« La séve coula pendant plusieurs jours, et par conséquent nous fûmes occupés tout ce temps. Si nous avions été au printemps, nous aurions pu employer plusieurs semaines à cette opération, car la séve est alors plus abondante et coule plus longtemps. Nous fûmes favorisés chaque nuit d'une gelée piquante, ce qui était une circonstance heureuse pour nous, le liquide ne coulant pas durant les heures froides de la nuit; autrement il nous eût été impossible de préserver nos baquets de l'atteinte des bêtes sauvages.

« Nous passâmes toutes ces nuits auprès du feu et nous avions établi un campement régulier, comme il est d'usage dans le fond des bois d'Amérique. Nous n'allions à l'habitation que pour y chercher les objets qui nous étaient nécessaires. Nous avions dressé une petite tente, faite avec la banne de notre vieux chariot, pour nous abriter. Cet endroit reçut le nom de camp du Sucre, qui est en usage chez les fermiers du fond des bois. Cette vie en plein air nous parut très-animée, très-agréable : nous étions ravis de camper ainsi dans l'épaisseur et dans l'ombre des bois, environnés d'arbres majestueux qui s'élevaient en dômes au-dessus de nos têtes; d'écouter le souffle de la brise, qui roulait sur la terre les feuilles jaunies; de nous endormir, mollement bercés, au bruit des chansons de mille oiseaux divers. Une nuit, cependant, cette musique ne fut pas aussi douce à nos oreilles : nous entendîmes le hurlement des loups, le lugubre cri du grand-duc, et celui plus terrible

Le camp du Sucre. (Page 274.)

encore du redoutable cougar. Mais nous entretînmes toute la nuit un grand feu flambant, et nous reconnûmes que c'était ce qu'il y avait de mieux pour éloigner ces bêtes féroces.

« Enfin, notre ouvrage se termina ; le suc d'érable coulait de plus en plus lentement, et cessa bientôt tout à fait de couler ; alors nous levâmes le camp. De retour à notre habitation, nous réunîmes tous nos pains de figures variées suivant la forme des vases dans lesquels ils avaient été moulés. Il y en avait plus de cent livres ! Cela suffisait à nos besoins, du moins jusqu'au printemps. Nous nous proposions de retourner alors à notre grand magasin, au milieu de la forêt.

XXVI.

Du café et du pain.

« Dans la soirée, tandis que nous étions assis autour de la table pour souper, ma femme annonça que notre dernier grain de café était dans le pot. C'était une mauvaise nouvelle pour tout le monde. De toutes les petites provisions que nous avions emportées avec nous en partant de Saint-Louis, le café était celle qui nous avait fait le meilleur usage. Une tasse de ce breuvage aromatique nous avait plus d'une fois réjouis durant notre pénible voyage à travers le désert et les prairies. Souvent aussi, depuis notre arrivée dans le vallon, il avait donné du relief à nos mets grossiers.

« Eh bien! donc, » répondis-je à cette communication, « apprenons à nous en passer. Nous avons
« maintenant de quoi faire la soupe; que nous im-
« porte le café? Combien de pauvres gens seraient
« heureux de posséder le luxe qui nous environne!
« Voici de la venaison de différentes espèces; nous
« aurons des queues de castors tant qu'il nous en
« faudra; il y a du poisson dans le lac et dans
« la rivière; les lièvres et les écureuils sont en
« abondance, et rien ne nous empêche d'en attraper
« quelques-uns par-ci par-là. Ajoutez à tout cela
« que nous pouvons quelquefois nous procurer pour
« dîner un coq de bruyère ou un dindon rôti. Je
« m'étonne qu'au sein d'une telle abondance on ne
« soit pas content.

« — Mais, papa, » dit Henri en interrompant mon discours, « dans la Virginie j'ai vu souvent nos
« noirs faire du café de maïs; cela n'est pas mau-
« vais, je vous assure : j'en ai bu et je l'ai trouvé
« bon. N'est-ce pas, Cudjo?

« — Petit maître Henri, bon boire ce vrai café!

« — Vous voyez, papa!

« — Quoi? Henri.

« — Ne pouvons-nous employer du maïs en
« guise de café?

« — Enfant! tu ne réfléchis pas avant de par-
« ler; songe donc que nous avons un besoin bien
« plus impérieux que celui-là. Si nous avions du
« maïs, nous en ferions d'abord du pain : dans ce
« cas, je me préoccuperais bien peu de café ou de
« tout autre breuvage. Malheureusement, il n'y a
« pas un grain de blé à plus de cent milles de notre
« établissement.

« — Mais il y en a ici, papa; je connais un en-
« droit à moins d'un quart de mille; que dis-je?
« pas même à cent pas de nous.

« — Allons, mon garçon, tu as pris quelque
« graine inutile pour du blé : il ne vient pas de blé
« dans ce vallon, j'en suis certain.

« — Ce n'est pas non plus dans la vallée : il a
« fait tout le voyage avec nous depuis Saint-Louis
« jusqu'ici; il est dans le chariot.

« — Quoi! du maïs dans le chariot! » m'écriai-je
avec une telle véhémence, que les enfants en furent
tout effrayés. « Es-tu certain de ce que tu dis là,
« Henri?

« — Je l'ai vu ce matin même au fond d'un vieux
« sac, répliqua-t-il.

« — Allons! allons! criai-je à Cudjo, une torche!
« Au chariot!... au chariot!... »

« J'eus bien vite atteint le chariot, qui était près de
la porte. Je grimpai dedans : mon cœur battait avec
violence. Il y avait une vieille peau de buffle usée,

avec le harnais du bœuf dessous. Je jetai tout cela de côté, et je vis un sac grossier, tel que ceux dont on se sert dans les États de l'Ouest pour conserver le maïs. Je reconnus que c'était un de ceux que nous avions apportés de Saint-Louis, avec du blé pour notre cheval et pour nos bœufs; mais j'avais la conviction qu'il était vide depuis longtemps. Je pris le sac, et j'éprouvai une joie inexprimable, en m'assurant qu'il contenait encore une petite quantité de ce grain précieux. De plus, il y avait encore du grain répandu dans tous les coins et dans toutes les fentes du chariot. Il fut soigneusement ramassé et mis avec le reste; je n'en laissai pas un seul grain. Puis, emportant mon sac à la maison, je versai son contenu sur la table. Comme Henri l'avait affirmé, nous eûmes la joie de reconnaître qu'il y en avait près d'un quart[1].

« Maintenant, dis-je, nous aurons du pain. »

« Ce fut un grand bonheur pour ma femme. Durant les jours précédents, nous avions souvent causé des moyens de suppléer au pain qui nous manquait, à cet objet de première nécessité. Nous avions espéré trouver dans la vallée une espèce de céréale quelconque pour remplacer le blé ou le maïs; mais nous n'apercevions rien de semblable. Nous avions cueilli et fait rôtir des glands de hêtre; nous avions

1. Près de 80 litres.

ramassé une quantité de cosses et de fèves du locuste; nous avions mangé la pulpe de différents fruits : mai tout cela ne pouvait remplacer pour nous le vrai pain. C'était donc une découverte encore plus importante que le sel et que le sucre.

« L'hiver est court, sous ces latitudes. Bientôt nous pourrions semer notre blé. Il y en avait assez pour un acre de terre[1]. Il viendrait à maturité en six ou huit semaines. Dans ce climat, on peut aisément faire deux récoltes par an, de sorte qu'avant le retour de l'hiver, nous en aurions assez pour en mettre en réserve.

« Pendant que nous devisions autour de la table sur cette riante perspective, un des garçons, c'était Frank, poussa un cri de joie : « Du froment, du « froment ! »

« Je regardai pour m'assurer de ce qu'il disait. En remuant les grains dorés de maïs, il avait découvert parmi eux plusieurs grains de froment. Sans doute il y avait eu du froment dans le sac avant qu'on y mît du maïs. En visitant soigneusement le sac, nous trouvâmes, en effet, plusieurs grains de cette précieuse céréale entre les coutures. Après avoir séparé les deux espèces de blé avec le plus grand soin, car nous ne voulions pas en perdre un seul grain, nous trouvâmes que le nombre de nos grains de froment

---

1. L'acre anglais vaut à peu près quarante ares et demi.

s'élevait juste à un cent! C'était, à coup sûr, une bien petite quantité pour prendre une métairie; mais nous nous rappelâmes le vieux dicton : « Les « grands chênes viennent des petits glands. » Nous reconnûmes toute l'importance de cette petite semence grise qui nous donnerait, avant deux ans, une forte récolte de froment.

« Vous voyez, » dis-je en m'adressant à ma petite famille, « que la Providence veille sur nous. Ici, au « milieu du désert, Dieu nous a donné tout ce qui « est nécessaire à la vie. Maintenant, avec un peu « de patience, nous pourrons même nous procurer « le superflu ; qui sait ce que maman est capable « de faire avec de la farine et du sucre?

« — Oh ! rien ne nous manquera, » s'écria Frank, qui s'était enthousiasmé à cette perspective de pouvoir réaliser ses projets d'agriculture; « nous « aurons des pâtés de gibier avec notre farine.

« — Et des tartes aux fruits, » ajouta Henri. « Les « fruits ne manquent pas. J'ai trouvé des prunes « sauvages, des cerises et des mûres grosses « comme mon doigt. Quels délicieux poudings nous « ferons!

« — Oui! et nous n'avons plus besoin de café.

« — Non! non! s'écrièrent les deux garçons à la « fois.

« — Vous en aurez pourtant! » dit la mère en souriant d'une façon particulière.

« — Quoi, mère! reprit Henri; un autre arbre?

« — Oui, un autre arbre.

« — Ce n'est pas un vrai caféier.

« — Non, mais l'arbre à café.

« — Un arbre à café! Je croyais, maman, qu'il
« n'en existait que dans les régions les plus chaudes
« des tropiques.

« — Cela est vrai pour le petit arbre ou arbuste
« qui produit le café que vous êtes habitués à pren-
« dre. Mais il y a tout près de nous un grand arbre
« dont les graines le remplaceront avantageuse-
« ment. En voici un échantillon. »

« En prononçant ces mots, elle étala sur la table
une grande cosse brune de plus de douze pouces de
long sur deux de large, en forme de croissant, qui
nous rappela les cosses du locuste, bien qu'elle
en différât beaucoup par la taille. Comme ces dernières, elle renfermait une pulpe dans laquelle se
trouvaient plusieurs grosses graines de couleur
grise. Ces graines, lorsqu'elles sont sèches,
broyées et bouillies comme de vrai café, donnent un breuvage presque aussi bon et tout aussi
salutaire.

« L'arbre, dit-elle, sur lequel j'ai cueilli cette
« cosse, croît dans la plupart des régions de l'Amé-
« rique; vous devez l'avoir remarqué ici?

« — Oui, dit Henri; depuis que maman nous a
« enseigné l'usage de l'érable, j'ai fait attention à

« tous les arbres, et je m'aperçois que ceux qui pa-
« raissent à peine dignes d'être remarqués sont
« quelquefois très-intéressants.

« — J'ai remarqué cet arbre, » ajouta Frank, qui
avait du goût pour la botanique, comme sa mère.
« Son écorce est rugueuse et s'enlève çà et là par
« grandes écailles. Les branches sont très-bizarres,
« leurs extrémités sont émoussées, et pleines de
« chicots, ce qui donne à l'arbre une apparence
« grossière. N'est-ce pas cela, maman?

« — Précisément. C'est de là que lui vient le nom
« de *chicot* chez les Français du Canada, et de *stump-*
« *tree* aux États-Unis. Son nom botanique est *gym-*
« *nocladus*, ce qui veut dire rameau dépouillé, parce
« que, durant l'hiver, comme vous le verrez, il est
« dépouillé de ses feuilles. On le désigne aussi sous
« le nom d'arbre à café, parce que les premiers pion-
« niers qui se sont établis dans ces contrées, ne
« pouvant se procurer de vrai café, employaient ses
« graines comme nous avons l'intention de le faire.

« — Ah! s'écria Henri, quelle perspective! du su-
« cre, et du café, et du sel, et de la viande, et du
« dindon rôti.... tout, excepté du pain. Si nous avions
« seulement du pain! Est-ce que notre blé ne pous-
« serait pas si nous le semions maintenant, papa?

« — Non : la gelée tuerait les jeunes plantes. Il
« nous faut attendre patiemment jusqu'au prin-
« temps.

« — C'est bien long, jusqu'au printemps, » dit Henri d'un air mécontent. « Et puis, il nous faudra
« attendre encore que le blé pousse. C'est vraiment
« bien long.

« — Allons, maître Henri, reprit la mère, je crains
« que vous ne soyez de ces gens qui ne sont jamais
« contents de rien et qui ne méritent pas les bénédic-
« tions du ciel. Souvenez-vous combien il y a de
« malheureux qui manquent même de pain, là où
« il y en a en abondance. En ce moment, peut-être,
« quelque misérable enfant affamé, dans les rues de
« l'opulente ville de Londres, s'arrête à la porte d'un
« boulanger dévorant des yeux les pains étalés der-
« rière les vitres, sans avoir plus de chance que
« vous de s'en procurer un seul. Vous avez d'autre
« nourriture; il n'en a pas, et sa faim est encore
« plus cruelle, parce qu'il voit le pain tentateur
« dont sa main n'est séparée que par l'épaisseur
« d'une vitre. Pauvre garçon! cette vitre est pour
« lui comme un mur de diamant. Songe à cela,
« mon enfant, et apprends à te contenter.

« — Je le ferai, maman, » répondit Henri d'un air contrit. « Je ne veux plus me plaindre. Seule-
« ment, je pense combien il nous serait agréable
« d'avoir du pain, maintenant que nous possédons
« du sucre et du café.

« — Eh bien! mon cher Henri, puisque tu es dans
« de si bons sentiments, je crois pouvoir te parler

« d'un autre arbre curieux et utile que tu ne con-
« nais pas encore.

« — Un arbre à pain, sans doute? Non, ce n'est
« pas cela, car je le connais.

« — On pourrait cependant l'appeler ainsi, parce
« que, durant les longs mois d'hiver, il fournit du
« pain à la plupart des tribus indiennes; non pas
« le pain même, mais la substance; et c'est la seule
« nourriture de ces peuples.

« — Je n'ai jamais entendu parler de cela.

« — Je le crois, car il n'y a pas longtemps qu'il a
« été découvert et décrit par les botanistes; et il
« est même encore très-imparfaitement connu des
« savants. C'est un pin.

« — Quoi! un pin avec des fruits?

« — Est-ce que tu as jamais vu de pin sans fruit,
« du moins dans la saison?

« — Vous appelez donc des fruits ces objets en
« forme de cône....

« — Oui, et ce sont, en effet, des fruits.

« — Ah! je croyais que c'était de la graine.

« — C'est de la graine et du fruit. Il n'y a pas
« d'autre mot. Ce que tu appelles le fruit de certains
« arbres est aussi la graine. Dans toutes les espèces
« de noix, par exemple, le fruit et la graine ne sont
« qu'une seule et même chose, c'est-à-dire que le
« noyau de la noix est la graine et le fruit. Telles
« sont les plantes légumineuses, comme les fèves et

« les pois. Dans les autres arbres, au contraire, le
« fruit est une substance qui couvre et renferme la
« graine, comme la pulpe de la poire, de la pomme,
« de l'orange. Quant aux pins, il y en a qui portent
« des noix, et la graine est aussi le fruit.

« — Mais, maman, vous ne voulez pas dire que
« l'on peut manger ces choses rugueuses qui crois-
« sent sur les pins.

« — Ces choses rugueuses dont tu parles sont les
« *cônes*, enveloppes qui protégent les graines du-
« rant une certaine période de l'année. Elles s'ou-
« vrent comme les noix, et l'on trouve dedans des
« amandes qui sont les véritables fruits.

« — Mais, j'en ai goûté : c'est très-amer.

« — Tu as goûté du pin commun, et tu dis vrai;
« mais il y a d'autres espèces, dont les graines sont
« non-seulement mangeables, mais très-agréables
« au goût, et peuvent faire un aliment très-sain.

« — Quels sont donc ces pins?

« — On en connaît plusieurs espèces. Quelques-
« uns ont été découverts ces dernières années, dans
« ce désert même. Dans aucune partie du monde on
« ne trouve peut-être ces arbres précieux en plus
« grande variété que dans les contrées montagneu-
« ses qui avoisinent et traversent le grand Désert
« américain. En Californie, il y en a une espèce que
« les Espagnols appellent *colorado*, c'est-à-dire
« *rouge*, à cause de la couleur de son bois quand

« il est scié. Ce sont les plus grands arbres du
« monde; ils ont jusqu'à trois cents pieds de haut.
« Figurez-vous ce que doit être un arbre de trois
« cents pieds : les plus grands que vous avez vus
« dans le vallée du Mississipi n'atteignaient pas
« même à la moitié de cette hauteur. Les monta-
« gnes de la Sierra-Nevada sont toutes couvertes
« de telles forêts. On trouve aussi sur ces mon-
« tagnes une autre espèce plus grande encore. Les
« naturalistes l'appellent *pinus Lambertiana*. Elle
« est surtout remarquable par la dimension de ses
« cônes, qui ont l'énorme longueur de dix-huit
« pouces (un pied et demi). Imaginez-vous quel
« singulier aspect doit avoir un de ces arbres gi-
« gantesques, avec des cônes plus grands que des
« pains de sucre pendant à ses branches.

« — Cela doit-être magnifique ! » s'écrièrent Frank
et Henri en même temps.

« — Mais, maman, ajouta Frank, n'est-ce pas de
« cette espèce que se nourrissent les Indiens?

« — Leurs graines sont bonnes à manger, et, en
« temps de grande disette, les Indiens et bien d'au-
« tres ont recours à cet aliment; mais ce n'est pas
« de ces arbres qu'il s'agit. Il existe une variété tout à
« fait distincte et qui croît dans la même région.
« C'est un petit arbre qui atteint rarement plus de
« trente ou quarante pieds de haut, dont les feuilles
« en aiguilles sont d'un vert beaucoup plus tendre.

« que la généralité des pins. Ses cônes sont plus
« grands que ceux de l'espèce commune ; mais la
« graine ou amande est huileuse comme la noix
« d'Amérique et d'une saveur presque aussi agréa-
« ble. Elle est tout à fait nourrissante, et, comme
« je viens de le dire, forme la subsistance de beau-
« coup d'hommes pendant une partie de l'année.
« On peut la manger crue ; mais les Indiens la font
« rôtir. Quand elle est rôtie ou desséchée, on la broie
« dans un moulin, ou on l'écrase dans un mortier.
« On obtient ainsi une sorte de farine, grossière en
« apparence, que l'on peut cuire et qui donne un
« pain délicat et salubre. Cet arbre est appelé *pignon*
« par les Mexicains. Le seul naturaliste qui en ait fait
« une description exacte, l'a désigné sous le nom de
« *pinus monophyllus*. C'est peut-être un nom aussi
« bon qu'un autre. Mais je préfère, comme plus facile
« à comprendre, celui moins savant d'arbre à pain.

« — Mais, maman, cet arbre existe-t-il dans la
« vallée ? Nous ne l'avons pas vu.

« — Pas dans la vallée, j'imagine ; mais j'espère
« que nous le trouverons sur la montagne. Le jour
« où nous sommes venus dans les environs du camp
« de l'Antilope, je crois avoir vu une espèce de pin
« toute particulière qui s'élevait au-dessus des ra-
« vins. C'est peut-être celui-là et je suis disposée à le
« croire, parce que j'ai entendu dire qu'on le trou-
« vait sur les Montagnes-Rocheuses, vers la latitude

« du Nouveau-Mexique, et sur toutes les chaînes qui
« relient ces monts à l'océan Pacifique. Je ne vois
« pas pourquoi nous n'en trouverions pas sur notre
« montagne, qui est certainement un pic se ratta-
« chant aux Montagnes-Rocheuses elles-mêmes.

« — Alors, dit Henri, pourquoi n'allons-nous pas
« sur la montagne afin de nous en assurer? Cette
« excursion serait d'ailleurs très-amusante. Qu'en
« pensez-vous, papa?

« — Je suis de cet avis ; et, aussitôt que nous
« aurons fait une charrette à Pompo pour traîner
« maman et les deux petites, nous irons à la mon-
« tagne. »

« Ce projet fut accueilli avec joie ; car toute la famille désirait beaucoup visiter la belle montagne qui s'élevait si majestueusement au-dessus de nous. Il fut donc arrêté qu'au premier beau jour après la construction de notre charrette, nous nous mettrions en route pour faire une grande promenade au mont des neiges. »

XXVII.

La ligne de neige.

« La charrette fut achevée en trois jours. Nous n'éprouvâmes aucune difficulté à la construire : les parties essentielles, c'est-à-dire les roues, étaient déjà faites; notre ancien chariot en avait deux paires. Les plus grandes, qui se trouvaient en très-bon état, remplirent exactement notre but. Cudjo y adapta un fond et des brancards auxquels il attacha en travers le harnais de Pompo.

« Nous n'eûmes pas longtemps à attendre une belle journée. Tous les jours étaient beaux dans le climat si pur de la vallée, et, notre charrette terminée, nous pûmes en choisir un à notre convenance.

« Nous partîmes dès le lever du soleil, le cœur plein d'allégresse. Toute la famille était de la partie : Marie, les enfants, Cudjo, Pompo, les chiens. L'habitation fut laissée à la garde de Dieu.

« Marie et les deux petites filles montèrent dans la charrette, et s'assirent sur une molle litière faite de mousse et de feuilles de palmier. Pompo, qui semblait partager la joie générale, traînait le véhicule comme s'il n'y avait eu personne dedans. On aurait dit que c'était pour lui un amusement. Cudjo faisait claquer son grand fouet, et faisait entendre à chaque instant un « hue…. dia! » tandis que Castor et Pollux galopaient gaiement de côté et d'autre, fourrant leur nez dans tous les buissons de la passe.

« Nous eûmes bientôt traversé la vallée. Arrivés dans la partie haute de la plaine, nous jetâmes un long regard sur le désert qui s'étendait à perte de vue; mais son aspect lugubre ne nous remplissait plus de terreur. Nous le considérions maintenant avec un sentiment de curiosité plutôt que d'effroi. Les rayons du soleil semblaient effleurer la vaste plaine de sable blanc qui s'étendait au sud ; plusieurs objets d'une grande dimension, semblables à des tours d'un brun obscur, étaient en mouvement dans la plaine : c'étaient des tourbillons qui soulevaient la poussière et obscurcissaient l'azur du ciel. Quelquefois le vent les emportait au loin et ils allaient se perdre à l'horizon. Tantôt on en voyait deux se mouvoir dans la même direction, conservant la même distance entre eux, comme deux chevaux de course. Là, plusieurs s'enlevaient à la fois, et, après un combat de courte durée, ils se dissipaient en une masse informe de nuages jaunâtres que le vent emportait et qui retombaient bientôt sur la terre. C'était un spectacle intéressant que de voir ces gros tourbillons s'élever jusqu'au ciel et pirouetter dans les airs, au-dessus de la plaine. Nous restâmes quelques instants à observer tous leurs mouvements.

« Enfin nous nous retournâmes vers la montagne et continuâmes notre route le long des hauteurs. Le pic principal brillait devant nous : les rayons du soleil qui dardaient sur son sommet le faisaient paraître d'une belle couleur, comme un mélange d'or et de rouge. Il semblait qu'une pluie de roses fût tombée sur la neige. Celle-ci se trouvait main-

Le pic principal brillait devant nous. (Page 292.)

tenant plus abondante qu'à l'époque où nous avions vu la montagne pour la première fois, et elle descendait plus bas sur ses flancs. Cette particularité attira l'attention générale. Frank en demanda l'explication, que sa mère donna volontiers ; car elle connaissait bien la cause de ce phénomène.

« A mesure que l'on s'élève dans l'atmosphère, » dit-elle, « l'air devient plus rare et plus froid. Au delà
« d'une certaine hauteur il est même impossible à
« l'homme ou aux animaux d'y vivre. C'est un fait
« incontestable, confirmé par l'expérience de tous
« ceux qui ont gravi des montagnes, seulement à
« trois milles de hauteur. Quelques-uns de ces
« hommes hardis ont failli être gelés et ont vu la
« mort de près. Il en est ainsi sur toutes les parties
« du globe ; mais sous l'équateur on peut toutefois,
« sans éprouver un froid extrême, monter plus haut
« que dans les contrées qui avoisinent les pôles. De
« même, et vous le croirez sans peine, on peut, dans
« l'été, grimper plus haut que pendant l'hiver, avant
« d'atteindre la région glaciale. Ayez tous ces faits
« bien présents à l'esprit. Or, s'il fait si froid à une
« certaine hauteur, que les hommes peuvent être
« gelés et mourir, n'est-il pas naturel que la neige
« n'y fonde pas? De là cette conséquence toute
« simple, qu'il y a des montagnes dont les som-
« mets, s'élevant au-dessus de cette froide région,
« sont couverts d'une neige éternelle. Il est vrai-

« semblable qu'il ne tombe là rien que de la neige :
« car, lorsqu'il pleut dans les plaines, il neige sur
« les monts qui les dominent. Il est probable que
« la plus grande quantité de pluie qui tombe sur
« la terre forme des cristaux de neige en commen-
« çant à descendre ; cette neige se fond dans les
« régions inférieures et plus chaudes de l'atmo-
« sphère, prend la forme de globules d'eau, et tombe
« ainsi sur la terre. Ces globules, sans doute, sont
« très-petits quand ils sortent de la première région
« neigeuses ; mais, en passant lentement à travers
« les nuages chargés de vapeur, ils se réunissent et
« en attirent d'autres (par une loi que je n'ai pas le
« temps de vous expliquer), et, descendant de plus
« en plus vite, ils finissent par tomber sur le sol en
« grosses gouttes. Ainsi, chaque fois qu'il pleut quel-
« que part, on peut être certain qu'il neige en même
« temps à une certaine distance au-dessus de cet en-
« droit, dans l'atmosphère. Je me suis convaincue
« de ce fait en observant que, toutes les fois qu'il a
« plu dans la vallée, on voyait une plus grande
« quantité de neige sur la montagne. Si la mon-
« tagne ne se trouvait pas là, cette neige continue-
« rait de tomber et deviendrait de la pluie, comme
« celle qui inonde les plaines et la vallée.

« — Alors, maman, interrompit Frank, cette
« montagne doit s'élever à une grande hauteur,
« puisque la neige y demeure toute l'année.

« — Est-ce bien juste, cela ?

« — Je le crois. Vous dites que la neige ne fond
« pas parce qu'il fait froid en haut.

« — Mais je suppose que nous habitions une con-
« trée dans le voisinage du pôle nord, où la neige
« reste toute l'année sur les côtes, et par consé-
« quent au niveau même de la mer ; est-ce que
« cette circonstance indiquerait que la montagne est
« élevée ?

« — Ah ! bien…. bien…. Je comprends mainte-
« nant. L'exigence continuelle de la neige sur une
« montagne prouve qu'elle a une grande hauteur,
« seulement dans le cas où cette montagne se trouve
« sous une chaude latitude.

« — Précisément. Dans les pays très-chauds, sous
« les tropiques par exemple, lorsque vous voyez un
« bonnet de neige sur une montagne, vous pouvez
« en conclure qu'elle est très-élevée et qu'elle a
« plus de deux milles de hauteur. Quand il y a beau-
« coup de neige éparse sur les versants, cela prouve
« que la montagne est encore plus élevée : trois
« milles et plus au-dessus du niveau de l'Océan.

« — Notre montagne, alors, doit être très-haute,
« puisqu'elle est sous une chaude latitude et que la
« neige y demeure toute l'année.

« — Très-haute, c'est selon. Vous devez vous en
« souvenir. Quand nous la vîmes pour la première
« fois, il y avait très-peu de neige sur son sommet,

« et il est probable que, dans les grandes chaleurs,
« elle disparaît tout à fait. Je ne la crois donc pas
« aussi élevée que beaucoup d'autres sur ce conti-
« nent. En raison de notre latitude et de la quan-
« tité de neige qu'il y a sur cette montagne, j'esti-
« merais sa hauteur à quatorze mille pieds.

« — Autant que cela! Elle ne paraît pas moitié
« si haute. J'ai vu des montagnes qui me parais-
« saient pour le moins aussi élevées que celle-ci, et
« on aurait dit qu'elles ne mesuraient pas sept
« mille pieds.

« — Cela vient de ce que tu ne l'as pas comparée
« au niveau de la mer. La plaine sur laquelle elle
« s'élève, et d'où nous l'examinons, est elle-même
« presque aussi haute. Vous devez vous souvenir
« que nous sommes sur un des plateaux élevés du
« continent américain. »

« La conversation fut interrompue quelques instants. Nous marchions en silence : nous avions tous les yeux fixés sur le pic blanc et rose qui brillait devant nous, et nos regards se perdaient dans les cieux.

« Frank reprit la dissertation dont ce spectacle admirable nous avait détournés.

« N'est-il pas étrange, » dit-il, « que la neige
« s'entasse avec autant de régularité, descendant
« de tous les côtés à la même hauteur, et finissant
« juste comme le bord d'un bonnet de nuit? Il

« semble qu'une ligne bien nette ait été tracée tout
« autour de la montagne.

« — Cette ligne, » reprit la mère, « est, comme tu
« dis, un phénomène curieux, produit par les lois
« de la chaleur et du froid, que nous venons d'ex-
« pliquer. On la nomme la *ligne de neige*. Il s'est
« élevé de nombreuses contestations parmi les géo-
« logues au sujet de l'élévation de cette ligne. Sous
« les tropiques elle se trouve à une grande hauteur
« au-dessus du niveau de la mer. A mesure que
« l'on avance au nord ou au sud vers les pôles, elle
« s'abaisse graduellement et finit par disparaître
« dans les zones glaciales, où, comme nous l'avons
« dit, la neige couvre la terre entièrement et où il
« n'y a plus de ligne de neige.

« On pourrait donc croire qu'il est facile d'établir
« une échelle exacte, donnant l'élévation de la
« ligne de neige pour toutes les latitudes. Mais cela
« n'est pas possible. L'observation a montré qu'elle
« n'est pas seulement différente sur les montagnes
« d'une même latitude, mais que sur la même mon-
« tagne elle est souvent plus haute d'un côté que de
« l'autre ; c'est ce qui arrive particulièrement sur
« celles d'une grande étendue, comme les Himalaya
« de l'Inde. Ceci est tout à fait naturel, et s'explique
« facilement. La position des montagnes, leur éloi-
« gnement ou leur proximité de la mer produit une
« température plus froide ou plus chaude, qui est

« indépendante de la latitude. De plus, la même
« montagne peut avoir un climat plus chaud d'un
« côté que de l'autre ; et par conséquent la ligne de
« neige peut être plus haute sur le versant le plus
« chaud, par suite de la fonte plus abondante. Cette
« ligne varie également en hiver et en été, comme
« on le voit ici sur notre montagne, où elle est déjà
« descendue de plusieurs pieds depuis que le temps
« est devenu froid. Ce fait est tout simple, et vous
« reconnaîtrez que la nature, qui paraît si capri-
« cieuse dans beaucoup d'opérations, agit plus ré-
« gulièrement dans cette circonstance que dans
« beaucoup d'autres.

« — Mais, maman, » demanda Henri, « ne monte-
« rons-nous pas jusqu'au sommet de la montagne ?
« Je voudrais bien faire des boules de neige pour les
« jeter à Frank.

« — Ce ne serait pas facile, maître Henri ; et un
« obstacle plus puissant que nous tous s'y oppose.
« Je crois donc que Frank échappera, pour cette fois,
« à tes boules de neige.

« — Il y a pourtant des gens qui ont gravi le
« sommet des monts Himalaya ; et ils sont plus
« hauts que celui-ci, j'imagine.

« — Du tout, » interrompit Frank, « personne
« n'a jamais gravi les monts Himalaya. N'est-ce
« pas, maman ?

« — Aucun être humain n'a jamais été si haut

« que le sommet de ces grandes montagnes, qui
« sont à plus de cinq milles au-dessus du niveau de
« l'Océan. Quand même on y pourrait atteindre, il
« n'est pas vraisemblable qu'aucun animal puisse
« vivre sur leur cime. Ces faîtes inaccessibles sem-
« blent avoir été formés par le Créateur pour nous
« fournir des objets de sublime contemplation, ob-
« jets bien au-dessus de la portée de l'homme et
« qu'il ne peut jamais atteindre ! »

« Nous venions de gagner le pied de la montagne. A l'entrée du ravin, nous fîmes halte ; nous dételâmes Pompo de la charrette, et nous nous reposâmes sur les bords du petit ruisseau. Quelques instants après, nous commençâmes notre ascension dans le défilé, pour chercher des pignons. Tout en marchant, Marie nous indiquait les arbres qu'elle avait remarqués la première fois. Ils paraissaient d'un vert beaucoup plus clair que celui des autres arbres qui croissaient auprès d'eux. Nous nous dirigeâmes vers un de ceux qui semblaient le plus accessibles, et qui se trouvait isolé. Nous espérions que ce serait l'arbre à pain, et nous nous en approchâmes avec une vive anxiété.

« Nous fûmes bientôt sous son ombrage. Il n'y avait plus à en douter ; son aspect, son délicieux parfum, tout nous disait que c'était bien le pignon que nous cherchions. La terre était couverte de cônes d'environ un pouce et demi de long; mais, en les examinant de plus près, nous vîmes qu'ils étaient ouverts et que l'amande en avait été extraite. Nous avions été devancés par quelque animal qui n'avait laissé que l'enveloppe; mais c'était une preuve que la graine était bonne à manger. Une grande quantité de cônes pendaient encore aux branches de l'arbre; nous nous empressâmes d'en cueillir quelques-uns, de les ouvrir et de goûter leurs graines fendues.

« C'est cela! » s'écria ma femme en frappant des mains avec joie. « C'est le pin à noyaux : il nous ser-
« vira de pain en attendant que notre blé croisse
« ainsi que notre maïs. Allons à la cueillette, » ajouta-t-elle en désignant un gros bouquet de ces arbres, à quelque distance de nous. Chacun y courut; nous secouâmes les branches, et nous recueillîmes une grande quantité de cônes.

« Notre provision fut bientôt faite. Le soir, nous retournâmes à la vallée. Notre petite charrette était à moitié pleine d'amandes. Arrivés à la maison, nous en fîmes rôtir quelques-unes que nous broyâmes. Nous eûmes de la sorte une farine grossière qui nous permit de manger ce soir-là du pain, pour la première fois depuis plusieurs semaines.

XXVIII.

La ménagerie, la volière et le jardin botanique.

« Nous avions chaque jour des occupations nouvelles. Nous fîmes un plancher pour la maison, et un enclos pour deux champs que nous avions tracés. L'un était destiné à recevoir nos semailles ; l'autre à empêcher Pompo de s'égarer dans les bois, et à le mettre à l'abri des animaux qui auraient pu le dévorer. Nous réussîmes à tuer plusieurs daims roux et deux élans, pour notre provision d'hiver. Les queues-noires n'étaient pas trop de notre goût : ils firent les délices de Castor et de Pollux.

« Le plus occupé de tous était Cudjo. Il façonna plusieurs ustensiles de ménage qui nous furent d'une grande utilité. Il s'était fabriqué une charrue en bois, très-convenable pour labourer un sol léger et facile à retourner. Nous avions choisi une portion considérable de terre couverte de belles fleurs, telles que tournesols, pavots orangés et asclépias. C'était vraiment dommage de labourer ce beau jardin.

« Préoccupés de la diminution rapide de nos munitions, nous allions à la chasse avec une arme dont l'emploi nous réussissait tout aussi bien que la carabine, désormais réservée pour les grandes occasions. Nous avions trouvé du *bois d'arc*, ou oranger des osages, dans la vallée. C'est le fameux bois dont se servent les Indiens. A l'imitation de ces enfants de la nature, nous fîmes trois arcs qui furent garnis, comme ceux des sauvages, avec des nerfs de daim. Pour flèches, nous avions des roseaux très-droits, auxquels Cudjo assujettit des clous de fer que nous avions ôtés du chariot. En nous exerçant tous les jours, nous devînmes tous trois capables de nous servir de nos arcs avant l'arrivée de l'hiver. Henri, au grand plaisir de sa mère, abattit un écureuil de la cime d'un des arbres les plus élevés de la vallée. Comme tireur à l'arc et à la carabine, il était tout à fait supérieur à Frank, qui, loin d'en être jaloux, semblait fier de l'adresse de son frère. Durant tout l'hiver, Henri approvisionna notre table de perdrix, d'écureuils de diverses espèces, de lièvres et de dindons sauvages. Ces derniers étaient beaucoup plus délicats que ceux de basse-cour, et nous en étions très-friands.

« Ma femme, de son côté, ajouta amplement aux recherches de notre table. Elle avait employé les dernières journées de l'automne à faire des excursions botaniques. Nous l'accompagnions les uns ou les autres dans ses courses, pour la protéger, et elle rapportait toujours quelque production nouvelle. Elle découvrit plusieurs espèces de fruits sauvages, tels que groseilles, cerises, et un petit fruit connu sous le nom de *corme*, qui vient à profusion. Nous fîmes d'amples cueillettes pour les confitures. Parmi les racines, nous trouvâmes la *pomme blanche* ou navet indien, et, ce qui était bien plus intéressant, la patate sauvage. Cette plante est, en effet, indigène des hauts plateaux de l'Amérique. Sans les connaissances de ma femme, nous n'aurions jamais pu distinguer ce précieux tubercule. Ses racines n'étaient pas plus grosses que les œufs d'un roitelet, et il y en avait si peu qu'elles ne pouvaient, sans culture, nous être d'aucune utilité pour notre nourriture. Marie espérait, avec des soins, parvenir à en faire pousser de plus fortes ; nous recueillîmes donc toutes celles que nous pûmes trouver, afin de les conserver comme semence.

« Les cosses du locuste nous servirent à brasser une sorte de bière très-agréable ; mais nous avions, dans les raisins sauvages qui croissent en abondance autour de nous, de quoi nous procurer un breuvage encore plus généreux. Dans mes voyages en France, j'avais observé comment on fait le vin. Notre vendange réussit à merveille. Que de fois, durant les soirées d'hiver, Marie est venue égayer nos veillées en nous versant ce vin pétillant, tandis que nous étions assis autour d'un grand feu de bois sec ! Mais la ménagère n'en était pas prodigue, et elle ne nous octroyait cette faveur que les jours de fatigue ou de chasse. C'étaient des occasions solennelles.

« Vers cette époque, je conçus une idée nouvelle

dont je fis part à mes compagnons, et qui fut approuvée de tous avec empressement. Il s'agissait de prendre autant d'animaux sauvages que nous pourrions, et d'entreprendre de les apprivoiser pour notre service. Diverses considérations me poussaient à réaliser ce projet. D'abord, je commençai à m'apercevoir que, bien qu'il y eût plusieurs espèces de daims répandues dans la vallée, il n'y en avait qu'un très-petit nombre de chaque espèce : et il n'était pas probable qu'ils se multipliassent beaucoup à l'avenir. Les nombreuses bêtes de proie qui fréquentaient notre voisinage en détruisaient tous les ans une grande quantité. De plus, ils avaient, depuis notre arrivée, un nouvel ennemi qui leur faisait une guerre acharnée. Il était donc évident qu'à moins de précautions extraordinaires, le daim deviendrait bientôt excessivement rare, et si sauvage, qu'il ne serait presque plus possible de l'approcher. Pour que la vallée devînt en quelque sorte notre parc, et que les daims pussent s'y multiplier de façon à suffire à nos besoins, il eût fallu pouvoir tuer toutes les bêtes féroces qui leur font la guerre : les panthères, les loups, les wolverenes. Cela n'était pas praticable. D'ailleurs ces animaux étaient tout aussi redoutable pour nous que pour les daims. Aucun de nous ne pouvait s'aventurer seul et sans danger au fond des bois. Chaque fois que mes fils faisaient une courte excursion hors de la clairière, leur mère était dans des

Les bêtes de proie en détruisaient chaque année une grande quantité. (Page 306.)

transes continuelles jusqu'à leur retour. Ce n'était pas sans courir des dangers réels que nous entreprenions une chasse dans la forêt. Nous rencontrions, en effet, à tout moment des traces de panthères, de loups et même d'ours, et il n'était pas rare de voir quelques-unes de ces bêtes se glisser sous les broussailles. Nous savions que notre poudre s'épuiserait à la longue, et que nos carabines ne nous seraient plus alors d'aucun usage. Nos arcs et nos flèches n'étaient pas des armes bien redoutables pour de tels adversaires. Peut-être, plus au fait des habitudes de ces animaux carnassiers réussirions-nous, dans la suite, à les prendre au piége et à les détruire ainsi peu à peu sans dépenser nos munitions. Ce serait une de nos occupations principales et une des plus utiles. Nous y trouverions en outre un attrait considérable, en raison des chances qui seraient abandonnées au hasard. En attendant, si nous pouvions réussir à renfermer dans un enclos un petit nombre des animaux qui nous seraient le plus utiles, ils ne tarderaient pas à se multiplier, et alors les difficultés et les périls que nous avions à surmonter pour nos chasses dans les bois disparaîtraient totalement. Notre double récolte de maïs, en un an, suffirait à leur nourriture.

« Une autre considération venait encore m'encourager dans ce dessein. j'avais un vif désir d'étudier de près cette branche de l'histoire naturelle qui se rapporte aux quadrupèdes, et je me faisais un plaisir d'observer ainsi les habitudes et les mœurs des animaux sauvages. Je ne voulais donc pas seulement confiner dans mon parc les animaux propres à notre nourriture, mais embrasser dans ma collection tous ceux qu'il serait possible de se procurer, d'un caractère paisible ou féroce. Enfin, mon intention était d'établir une véritable ménagerie du Désert.

« Le but principal de notre industrie et de notre richesse future, la réunion d'une grande quantité de peaux de castor, ne devait en rien souffrir de la réalisation de ces projets. Les castors, du reste, ne devaient pas nous donner beaucoup de mal. La préparation des peaux et le soin de leur conservation ne nous occupaient qu'une faible partie de l'année.

« Henri entra dans mes vues avec plus d'ardeur que les autres. Comme moi il était grand amateur de quadrupèdes. Frank, de son côté, était un grand chasseur d'oiseaux ; aussi demanda-t-il l'admission des volatiles dans la ménagerie. Nous y consentîmes tout naturellement. Marie avait aussi, elle, son projet : c'était de rassembler tous les arbres et toutes les plantes qui offriraient quelque chose d'utile ou de curieux, afin d'observer les effets de la culture sur leur végétation, et de former ainsi un jardin botanique complet.

« Chacun eut son département. Henri et moi nous

fûmes nommés les dompteurs de bêtes ; Frank, l'éleveur d'oiseaux, et Marie, la jardinière en chef. Cudjo eut en partage une besogne fort importante : ce fut d'enclore le parc réservé aux daims, ainsi que les champs destinés au jardin botanique. Il fabriqua des piéges, façonna des cages et des volières ; travaux dans lesquels il excellait. Nous avions tous besoin de son ministère, les uns comme les autres, pour arriver à la réalisation de nos projets.

« Ainsi l'avenir se présentait à nous sous d'heureux auspices. Nul d'entre nous n'avait à redouter l'ennui. Nous avions trouvé moyen d'employer tout notre temps perdu. Sans livres pour notre amusement ou pour notre instruction, il ne nous restait qu'à étudier dans le plus grand de tous : le livre de la nature.

XXIX.

La chasse aux bêtes et aux oiseaux.

« Henri réussit le premier à faire une capture : ce fut un couple d'écureuils gris, qu'il prit au fond de leur trou sur un arbre. On leur fit une grande cage, et ils devinrent bientôt si familiers, qu'ils prenaient dans nos mains les noix qui leur étaient offertes. Ces petites bêtes ne nous étaient d'aucune utilité, il est vrai, mais elles nous tenaient compagnie et contribuaient à notre amusement. C'était un plaisir pour nous que de voir leurs tours sur les barreaux de la cage, tantôt sautant de l'un à l'autre, tantôt se perchant comme de petits singes, puis grignotant les noix qu'ils tenaient dans leurs pattes de devant.

« Peu de temps après, ce fut le tour de Frank, qui devint le héros du jour ; son exploit fut d'une importance considérable. Depuis quelques jours, il couvait des yeux des dindons sauvages ; et, dans l'espoir d'en prendre quelques-uns vivants, il avait construit, non loin de la maison, une espèce de piége, qui est connu en Amérique sous le nom de *trappe de bois*. L'invention est des plus simples. Ce piége se compose de barreaux fendus comme ceux que Cudjo employait pour ses clôtures ; on les met l'un sur l'autre, de manière à former un trou carré, comme on ferait avec un grillage. A la hauteur d'une clôture ordinaire, d'autres barreaux plus gros sont placés de manière à empêcher les dindons de sortir, une fois qu'ils sont entrés. Mais ces barreaux ne sont pas assez rapprochés pour donner de l'obscurité à l'intérieur de la trappe, et rendre ainsi son abord effrayant. L'entrée forme le principal objet de l'invention, qui, d'ailleurs, n'appartient pas à Frank, du moins comme idée originale. Sa disposition ressemble beaucoup à celle des piéges à rats. On sait que ces petites bêtes peuvent y pénétrer facilement, mais qu'il leur est impossible d'en sortir. Frank avait construit son piége à dindons précisément sur le même modèle, et il attendit patiemment que l'occasion se présentât d'en faire usage. Il mit à l'intérieur différentes espèces de graines et de racines; mais plusieurs jours s'écoulèrent, et aucun volatile n'approchait.

« A force de pratique, notre preneur d'oiseaux parvint à imiter le gloussement des vieux dindons d'une façon si naturelle, qu'il était impossible de ne pas s'y méprendre en l'écoutant à quelque distance dans les bois. Par ce moyen, il pouvait appeler les dindons et les faire venir tout près de l'endroit où il se tenait caché; mais l'appât que renfermait le piége n'était pas assez de leur goût pour les déterminer à entrer. Enfin, il eut recours à un expédient qui devait réussir, sinon il fallait y renoncer. Il avait tué un dindon avec son arc: il le mit dans la trappe, et le posa de façon qu'il parût encore vivant et occupé à manger les graines; puis il se retira à quelque distance, se cacha dans les broussailles, et se mit à glousser comme auparavant. Trois gros volatiles parurent bientôt, sortant avec précaution de la feuillée. Comme tous les dindons sauvages, ils marchaient le cou tendu, et ressemblaient à autant d'autruches. Enfin ils aperçurent le piége, et, voyant un des leurs manger tranquillement, ils approchèrent sans crainte, et tournèrent tout autour de la clôture pour trouver l'entrée. Frank épiait tous leurs mouvements, et son cœur battait à rompre sa poitrine. Son anxiété ne dura pas longtemps : les trois grands oiseaux se précipitèrent sans hésiter dans cette espèce d'entonnoir, et pénétrèrent ainsi dans la trappe. Frank sortit alors de sa cachette et ferma l'entrée du piége. Il saisit les oiseaux à travers les barreaux et les attacha par les pattes; puis il les tira du piége, rajusta le tout, remit sur ses pieds le dindon qui servait d'amorce, et, sa prise sur l'épaule, revint en triomphateur. Son retour fut salué par des exclamations de joie. Nous construisîmes immédiatement d'autres piéges semblables au premier pour prendre des oiseaux. Nous n'avions qu'un regret : c'est que nos trois volatiles étaient de vieux coqs.

« Le jour suivant, Frank répara ce désagrément en faisant une importante capture. Comme il retournait visiter sa trappe avant le lever du soleil, il aperçut de loin un dindon vivant, entouré de petits, qui, dans le demi-jour, paraissaient comme autant de perdrix. Bientôt il reconnut, avec une joyeuse surprise, que ce qu'il avait pris pour des perdrix était une nombreuse couvée de dindonneaux qui avaient suivi leur mère dans la trappe. Les petits étaient, les uns dedans, les autres dehors ; car ils pouvaient aisément passer entre les barreaux, tandis que leur mère faisait de vains efforts pour sortir. La couvée était tout en émoi de voir la mère prise au piége, et s'agitait autour d'elle.

« Frank, craignant de faire fuir les petits s'il tentait d'approcher seul, revint à la maison demander l'aide d'Henri, de Cudjo et de moi-même. Nous prîmes la banne de notre chariot, à laquelle nous ajoutâmes encore deux couvertures. Nous approchâmes avec précaution, car cette capture était pour nous de la plus haute importance, et nous ne voulions pas en laisser échapper un seul, afin de peupler tout d'un coup notre basse-cour. Lorsque nous fûmes près du piége, nous nous séparâmes, chacun de nous tirant de son côté. Puis nous entourâmes la trappe complétement, et, tandis que les oiseaux cherchaient à fuir de côté et d'autre, nous les enveloppâmes avec la banne et les couvertures, de manière à leur couper toute retraite. En un tour de main, nous eûmes pris la dinde et tous les petits, au nombre de dix-huit! Quel beau coup! Avec quel empressement joyeux nous revînmes à la maison! Cette fois, nous n'oubliâmes point le dindon qui nous avait servi d'amorce; c'était un gras compère tué de la veille, et qui nous fit un excellent repas; nous construisîmes, pour la dinde et pour ses petits, une autre volière auprès de celle où nous avions mis les trois vieux dindons. Nous la fîmes avec plus de soin : les barreaux étaient plus rapprochés, afin d'empêcher les petits de passer au travers et de s'enfuir dans les champs.

« Frank tendit encore son piége, et y plaça un des trois dindons qu'il avait pris. Le volatile était attaché par la patte à un des barreaux. Il en prit plusieurs autres de cette façon ; mais les oiseaux finirent par devenir plus réservés et par se défier du piége. Néanmoins, nous en eûmes assez pour notre nourriture, en attendant la récolte de maïs.

« Notre volière se peuplait chaque jour de nouveaux hôtes. Frank avait découvert que l'écorce de l'*ilex opaca*, houx américain, macérée dans l'eau et préparée convenablement, donnait d'excellente glu. Il fit une grande cage, divisée en beaucoup de compartiments, afin que chaque espèce d'animaux pût être séparée. En peu de temps, elle se trouva remplie de geais bleus, d'oiseaux rouges ou rossignols de Virginie, de différentes espèces d'orioles et de deux sortes de colombes. Il y avait aussi plusieurs perroquets de la Caroline, et Frank réussit à prendre un oiseau d'une espèce très-rare, qui est connu, je crois, chez les Indiens, sous le nom de *wakon*. C'est l'oiseau de paradis d'Amérique ; et, comme ceux du monde oriental, plusieurs grandes plumes ornent sa queue, qui s'étend avec grâce assez loin derrière lui. Notre cage renfermait encore d'autres petits oiseaux au brillant plumage : l'oiseau vert, le rouge-gorge, le coq des bois, le petit oiseau bleu, le bouvreuil aux ailes rouges, le troupiale à tête d'orange. Cette dernière variété émigrait dans la vallée en troupes nombreuses. Nous avions une grande quantité de petites cages, à l'usage des oiseaux les plus petits de tous, les oiseaux-mouches. Ceux que Frank avait pris appartenaient à une douzaine d'espèces différentes, qui venaient tous les jours se poser sur les fleurs nouvellement écloses. Une autre cage à part était habitée par un locataire qui certes, à en juger par son apparence, n'avait aucun droit à ce privilége d'occuper une demeure à lui seul. Il était de couleur grisâtre et ressemblait à un hochequeue ; avec de longues pattes noires et des griffes d'une teinte sale, sans grâce et sans beauté, il paraissait aussi commun qu'un moineau franc. A ne s'arrêter qu'au premier coup d'œil, on ne le jugeait certes pas digne d'un nouveau regard ; mais, dès qu'il ouvrait son bec noir et que son gosier couleur de plomb laissait échapper quelques notes de son chant, on oubliait bientôt la triste apparence de son plumage. Les ailes brillantes du perroquet, la forme gracieuse de l'oriole, de l'oiseau rouge, du geai bleu ou du wakon ne fixaient plus notre attention ; on oubliait tout pour jeter sur le musicien un coup d'œil de plaisir et d'admiration. En continuant à l'écouter, on remarquait qu'il imitait tous les sons qui se faisaient entendre autour de lui. Quand un autre oiseau commençait à chanter, il saisissait pour ainsi dire le filet de notes qui s'échappait de son gosier, et, reprenant l'air sur un ton plus élevé et plus hardi, il réduisait le chanteur au silence. Je n'ai pas besoin de vous dire que c'était le fameux oiseau moqueur, le rossignol américain.

« Tandis que Frank augmentait chaque jour sa collection d'oiseaux, Henri ne demeurait pas en arrière pour les quadrupèdes. Il n'avait pas moins de cinq espèces d'écureuils en cage : le gris, le noir et le rouge, qui perchent sur les arbres, et deux variétés de terriers, dont l'une avait été prise dans le désert, parmi les racines de l'*artemisia*. C'était une jolie petite bête, pas plus grosse qu'une souris et rayée comme un petit zèbre. On n'en trouve aucune description chez les naturalistes : aussi ce petit animal était-il notre favori à tous, particulièrement Louisa et à Marie. Il était très-familier, et dormait sur les genoux des enfants comme une souris apprivoisée.

« Outre les écureuils, Henri avait dans sa collection un lièvre et un couple de *racoons*. Ceux-ci étaient le produit d'une ou deux chasses de nuit, que Cudjo avait faites avec les chiens. Bien que ces animaux, qui ressemblent beaucoup au renard, ne nous fussent d'aucune utilité, ils donnaient de la variété à à notre collection, et ajoutaient à notre amusement par l'observation de leurs curieuses habitudes.

XXX.

Le hérisson.

« Nous pensâmes ensuite à la pêche. Cudjo avait découvert que le ruisseau renfermait beaucoup de poissons, et il en avait déjà pris plusieurs fois. Ils différaient tout à fait des espèces communes que nous connaissions, mais leur chair était délicieuse.

« Nous partîmes un jour de grand matin, laissant derrière nous Pompo et la carriole. Nous n'avions pas loin à aller. Cudjo connaissait, en descendant le ruisseau, un endroit peu éloigné, où le poisson était très-abondant. Nous emportâmes les lignes que nous avions fabriquées avec le lin sauvage qui croît dans la vallée. Marie nous avait appris que cette plante se trouve dans toutes les contrées avoisinant les Montagnes Rocheuses. Le bois de nos lignes consistait en cannes, qui viennent en abondance dans ces lieux. Pour hameçons, nous nous servions d'épines recourbées; et pour appâts, de diverses espèces de vers. Henri et Frank portaient tout cet attirail. Cudjo et moi nous prîmes les enfants dans nos bras, tandis que Marie faisait de la botanique à son aise le long de la route. Castor et Pollux étaient naturellement de la partie. Pompo, en nous voyant tous partir, se mit à courir autour de son enclos, en poussant des hennissements qui indiquaient assez combien il était contrarié de ne pouvoir nous accompagner. Cudjo nous servait de guide. Il nous conduisit, au travers des bois, à la place favorite qu'il avait déjà choisie pour la pêche.

« Nous marchions paisiblement depuis un quart d'heure, lorsque nous fûmes soudain arrêtés par une exclamation de ma femme, qui nous montrait du doigt un des arbres qui bordaient le sentier.

« Qu'est-ce, maman ? » s'écria Henri ; « encore
« une autre belle espèce d'arbre ? En vérité, je crois,
« n'en déplaise à notre latitude, que nous finirons
« par découvrir le véritable arbre à pain et le co-
« cotier !

« — J'en suis fâchée pour toi, » répliqua la mère,
« aussi bien que pour nous ; mais je n'ai point dé-
« couvert une nouvelle espèce d'arbre : non, c'est
« quelque chose de tout à fait différent, et ma dé-
« couverte n'est pas même d'une grande utilité ;
« mais elle peut être curieuse pour vous, et votre
« père pourra vous faire à ce sujet un chapitre
« d'histoire naturelle ; cela est de sa compétence : il
« s'agit d'un animal à quatre pattes.

« — Un animal ? » reprit Henri : je ne vois rien.
« Qu'est-ce que c'est, maman ?

« — Je ne vois rien non plus, » répondit ma
« femme ; mais je distingue les indices de la pré-

« sence d'une bête qui se plaît à détruire. Regardez
« de ce côté. »

« En disant ces mots, Marie nous montrait un bouquet de jeunes cotonniers, dont l'écorce et les feuilles étaient dépouillées comme si elles eussent été rongées par une chèvre ou ratissées avec un couteau. Quelques-uns de ces arbrisseaux étaient déjà morts ; les autres, fraîchement pelés, n'avaient pas longtemps à attendre pour éprouver le même sort.

« — Oh ! je vois maintenant ce que vous voulez
« dire, maman, » reprit Henri : « c'est l'ouvrage d'un
« animal rongeur.... Mais quel peut-il être ? les
« castors ne grimpent pas, et je suis certain que ni
« les écureuils, ni les rocoons, ni les opossums ne
« sont capables de mettre l'écorce d'un arbre dans
« cet état.

« — Ce n'est, en effet, aucun de ces animaux ;
« votre père vous dira quelle espèce de bête a pu
« détruire ainsi ces jeunes arbres, qui, vous le
« voyez, sont des cotonniers de la plus belle espèce,
« le *populus angulatus* des botanistes.

« — Voyons, Henri, » dis-je à mon tour, « laisse-
« nous d'abord découvrir l'animal, s'il est possible. »

« Nous fîmes le tour du buisson dépouillé. Au bout de quelques instants, l'animal que nous cherchions parut sur la terre, à quelques pas de nous. Il pouvait avoir trois pieds de long ; il était épais, large par derrière, et voûté du nez à la queue. Il était tacheté de gris, avec la plus rude garniture de poils que l'on puisse imaginer. Sa tête et son nez étaient très-petits, en comparaison de la grosseur de son corps; ses jambes courtes, fortes, armées de longues griffes, ressortaient visiblement sous son épaisse fourrure. Les oreilles se cachaient sous les poils : on aurait dit une grosse masse touffue plutôt qu'un animal. Il rampait à terre, et avait évidemment deviné notre approche, car il cherchait à se cacher dans les herbes; mais il ne pouvait fuir assez vite pour nous échapper. C'est un animal assez lent de sa nature.

« Aussitôt que je l'aperçus et que je vis qu'il était par terre, et non dans les branches, où je m'attendais à le trouver, je me retournai, afin de retenir les chiens. Il était trop tard : ces enragés animaux l'avaient déjà aperçu, et, oubliant la leçon que leur avait donnée la mouffette dans une circonstance semblable, ils se précipitèrent dessus en aboyant à pleine gorge. J'essayai de les rappeler; mais ils ne m'entendaient pas, et ils atteignirent l'étrange bête tous les deux à la fois. A leur approche, celle-ci s'arrêta, cacha sa tête dans sa poitrine, et parut soudain deux fois plus grosse qu'à son état naturel. Elle brandissait sa queue épaisse de côté et d'autre, avec une agitation furieuse et menaçante.

« Alors nous reconnûmes que ce que nous avions pris d'abord pour une fourrure épaisse était une véritable armure de longues épines, et Henri s'écria :

« Un porc-épic! un porc-épic! »

« Les chiens, malheureusement pour eux, ne savaient pas ce que c'était. Ils ne s'arrêtèrent pas à examiner leur adversaire, et se précipitèrent sur lui la gueule ouverte. Mais ils lâchèrent prise tout aussitôt, et revinrent à nous la gueule plus grande ouverte que jamais, en poussant les plus piteux hurlements. Leurs narines, leurs lèvres et leurs mâchoires étaient pleines de piquerons aigus! Cependant le porc-épic reculait toujours, et, s'étant traîné jusqu'au pied d'un arbre, il commençait déjà à grimper; mais Cudjo, furieux du traitement qu'avaient reçu ses favoris, courut après lui, et, attaquant l'animal avec sa lance, il en vint bientôt à bout.

« Henri, qui était devenu beaucoup plus prudent depuis son aventure avec la mouffette, ne se montrait pas très-empressé d'approcher du porc-épic. Il avait entendu dire que cette bête pouvait lancer ses piquerons à une certaine distance et atteindre ses ennemis comme avec des flèches. Frank me demanda si cela était vrai.

« Non; » répliquai-je, « c'est une de ces histoires « fabuleuses que le célèbre naturaliste français

« Buffon aimait tant à raconter. Les pointes du
« porc-épic peuvent être arrachées par un corps qui
« s'y frotte trop rudement, comme avaient fait nos
« chiens. La raison en est très-simple : elles sont
« très-légèrement attachées à la peau, et ont les
« extrémités armées de petites barbes qui s'enfoncent
« dans la chair de leurs ennemis. C'est, du reste,
« la seule défense de ces animaux, dont la démarche
« lente permet toujours à leurs adversaires de les
« atteindre. Toutefois, malgré cette lenteur, les ani-
« maux les plus féroces laissent en paix le porc-épic
« peler tranquillement l'écorce des arbres. D'ail-
« leurs le loup, la panthère, le chat-tigre, ne peu-
« vent le tuer, parce qu'il n'y a pas une partie de
« son corps qu'ils puissent attaquer. Sa défense, au
« contraire, est quelquefois redoutable; et cet ani-
« mal, qui ne vit que d'écorces et de feuilles, cause
« souvent la mort de ses adversaires. On trouve
« quelquefois dans les bois des cougars morts des
« suites de la piqûre du porc-épic. Il en est de
« même du lynx, des chiens et des loups. »

« Je débitais ainsi à nos enfants tout ce que je savais alors de l'histoire du porc-épic. Mais, quelque temps après, un incident dont nous fûmes témoins, Henri et moi, nous montra que le porc-épic, nonobstant son armure toute hérissée, avait un ennemi qui pouvait quelquefois le terrasser. Quoique cette aventure ne soit arrivée que plusieurs

Combat d'une martre et d'un porc-épic. (Page 327.)

mois après notre partie de pêche, je vais vous la raconter, pour en finir avec cet animal.

XXXI.

Grand combat d'une martre et d'un porc-épic.

« C'était au milieu de l'hiver. Une légère couche de neige couvrait la terre. Il y en avait tout juste ce qui était nécessaire pour suivre les traces d'animaux qui s'y trouvaient empreintes. Cela nous donna l'idée de chasser. Nous nous mîmes, Henri et moi, à la piste d'un couple d'élans qui avaient passé à travers notre clairière la nuit précédente. Les traces étaient toutes fraîches. Il était évident que ces animaux avaient passé par là un peu avant le point du jour, et nous en conclûmes qu'ils ne pouvaient pas être très-éloignés. Nous avions donc grande chance de les atteindre.

« La piste s'étendait tout du long du lac, et remontait ensuite la rive gauche le ruisseau. Castor et Pollux étaient avec nous ; mais, dans nos excursions de chasse, nous avions l'habitude de les tenir en laisse, afin de les empêcher d'effrayer le gibier en courant dessus.

« A un demi-mille environ de la maison, nous vîmes que les élans avaient traversé le ruisseau. Nous nous disposions à en faire autant, quand tout à coup nos yeux furent frappés de la plus singulière trace, qui se dirigeait du côté des bois. C'étaient des traces de pieds humains!... de pieds d'enfants!

« Vous pouvez vous imaginer quelle fut notre surprise soudaine. Ces traces avaient environ cinq pouces de long, et ressemblaient à celles d'un enfant de cinq ou six ans marchant pieds nus. Elles se suivaient comme si deux enfants avaient marché l'un après l'autre dans le même chemin. Qu'est-ce que cela pouvait être? Existait-il dans la vallée des êtres humains autres que nous-mêmes? Étaient-ce les traces de deux jeunes Indiens? Je songeai que c'étaient peut-être des Diggers, les *Yamparicos* ou mangeurs de racines, que l'on trouve dans tous les coins et recoins du désert américain. En réfléchissant à leurs habitudes, je ne voyais rien d'impossible à ce qu'une famille de ces misérables créatures existât dans la vallée. Vivant de racines, d'insectes et de reptiles, se tenant dans les trous et les crevasses, comme des animaux sauvages, une famille avait bien pu passer tout ce temps dans un coin inexploré de la vallée, sans que nous eussions jamais rencontré ses traces!

« Nous suspendîmes notre chasse à l'élan pour éclaircir ce mystère, et nous suivîmes les vestiges que nous supposions appartenir à des enfants. En arrivant à une éclaircie où la neige était plus épaisse, les empreintes nous parurent mieux dessinées. Je m'arrêtai pour les examiner plus minutieusement, afin de bien me convaincre que c'étaient des traces de pieds humains. Je m'assurai que la figure des talons, l'élargissement régulier des pieds près des orteils, et les orteils eux-mêmes, étaient parfaitement empreints dans la neige. Voici toutefois un autre mystère. En comptant les orteils, je trouvai qu'il y en avait cinq dans quelques-unes des traces, et quatre seulement dans d'autres. J'examinai alors avec plus de soin l'empreinte des orteils, et je vis que chacun d'eux était armé de griffes qui marquaient très-légèrement sur la neige, parce qu'elles semblaient garnies de poils. Dès lors ce n'étaient plus des vestiges d'enfants, mais les traces de quelque animal.

« Nous n'en étions pas moins curieux de découvrir quelle espèce de bête nous avait causé tant d'inquiétude. C'était peut-être un animal inconnu des naturalistes, une espèce nouvelle dont nous aurions le mérite de donner les premiers la description. Nous n'allâmes pas bien loin. A cent pas environ, nous fûmes en vue d'un bouquet de jeunes cotonniers; d'un coup d'œil nous reconnûmes qu'ils étaient pelés par un porc-épic. Tout le mystère s'éclaircissait : je me souviens que le porc-épic était un *plantigrade*, avec cinq orteils à ses pattes de derrière, et quatre seulement par devant. Il n'y avait donc plus de doute à ce sujet.

« Nous étions quelque peu contrariés d'avoir été détournés de notre chasse pour un objet aussi insignifiant, et bien déterminés à tirer vengeance du porc-épic si nous pouvions mettre la main dessus. Cela ne fut pas long. Nous le vîmes bientôt qui se glissait parmi les branches d'un arbre, à quelques pas de distance. Au même moment parut un autre animal qui ne lui ressemblait en rien.

« Il avait bien trois pieds de long, de la tête à la queue ; mais son corps n'était pas plus gros que le haut du bras. Sa tête était large et un peu aplatie ses oreilles courtes et droites, son museau pointu. Bien qu'il eût de la barbe comme un chat, il avait quelque chose de l'expression du chien dans la physionomie. Ses jambes courtes et fortes, son corps élancé, dénotaient de l'agilité et de la vigueur. Son pelage, d'un beau roux, était tacheté de blanc sur la poitrine ; le dos, les jambes, les pieds, le nez et la queue, étaient d'une couleur plus sombre. On eût dit une belette énorme ; et c'était en effet la grande martre d'Amérique. Quand nous l'aperçûmes, elle rampait sur un tronc élevé qui conduisait directement à l'arbre où se trouvait le porc-épic. Ses yeux, fixés attentivement sur ce dernier, indiquaient assez qu'elle méditait une attaque. Nous nous arrêtâmes pour l'observer.

« Le porc-épic n'avait pas encore aperçu son ennemie, tant il était occupé à peler l'écorce du cotonnier. La martre, après l'avoir observé quelques instants, s'élança du tronc, et vint en courant vers l'arbre. L'autre la vit alors, et jeta tout à coup une sorte de cri aigu et plaintif, qui indiquait toute sa frayeur. Cependant, au lieu de rester où il était, nous le vîmes, non sans étonnement, sauter à terre presque sous le nez de son adversaire. Je ne compris pas bien tout d'abord le but de ce mouvement soudain; mais un moment de réflexion suffit pour me convaincre qu'il était très-habile. La martre aurait été beaucoup plus à son aise sur l'arbre que le porc-épic lui-même. En restant sur les branches, dont quelques-unes étaient très-minces, le porc-épic aurait eu la poitrine et le dessous de son corps, qui ne sont pas couverts d'épines, exposés à l'atteinte des dents de son adversaire. C'est pour cela qu'il s'était laissé tomber à terre d'une façon si inattendue; et nous remarquâmes qu'au moment où il touchait le sol, il se roula sur lui-même, présentant de tous côté ses formidables défenses.

« La martre se mit à courir autour de lui, repliant avec agilité son corps souple comme un ver, montrant ses dents par intervalles, levant sa croupe et grondant comme un chat. Nous nous attendions, à chaque instant, à la voir se jeter sur sa proie. Mais elle comprenait trop tout le danger de sa situation, et paraissait fort embarrassée de commencer l'attaque. Cependant le porc-épic demeurait immobile; sa queue seule était agitée. On ne distinguait que cette partie de son corps, car la tête et les pieds se trouvaient entièrement cachés. Mais la queue, constamment en mouvement, battait le sol de tous côtés comme un éventail.

« Qu'allait faire la martre? Pas un pouce du corps n'était sans défense; pas un endroit où elle pût approcher son nez sans se blesser aux épines. Fallait-il donc renoncer au combat? Nous le pensions du moins; mais nous reconnûmes bientôt notre erreur.

« Après avoir couru quelques instants, ainsi que je l'ai dit, la martre vint se poster par derrière, son nez à quelques pouces de la queue du porc-épic, puis elle sembla attendre que l'animal cessât de s'agiter. Elle resta donc ainsi sans bouger.

« Le porc-épic, qui ne pouvait voir derrière lui, et qui croyait peut-être que la martre était partie, ne remuait déjà plus la queue avec autant de vivacité, et bientôt il finit par rester tranquille.

« C'est ce que l'autre attendait. En un moment, elle saisit la queue entre ses dents, par le bout qui n'était pas garni de piquerons.

« Qu'allait-elle faire ensuite? Sans doute elle ne se bornerait pas à ronger la queue du porc-épic? Non. Elle avait un tout autre jeu à jouer, comme nous le vîmes bientôt.

« Dès que le porc-épic se sentit mordre la queue, il jeta un cri de douleur ; mais la martre, sans s'émouvoir de ses plaintes, se mit à traîner sa victime par derrière, et la tira sur un arbre dont les branches n'étaient pas très-élevées. Dans quel but? C'est ce qu'il nous restait à savoir.

« Le porc-épic ne pouvait faire aucune résistance. Ses pieds cédaient et glissaient sur la neige, car la martre était évidemment la plus forte.

« Elle eut bientôt atteint l'arbre, traînant le porc-épic jusqu'au pied. Elle commença ensuite à monter, sans lâcher prise, et en prenant garde aux épines. Nous ne pouvions croire qu'elle réussirait à traîner un corps presque aussi gros que le sien. Elle n'avait pas l'intention de grimper bien haut et elle s'arrêta aux branches les plus basses, en se cramponnant par les griffes comme un chat, sans lâcher le porc-épic. Celui-ci se trouvait alors suspendu, de façon que ses pieds de devant touchaient seuls encore la terre. Il paraissait ainsi se tenir sur la tête, et poussait les cris les plus plaintifs.

« Nous ne pouvions encore deviner où la martre voulait en venir par tout ce manége. Mais elle savait bien ce qu'elle faisait, comme nous en eûmes la preuve le moment d'après. Après avoir balancé quelques instants le porc-épic, elle lâcha prise tout d'un coup, et celui-ci alla tomber à terre tout de son long, sur le dos. Avant que la bête, étourdie du choc, pût se retourner, la martre se précipitait sur son ventre et lui enfonçait ses griffes dans la chair, tandis que de ses dents elle lui labourait la poitrine.

« Le porc-épic se démenait en vain. La martre déployait une telle agilité qu'en peu d'instants il fut réduit à l'immobilité. Il était temps d'intervenir. Nous détachâmes Castor et Pollux, qui se précipitèrent en avant.

« Les chiens lui eurent bientôt fait lâcher prise; mais ils ne purent la faire fuir : elle courait autour d'eux en montrant les dents et en grondant comme un chat furieux. Je crois même qu'ils n'en seraient pas venus facilement à bout, si nous n'avions été là. Mais, en nous voyant approcher, l'animal s'élança sur un arbre et se mit à grimper comme un écureuil. Une balle de carabine l'eut bientôt descendu; et son corps allongé était étendu sur la terre, laissant échapper une odeur de musc tout à fait désagréable.

« Nous retournâmes au porc-épic, que nos chiens se gardaient bien de toucher. L'animal était plus qu'à demi mort. Le sang s'échappait en abondance de la blessure que la martre lui avait faite en pleine poitrine. Nous mîmes fin à ses souffrances en l'achevant d'un seul coup. Nous emportâmes la martre, afin de la dépouiller, et nous retournâmes à la maison, remettant à un autre jour notre chasse à l'élan.

« Comme je vous l'ai dit, cette aventure ne nous arriva que plus tard. Je vais reprendre le récit de notre partie de pêche.

XXXII.

Les ruses d'un vieux racoon.

« Dès que le porc-épic fut mis hors de combat, nous nous occupâmes de nos chiens blessés, qui avaient cessé leurs aboiements, mais qui demandaient à être débarrassés des épines barbelées dont leurs mâchoires étaient pleines. Nous le fîmes avec le plus de précaution qu'il nous fut possible; mais, malgré cela, la tête de nos pauvres chiens enfla, et ils paraissaient souffrir beaucoup. Ils étaient cruellement punis de leur témérité, et la leçon devait leur profiter pour l'avenir, en leur apprenant à ne pas exposer leur nez aux épines d'un porc-épic.

« Nous continuâmes notre course vers le lieu choisi par Cudjo pour la pêche. Il avait suspendu le porc-épic à un arbre, afin de pouvoir le retrouver à notre retour. Son intention était de l'écorcher et de le manger : il prétendait que c'était un mets délicieux, qui ne le cédait en rien au cochon de lait pour la saveur. Aucun de nous n'était disposé à disputer sa part à Cudjo; et après tout, je pensais que nos chiens pourraient fort bien s'en accommoder, lorsque l'animal aurait été dépouillé de ses longues épines. Il ne fallait donc pas le dédaigner, car notre garde-manger était assez pauvre, et Castor et Pollux faisaient souvent maigre chère.

« Nous arrivâmes bientôt sur les bords de la crique, près de l'étang formé par une grande étendue d'eau profonde. Des arbres feuillus ombrageaient la rive la plus élevée. L'autre bord, très-bas, s'en allait en pente, et était couvert de troncs d'arbres à demi baignés dans l'eau.

« Dans la partie haute du rivage se trouvait une place tapissée de gazon et ombragée de beaux palmiers, où les enfants pouvaient se rouler tout à leur aise. Nous y fîmes halte. Marie s'assit sur l'herbe tandis que nous nous occupions de la pêche. Nous n'avions qu'à jeter nos lignes et à attendre que le poisson vînt mordre à l'hameçon. Nous causions à voix basse, afin de ne pas l'effrayer, car il ne se doutait pas de notre présence. Au bout de quelques minutes d'attente, nous remarquâmes çà et là dans l'eau une légère agitation qui produisit de petits cercles au milieu desquels nous vîmes apparaître des points noirs semblables à des têtes de serpents. Au premier abord nous nous y trompâmes; mais Cudjo en savait plus long que nous à cet égard, parce qu'il avait souvent fait de telles observations en pêchant dans les criques de la Virginie.

« Bon Dieu, maître, s'écria-t-il à cette vue, le
« crique, il est tout plein de tortues !

« — De tortues ! fit Henri.

« — Oui, petit maître Henri, répliqua Cudjo, et,
« vrai comme bon nègre vivant, li tortues sont d'é-
« cailles molles ! Bon à manger pour nègre à vous,
« mieux que poisson, chair, volaille ou opossum....
« ces écailles molles. »

« Comme Cudjo parlait, une des tortues sauta tout près de l'endroit où nous étions assis. A la forme allongée de sa tête, qui ressemblait à un groin, à la flexibilité de l'écaille qui le recouvrait, je reconnus qu'elle appartenait à l'espèce *trionyx* ou tortue à écailles molles. On l'appelle *trionyx ferox;* c'est de toutes les tortues celle que les gourmets estiment le plus pour la table. Si nous réussissions à en prendre, nous avions donc là un véritable mets de luxe.

« Je me retournais pour demander à Cudjo comment il fallait s'y prendre, lorsque je vis le bois flottant de ma ligne s'enfoncer et je sentis quelque chose au bout. Je croyais que c'était un poisson et je commençais à le tirer ; mais quelle fut ma surprise en apercevant que j'avais pris une tortue, et sans aucun doute celle-là même que j'observais un moment auparavant. Elle n'était pas très-forte, et nous l'eûmes bientôt amenée à terre. Alors Cudjo s'en empara en la retournant tout simplement sur le dos. Il prétendait que ces bêtes sont très-avides de tout ce qu'elles trouvent dans l'eau et qui leur paraît étranger. Nous avions eu bien vite la preuve de la vérité de cette assertion.

« En quelques minutes, chacun de nous avait pris plusieurs poissons de belle taille. Nous continuions à surveiller nos lignes en silence, lorsque notre attention fut attirée par les mouvements d'un animal, sur l'autre rive du ruisseau, à environ cent pas de nous. Nous le connaissions tous; et Henri, dès qu'il parut, murmura :

« Voyez! papa! maman! un racoon! »

« C'était bien un racoon. Il n'y avait pas à s'y méprendre : son large dos brun, sa face et son museau de renard, sa longue queue velue, les rayures alternativement noires et blanches de son pelage mêlé de jaune, nous le faisaient suffisamment reconnaître Nous distinguions ses jambes courtes et épaisses, ses oreilles droites, ainsi que les taches blanches et noires de sa face. C'est un des animaux les plus répandus de l'Amérique, et nous en avions un dans notre collection.

« A la vue du racoon, les yeux de Cudjo brillèrent d'un vif éclat. Il n'y a pas de chasse qui divertisse plus que celle-là les nègres des États-Unis. Ils y prennent autant d'intérêt et de plaisir que les chasseurs de la Grande-Bretagne, qui vont, en veste rouge, courir le renard. La chasse au racoon est le principal amusement des pauvres esclaves, durant les belles nuits que la lune éclaire dans les États du Sud. C'est ainsi qu'ils trouvent une distraction à leurs rudes travaux. Ils mangent la chair du racoon, quoiqu'elle ne soit pas aussi estimée que celle du daim. Ils recherchent encore plus l'opossum. Les yeux de Cudjo s'animèrent donc en se fixant sur cette proie qui lui rappelait tant de souvenirs.

« Le racoon ne nous avait pas aperçus, car il aurait mis une plus grande distance entre lui et nous. Il rampait avec précaution le long de la rive, tantôt sautant sur un tronc d'arbre, tantôt s'arrêtant pour regarder dans l'eau.

« Le vieux racoon, li va pêcher, murmura Cudjo, « voilà ce qui fait venir lui.

« — Pêcher ! dit Henri.

« — Oui, petit maître, lui pêcher des tortues.

« — Et comment les attrapera-t-il ?

« — Bon Dieu, il les prendra bien ! Attendez : « vous voir.... »

« Nous observions le manége de l'animal, curieux de voir comment il prendrait les tortues ; Cudjo seul était familier avec ses manœuvres. Il ne nous paraissait pas possible que le racoon pût les attraper dans l'eau, car cet animal ne nage pas aussi bien qu'un poisson. S'il eût essayé de cette façon, la tortue en aurait eu facilement raison. Mais ce n'était pas son intention, comme nous en eûmes bientôt la preuve. Près de l'extrémité d'un tronc d'arbre qui avançait sur l'eau, nous vîmes paraître à la surface plusieurs têtes de tortues. Le racoon les aperçut en même temps que nous. Il s'approcha tout doucement de l'arbre, les yeux fixés sur les tortues qui nageaient sans défiance. Il grimpa dessus avec précaution. Ensuite il se cacha la tête entre ses pattes de devant, tourna sa queue du côté de la crique, et se mit à descendre, la queue en avant. Il procédait avec lenteur, pas à pas, jusqu'à ce que sa longue queue toucha la surface de l'eau. Alors il l'agita de côté et d'autre, en roulant son corps sur lui-même, en sorte qu'on ne pouvait discerner quelle sorte de bête se trouvait sur le tronc d'arbre.

« Il n'y avait pas longtemps qu'il était dans cette position, lorsqu'une tortue, nageant de son côté, découvrit cet objet en mouvement. Attirée en partie par la curiosité, en partie par l'espoir d'attraper quelque chose de bon à manger, elle s'approcha un peu plus et saisit le bout de ses longs poils dans ses mâchoires. A peine le racoon eut-il senti la morsure que, par un mouvement soudain de la queue, il fit sauter la tortue hors de l'eau et la lança au loin sur le rivage. En trois sauts il était à côté de sa proie, qu'il renversait sur le dos avec son museau, en ayant soin d'éviter ses atteintes. Elle était à la merci du racoon, qui se mettait déjà en devoir de la dépecer à sa manière, lorsque Cudjo arriva, suivi des chiens, qui avaient traversé le ruisseau en aboyant à outrance.

« L'affaire fut bientôt faite, et les cris des chiens nous apprirent que le racoon était *traqué*. Malheureusement pour lui, il s'était élancé sur un arbre très-bas, où Cudjo pouvait l'atteindre avec sa longue lance. Quand nous arrivâmes sur le théâtre de ses exploits, Cudjo en avait fini avec l'animal, qu'il tenait par la queue.

« Nous retournâmes à la pêche, mais nous ne prîmes pas d'autres tortues. Le poisson ne nous fit pas défaut : nous en eûmes autant que nous voulions. Marie nous prépara un excellent dîner lorsque nous fûmes de retour à l'habitation, et notre pêche eut pour assaisonnement le plus vif appétit.

XXXIII.

La petite Marie et l'abeille.

« Durant l'hiver, nous ne vîmes que très-rarement nos castors. Dans cette saison, les castors restent confinés dans leurs tanières à l'abri du froid, mais ils ne sont pas en état de torpeur, comme d'autres animaux. Ils gardent seulement la chambre, et passent le temps à manger et à dormir. On voit, par intervalles, le castor sortir pour se laver et se nettoyer, car c'est un animal très-soigneux de lui-même. Il n'est pas obligé d'aller chercher au loin sa nourriture, puisqu'il emmagasine des provisions suffisantes pour toute la durée du temps froid.

« Pendant plusieurs semaines le lac fut gelé et la glace assez forte pour nous porter. Nous profitâmes de cette circonstance pour visiter les huttes des castors, qui se dressaient à la surface comme autant de meules de foin. Elles étaient si solidement construites, que nous pûmes grimper et sauter dessus sans danger de défoncer le sommet. En effet il aurait été très-difficile de les ouvrir par le haut, et aucun animal, pas même le wolverene avec ses griffes, n'aurait pu en venir à bout. Nous observâmes que la plupart des portes étaient bien au-dessous de la glace, en sorte que l'entrée demeurait toujours ouverte pour les habitants. De plus, quand quelqu'un piétinait avec force sur le toit, on pouvait apercevoir, à travers le miroir transparent de la glace, les castors effrayés qui s'enfuyaient dans l'eau. Nous voulûmes nous assurer s'ils rentraient ensuite, mais nous n'en vîmes aucun revenir. Cela nous surprit, car nous savions que, faute d'air, il ne leur est pas possible de vivre sous la glace. Mais ces bêtes intelligentes avaient prévu cet inconvénient et pris leurs dispositions pour échapper au danger d'être noyées.

« Sur un des côtés du lac, il y avait une digue qui s'élevait à une hauteur assez considérable au-dessus de l'eau. Dans cette digue, ils avaient creusé de grands trous, dont l'entrée était faite de façon que l'eau ne pouvait y geler. Chaque fois que les castors étaient troublés ou effrayés, ils quittaient en toute hâte leurs demeures et venaient se réfugier dans ces trous, d'où ils pouvaient, de temps en temps, monter à la surface de l'eau et respirer en sûreté.

« C'était la saison convenable pour prendre le castor, dont la fourrure a beaucoup plus de valeur en hiver qu'à toute autre époque de l'année. Mais, comme je l'ai déjà dit, nous n'avions pas l'intention de les troubler jusqu'à ce qu'ils fussent devenus plus nombreux.

« La glace du lac était très-unie, ce qui nous donna l'idée de patiner. Frank et Henri étaient très-grands amateurs de cet exercice, et je partageais moi-même le goût de mes enfants.

« Il fallait donc à tout prix nous procurer des patins. Nous eûmes, encore une fois, recours au bois d'arc le seul qui fût assez léger et assez dur en même temps pour l'objet que nous nous proposions. Cudjo, avec son marteau et un bon feu de forge, ajusta un sabot de fer très-mince. Notre provision de fer consistait en ce qui se trouvait dans le chariot: elle était donc d'autant plus précieuse, et nous ne pouvions la gaspiller pour des objets de pur amusement. Toutefois, le fer employé à nos patins ne devait pas être perdu, et nous avions la ressource de nous en servir pour d'autres objets plus utiles. Nous eûmes bientôt trois paires de patins, que nous attachâmes solidement à nos pieds avec des courroies en peau de daim. Puis nous glissâmes sur le lac, tout autour des huttes des castors, et sans doute au grand étonnement de ces animaux, qui venaient nous regarder à travers la glace. Marie, Cudjo et les deux petites considéraient nos évolutions, du rivage, et applaudissaient avec plaisir.

« Ces innocentes récréations nous aidèrent à passer un hiver très-agréable; d'ailleurs il fut court. Aussitôt que le printemps arriva, Cudjo, au moyen de sa charrue en bois, laboura notre champ, et nous semâmes le blé. Il occupait une acre de terre. Nous avions donc l'agréable perspective d'en récolter, au bout de six semaines, environ quinze boisseaux. Nous n'oubliâmes pas nos cent grains de froment, et nous les semâmes avec soin dans un petit coin à part. Marie avait aussi son jardin, où elle mit des patates sauvages, et d'autres racines qu'elle avait découvertes dans la vallée. Parmi ces différentes espèces, il y avait le navet indien, que j'ai déjà mentionné sous le nom de *pomme blanche*. Elle avait trouvé aussi des oignons, qui pouvaient nous être d'une grande utilité pour faire la soupe, et beaucoup d'autres racines dont je ne connaissais guère que le nom. Il y en a trois, cependant, qui méritent d'être citées : ce sont les *kamas*, le *kooyah* et le *yampa*, qui servent de nourriture à des milliers de misérables Indiens habitant le Désert américain. Les tribus disséminées au loin des Diggers, ou *fossoyeurs*, prennent leur nom de ce qu'ils creusent la terre pour trouver ces racines, dont ils se nourrissent.

« Les fleurs étaient actuellement en plein épanouissement, et les clairières de la vallée offraient à la vue un spectacle enchanteur. Elles étaient littéralement couvertes des plus belles fleurs, de mauves, de cléomes, d'asclépias et d'élianthes. Nous faisions de fréquentes excursions vers les endroits les plus remarquables de notre petit domaine. La cataracte où le ruisseau se précipitait de la montagne, la source salée et bien d'autres lieux étaient pour nous pleins d'intérêt. Il était bien rare que, dans ces promenades, la nature ne nous donnât pas quelque objet d'enseignement. C'est dans ce dessein que Marie et moi nous provoquions ces joyeuses parties, afin d'initier nos enfants aux sciences naturelles que nous connaissions. Nous n'avions pas de livres ; mais les objets qui nous environnaient étaient autant d'*illustrations* à nos leçons.

« Un jour, nous nous étions égarés en parcourant une des échappées de la forêt. C'était dans les premiers jours du printemps; les fleurs commençaient à paraître. Nous nous assîmes, pour nous reposer, au milieu d'une clairière environnée de magnolias superbes. Il y avait tout près de nous une touffe épaisse de grandes fleurs bleues. Frank, prenant la petite Marie par la main, alla de ce côté, afin de cueillir un bouquet pour sa mère. Tout à coup la petite poussa un gémissement et se mit à crier de toutes ses forces! Aurait-elle été mordue par un serpent? Pleins d'effroi à cette pensée, nous nous levâmes aussitôt et courûmes de son côté. La pauvre petite criait toujours en secouant sa main, où elle éprouvait une vive douleur. Nous reconnûmes alors qu'elle avait été piquée par une abeille. Il n'y avait pas à s'y tromper; elle avait mis la main sur une fleur où se trouvait une abeille, et l'insecte, furieux d'avoir été troublé dans son occupation, s'était vengé en lançant son aiguillon.

« Dès que l'enfant fut apaisée par des soins et des caresses, une réflexion soudaine vint frapper nos esprits : « Il y a donc des abeilles en ces lieux? » Jusqu'alors nous n'avions pas eu connaissance de ce fait. Pendant l'automne, nos occupations ne nous avaient pas permis de faire beaucoup d'observations, et naturellement, pendant l'hiver, nous ne pouvions découvrir les abeilles : elles arrivaient maintenant tout juste avec les fleurs.

« Il est tout naturel de penser que, là où il y a des abeilles, on doit trouver du miel. Ce mot de *miel* retentit comme un son magique aux oreilles de notre petite communauté. Les abeilles et le miel devinrent l'objet unique de notre conversation. Pendant quelques instants il ne se prononça pas une seule phrase qui ne contînt une allusion aux abeilles, à leurs ruches, à leurs plantes de prédilection, à leur chasse, ou au miel.

« Nous nous dispersâmes parmi les fleurs, pour nous assurer que c'était bien une abeille et non quelque méchante guêpe qui avait blessé notre petite Marie. Si c'était une abeille, nous espérions en trouver d'autres butinant dans le calice des fleurs.

« Bientôt nous entendîmes Henri crier : « Une « abeille! une abeille! » et presque en même temps Franck : « une autre! par ici! »

« — Oh! oh! fit Cudjo à son tour, voilà encore « une.... une grosse! chargée comme un bœuf! »

« Nous en découvrîmes en effet plusieurs, toutes affairées, vaquant à leur industrieuse occupation. Assurément, il devait y avoir une ruche dans un endroit rapproché de la vallée.

« Il s'agissait maintenant de trouver cette ruche. Elle était sans doute dans quelque creux d'arbre; mais comment y arriver? Tous les arbres avaient la même apparence, et il était bien difficile de distinguer, dans les milliers d'arbres dont la forêt se compose, celui qui servait de ruche aux abeilles. Nous étions fort embarrassés.

« Mais, par bonheur, nous avions un grand chasseur d'abeilles dans notre compagnie : c'était toujours le fameux Cudjo. Dans le temps qu'il habitait les bois de sa *vieille Virginie*, il avait jeté par terre un grand nombre d'arbres pour en retirer du miel, car notre ami Cudjo en était aussi friand qu'un ours : aussi ne partageait-il en rien notre embarras.

« Il nous fallut cependant retourner à la maison pour qu'il pût faire ses préparatifs; mais, comme le jour était assez avancé, nous remîmes notre chasse au lendemain matin.

XXXIV.

Une grande chasse aux abeilles.

« Une chaude et brillante journée favorisait notre entreprise. Après déjeuner, nous partîmes pour les clairières, tout joyeux de la perspective de plaisir que nous avions devant nous. Henri était le plus ardent. Il avait beaucoup entendu parler de chasseurs d'abeilles, et il était très-désireux d'en voir un à l'œuvre. Il se doutait bien qu'un arbre à abeilles une fois trouvé, il suffirait de le fendre avec une hache pour en extraire le miel. Ce n'était pas là le plus difficile. Mais comment trouver l'arbre? voilà le problème. Ces arbres, en effet, ne diffèrent en rien des autres, et le trou qui sert d'entrée aux abeilles est habituellement si haut placé, que d'en bas on ne peut distinguer ces insectes. Pour découvrir une de ces ruches, il faut examiner avec soin l'écorce qui environne le trou. Comme dans les arbres fréquentés par des écureuils, elle est décolorée : cela vient de ce que les abeilles s'y reposent avec leurs pattes humides. Mais on peut courir longtemps les bois avant de rencontrer un de ces arbres. Le hasard les fait quelquefois trouver. Le vrai chasseur d'abeilles ne compte pas là-dessus, mais sur son habileté; le hasard pour lui n'est rien. Il cherche la ruche, et il est presque certain de la trouver, pourvu que le terrain soit assez découvert pour lui permettre d'exécuter ses manœuvres. Je ferai observer que généralement les abeilles établissent leurs ruches dans le voisinage des clairières, parce que les fleurs sont beaucoup plus rares dans les fourrés épais, où la lumière ne pénètre pas. La raison en est bien simple : ces insectes n'y trouveraient pas à proximité la nourriture qui leur est nécessaire. Les abeilles aiment les clairières ouvertes aux rayons du soleil, comme celles que l'on rencontre dans les forêts et les prairies solitaires de l'Ouest.

« Nous étions donc tous curieux de voir comment notre grand chasseur d'abeilles viendrait à bout de découvrir l'arbre en question ; il n'avait, jusque-là, dit son secret à personne, au grand regret d'Henri, dont l'impatience était arrivée à son comble. Les préparatifs qu'il avait aidé Cudjo à faire étaient excessivement simples : un verre à boire, que nous avions heureusement sauvé dans notre grande caisse ; un gobelet plein de mélasse d'érable, et une petite touffe de poils blancs pris sur la peau d'un lapin. « Que va-t-il faire de tout cela ? » pensait Henri. Aucun de nous n'était plus avancé : Cudjo gardait un silence obstiné sur son procédé ; il voulait nous en réserver la démonstration pratique.

« Enfin, nous arrivâmes aux clairières. Nous entrâmes dans la plus vaste, et nous fîmes halte. Pompo fut dételé et attaché à un piquet dans la prairie. Nous suivions Cudjo, attentifs à ses moindres mouvements. Henri le regardait avec des yeux de lynx, tant il craignait de perdre un seul détail de l'opération. Il l'observait comme s'il eût assisté à une séance de prestidigitation, cherchant à surprendre le seecret d'un tour de passe-passe. Cudjo ne disait mot ; il préparait son œuvre en silence, tout fier de l'importance que lui donnait son savoir et de l'intérêt qui s'attachait en ce moment à sa personne.

« Notre chasseur d'abeilles avisa sur un des côtés

de la clairière une pièce de bois mort. Il enleva avec son couteau une petite portion de l'écorce, pour rendre la surface égale et unie. Un carré de quelques pouces, poli et raboté, suffisait à son dessein. Il versa sur le bois ainsi préparé une petite quantité de mélasse formant un rond de la grandeur d'une pièce de deux sous; puis il prit le verre et l'essuya avec un coin de sa casaque, jusqu'à ce qu'il fût aussi limpide que le diamant Alors il se mit en quête d'une abeille butinant parmi les fleurs.

« Cudjo en découvrit bientôt une dans les corolles d'une fleur d'hélianthe. Il s'en approcha tout doucement, et renversant le verre avec adresse, de façon à renfermer la fleur et l'abeille, il glissa dessous une de ses mains recouvertes d'un gant de peau de daim. L'ouverture du verre se trouvant ainsi fermée, l'abeille ne pouvait s'échapper. Séparant ensuite la fleur de sa tige, il l'emporta avec l'insecte du côté de la pièce de bois.

« Il enleva adroitement la fleur du verre, et l'abeille resta captive, bourdonnant au fond. Cudjo glissa le verre sur la pièce de bois, de manière à couvrir la mélasse. Il le laissa dans cette position, tandis que nous étions tous autour, attentifs à l'opération.

« L'abeille, effrayée de sa captivité, voltigea quelque temps vers le haut du verre, cherchant évidemment une issue. Dans son tourbillonnement, ses ailes touchèrent la paroi supérieure, et elle retomba sur la mélasse. Il n'y en avait pas assez pour l'arrêter court; mais, une fois qu'elle y eut goûté, elle ne sembla nullement disposée à s'arracher à ces douceurs : loin de là, elle parut oublier même qu'elle était prisonnière, et, plongeant sa trompe dans le liquide sucré, elle se mit à boire avec gloutonnerie.

« Cudjo la laissa se régaler tout à son aise, puis il l'attira avec le rebord du verre, et l'arracha à son festin. Il avait ôté ses gants, et il prit bien doucement la petite bête entre le pouce et l'index. L'abeille était comme étourdie des suites de sa gourmandise, et il pouvait la manier à son aise. Il la renversa sur le dos et glissa entre ses pattes quelques poils de lapin blanc, qui s'y attachèrent d'autant plus aisément qu'elles étaient chargées de mélasse. Le poil, qui était excessivement léger, adhérait parfaitement au corps de l'insecte, qu'il rendait plus visible, sans toutefois embarrasser les ailes dans leurs mouvements. Tout cela fut exécuté avec une dextérité qui nous surprit tous et qui aurait également étonné quiconque était étranger aux artifices des chasseurs d'abeilles. Cudjo faisait preuve d'une grande délicatesse de toucher en maniant ainsi ce frêle insecte; et, sans vouloir faire injure à personne, ses gros doigts étaient aussi déliés que ceux d'une petite maîtresse.

« Tous ces préparatifs terminés, il posa l'abeille sur le tronc d'arbre, la laissant aller tout doucement.

« La petite bête paraissait fort étonnée du singulier traitement qu'elle avait reçu. Elle demeura quelques instants immobile sur le bois; mais un chaud rayon de soleil ne tarda pas à réveiller ses sens engourdis. Elle s'aperçut qu'elle était libre encore une fois, agita ses ailes transparentes, et s'envola soudain dans les airs. Elle monta tout d'abord à une hauteur de trente ou quarante pieds, et se mit ensuite à décrire un cercle, comme il nous était facile de le voir en observant la petite touffe de poils blancs attachée entre ses pattes.

« Les yeux de Cudjo semblaient attachés à son vol. Ses pupilles se dilataient, le globe de l'œil paraissait prêt à sortir de son orbite, sa tête décrivait un mouvement de rotation si rapide, que son gros cou semblait comme un pivot sur ses larges épaules.

« Après avoir décrit plusieurs cercles dans l'air, la mouche prit sa direction vers le bois. Nous la suivîmes des yeux aussi longtemps que possible; mais le petit point blanc s'éloignait si vite, que bientôt nous ne distinguâmes plus rien. Nous remarquâmes qu'il avait suivi une ligne droite, indiquant la direction de la ruche : c'est ce qui fait dire aux Américains *à vol d'abeille*, comme on dit ailleurs *à vol d'oiseau*. Cudjo savait maintenant que l'abeille n'avait plus qu'à suivre cette ligne pour arriver à sa demeure. Il possédait donc un des jalons nécessaires à sa découverte : la direction de l'arbre à miel, à partir de l'endroit où nous nous trouvions.

« Mais cela suffisait-il? Évidemment non : l'abeille pouvait s'arrêter à la limite du bois, ou bien à cent pas, peut-être à un quart de mille, sans aller jusqu'à l'arbre. Ce n'était donc pas assez de connaître cette première direction, que nous aurions pu suivre pendant une semaine sans trouver la ruche.

« Cudjo savait bien cela : il ne s'arrêta donc pas un instant à y réfléchir; mais il nota soigneusement la direction prise par la mouche. Elle était indiquée par le tronc d'un arbre à l'entrée de la clairière; mais, pour faire les choses dans les règles, il fallait un autre indice. Avec son couteau il traça sur la pièce de bois, d'où était partie l'abeille, une entaille dans le sens de son vol. Tout cela fut exécuté avec une grande précision. Puis il se dirigea vers l'arbre qui lui servait de jalon, et il l'entailla avec sa hache.

« Nous nous demandions ce qu'il allait faire alors;

mais il ne paraissait nullement embarrassé. Il choisit un autre tronc d'arbre, à environ deux cents pas du premier, enleva l'écorce de la même manière, et versa dessus de la mélasse, ainsi qu'il avait déjà fait. Il prit une nouvelle abeille, la mit dans le verre, la laissa se gorger de sucre, lui attacha sous le ventre une touffe de poils blancs, et lui donna ensuite la volée. A notre surprise, elle prit une direction toute différente de la première.

« Il n'y a pas de mal à cela, dit Cudjo; au lieu « d'un arbre à abeilles, nous en aurons deux. »

« Il nota la direction de la seconde abeille, comme il avait fait pour la première.

« Sans changer de pièce de bois, il prit une troisième mouche qu'il plaça dessus, et qui prit une nouvelle route, différente des deux autres.

« Bien! bien! maître, s'écria-t-il, cette vallée «-est pleine de miel : trois arbres au lieu d'un! »

« Et il traça une nouvelle ligne sur le bois.

« Il prit une quatrième abeille, et répéta la même cérémonie qu'auparavant. Celle-ci appartenait, sans aucun doute, à la même ruche que la première, car nous la vîmes s'enlever vers le même point du bois. La direction fut soigneusement notée : c'était un nouveau point de repère. Dans le moment, c'était assez de s'occuper du nid désigné par la première et la quatrième. Quant aux indices de la seconde et de la troisième, les marques faites par Cudjo sur la pièce de bois pouvaient servir un autre jour, et il s'occupa de terminer la chasse des numéros 1 et 4.

« Nous avions eu le temps de nous rendre compte des manœuvres de notre serviteur, et nous étions déjà capables de l'assister. Le point exact où se trouvait l'arbre à miel était déterminé par la jonction des deux lignes tracées par les abeilles n°s 1 et 4. C'était le sommet de l'angle qu'il s'agissait de trouver. Si le terrain eût été découvert, cela n'eût présenté aucune difficulté. Mais il était impossible de voir à une certaine distance parmi les arbres. Sans cela, deux de nous se fussent placés chacun à un des points de départ des deux abeilles, tandis qu'un troisième aurait suivi l'une des directions indiquées. Dès que cette personne se serait trouvée à la fois sur les deux lignes tracées, les deux autres lui eussent crié d'arrêter, et le point cherché eût été trouvé.

« Pour remédier à cet inconvénient, Cudjo plaça un des enfants, Henri, à la première station des abeilles, de manière à l'apercevoir au-dessus du sol. Il prit sa hache sur l'épaule, et marcha dans la direction de la ligne tracée sur le tronc d'arbre, jusqu'à l'entrée du bois. Là, il avisa un arbre qu'il entailla, puis un second un peu plus loin, puis un troisième, et ainsi de suite. Nous l'entendions frapper de loin en loin avec sa hache. Lorsqu'il eut suivi quelque temps cette direction, il revint à nous, et pria Frank de se placer à son tour au point de départ de la quatrième abeille. Il se dirigea, en suivant l'indication du vol de l'insecte, vers le bois, et entailla le premier arbre qu'il rencontra. Puis, il continua la même opération que précédemment, et sa hache retentit de nouveau dans l'épaisseur de la forêt. Nous le rejoignîmes alors, car notre présence dans la clairière n'était plus nécessaire à ses manœuvres.

« A la distance d'environ deux cents pas de la limite de la clairière, les lignes se rapprochaient sensiblement. Il y avait là plusieurs grands arbres. Par une sorte d'instinct, Cudjo se disait que c'était un de ces arbres qui servait de ruche aux abeilles. Il laissa sa hache en repos et regarda dans les cimes. Chacun de nous l'aidait dans sa recherche et s'efforçait de découvrir les abeilles qui devaient, sans aucun doute, voltiger dans les hautes branches.

« Au bout de quelques minutes, Cudjo poussa une longue et joyeuse exclamation. La chasse était terminée : il avait trouvé l'arbre aux abeilles.

« Le nid, ou plutôt l'entrée qui conduisait au nid, se trouvait au sommet d'un grand sycomore. Nous pouvions distinguer la décoloration de l'écorce, causée par les pattes des abeilles, et même ces petites bêtes qui allaient et venaient. C'était un arbre aux grandes proportions, avec une cavité capable de recéler un homme dans son sein. La ruche était évidemment construite à l'intérieur.

« Comme nous avions passé plusieurs heures à cette recherche, et que le jour était très-avancé, nous résolûmes de suspendre nos opérations, et d'attendre, pour nous procurer ce miel délicieux, jusqu'au lendemain. Après avoir pris cette détermination, nous retournâmes à la maison, fort satisfaits de notre journée.

XXXV.

Le voleur de miel.

« Il nous restait à examiner par quels moyens nous pousserions plus avant notre entreprise. Comment arriver au miel ? « En abattant l'ar-« bre, en y pratiquant une fente, » dira-t-on. D'accord, on peut le faire ; mais il y a autre chose à considérer. Ce n'est pas bien difficile d'abattre un arbre et de le fendre ; il suffit, pour cela, d'avoir une bonne hache et des bras vigoureux. Mais disputer leur miel à sept ou huit mille abeilles armées d'un aiguillon redoutable, cela présentait une tout autre difficulté. Nous n'avions pas de soufre ; et, en eussions-nous possédé, que l'arbre était trop élevé pour nous en servir. Si nous le jetions à bas, nous ne pourrions pas l'approcher, tant serait grande la fureur des abeilles.

« Mais Cudjo avait approfondi tous les secrets de la chasse aux abeilles, et il ne devait pas s'arrêter à la simple recherche de l'arbre. Il connaissait le moyen d'endormir les abeilles et de leur ravir leur miel sans péril. Il était aussi expert en cette matière qu'en toute autre. Suivant ses prescriptions, deux paires de gants de daim furent préparées. Nous en possédions déjà une, et Marie ne fut pas longtemps à en coudre une seconde, semblable aux gants qu'on emploie pour le sarclage des chardons. Ces gants ont un seul pouce et une place pour tous les autres doigts. Des deux paires, l'une était destinée à Cudjo, l'autre à moi-même. Nous devions seuls travailler à l'enlèvement du miel, tandis que le reste de la bande se tiendrait à l'écart.

« Outre nos gants, nous prîmes des masques en peau d'élan qui s'attachaient avec des courroies. Ajoutez à cela nos épaisses casaques en peau de daim, et je vous demande si nous avions rien à redouter de toutes les abeilles du monde.

« Ainsi accoutrés, ou plutôt portant avec nous ces divers vêtements, nous partîmes pour l'arbre aux abeilles. Nous emportâmes une hache pour l'abattre et plusieurs vases pour recueillir le miel.

« Arrivés à la clairière, nous dételâmes Pompo et l'attachâmes à un piquet, comme nous avions fait la veille. Nous ne voulions pas l'emmener plus près de l'arbre, de peur qu'il ne prît fantaisie aux abeilles furieuses de se venger sur le pauvre animal. Nous prîmes tout notre attirail; et nous nous dirigeâmes vers l'arbre, au pied duquel nous fûmes rendus en quelques minutes.

« En levant la tête, nous nous aperçûmes qu'il régnait une grande agitation parmi les abeilles. Elles tourbillonnaient par milliers autour de leur trou, entrant et sortant en foule. Le calme de l'air permettait de distinguer le bruit de leur bourdonnement. Quelle était la cause de ce tumulte? Était-ce le départ d'un essaim?

« Cudjo ne le croyait pas. La saison était trop peu avancée. Cette agitation étrange lui paraissait inexplicable.

« Voyez donc, maître, » dit-il après avoir regardé pendant quelques moments ; « on dirait qu'elles « sont tourmentées par la présence d'un ennemi. »

« Aucun animal, cependant, ne se montrait près de leur trou. Il n'en existe pas qui ait la peau assez dure pour affronter l'aiguillon de l'abeille. L'orifice n'avait pas plus de trois pouces de diamètre, et certes, ni l'écureuil ni la martre, ni le putois n'auraient osé y fourrer le nez. D'où venait donc une pareille agitation?

La journée était très-chaude, nous n'avions pas encore eu une température aussi élevée. Probablement la grande chaleur avait fait sortir les abeilles de leur trou. N'ayant pas d'explication meilleure que celle-là; nous nous en contentâmes, et nous nous mîmes en mesure d'abattre le sycomore.

« Cela ne nous parut pas bien difficile. L'arbre était creux en dedans, et à quelques pieds de la terre il ne restait que l'écorce. Cudjo se mit à l'œuvre, et les copeaux blancs du sycomore volèrent bientôt de tous côtés sous les coups rapides de la hache.

« A peine avait-il frappé une douzaine de coups, que nous fûmes épouvantés d'entendre un bruit qui tenait à la fois du grognement et du ronflement d'un animal.

« Cudjo s'arrêta soudain : nous regardions de tous côtés avec des yeux effarés où se mêlaient la surprise et la terreur. Je dis la terreur, car ce bruit avait quelque chose d'effrayant et qui ne pouvait venir que d'un animal féroce. Où se trouvait-il? Dans les bois? Nous jetions des regards inquiets tout autour de nous; mais nous n'apercevions rien dans les fourrés. Le feuillage était, d'ailleurs, trop peu épais pour qu'un animal de grande taille pût s'y dérober à une petite distance.

« Ce bruit affreux retentit encore à nos oreilles. Il semblait sortir de la terre! Non.... il venait de l'arbre!

« Bon Dieu! s'écria Cudjo, c'est un ours!... Maître « Rofe, moi reconnaître son grognement!

« — Un ours, fis-je, tout saisi à cette pensée, un « ours dans l'arbre à miel! Sauvez-vous, Marie!....
« Sauvez-vous du côté de la clairière! »

« Et je pressais ma femme et les enfants de quitter la place. Henri et Frank étaient d'avis de rester avec leurs carabines, et je ne pouvais les éloigner. Enfin, je les décidai en leur persuadant qu'ils ne devaient pas quitter la mère et les enfants, afin de les défendre dans le cas où l'animal les attaquerait. Tout cela ne demanda que quelques secondes, et nous restâmes seuls, Cudjo et moi.

« Il était évident qu'un ours s'était introduit au cœur de l'arbre, et que c'était la cause de l'agitation des abeilles. La hache de Cudjo l'avait dérangé, et il était en train de descendre!

« Que faire? Boucher l'ouverture? Non : nous n'avions rien sous la main d'assez gros pour cela.

« Je saisis ma carabine, tandis que Cudjo se tint prêt avec sa hache. Je préparai mon arme et me disposai à faire feu au moment où l'ours montrerait sa tête. Mais, au lieu de la tête de l'animal, quelle fut notre surprise de voir une masse informe de poils noirs et épais! c'était la croupe et le derrière de la bête, qui descendait à reculons. Nous ne vîmes pas sa queue, par l'excellente raison qu'elle n'en avait pas.

« Nous ne nous arrêtâmes point à l'examiner. Je tirai aussitôt que ses flancs parurent, et en même temps Cudjo lui asséna un violent coup de hache. Ce coup aurait dû suffire pour tuer l'animal, et nous le pensions ainsi ; mais, à notre surprise, il disparut tout aussitôt et remonta dans l'arbre.

« Qu'allait-il faire ? Pourrait-il se retourner dans le trou et redescendre la tête la première ? S'il en était ainsi, ma carabine étant déchargée et Cudjo pouvant manquer son coup, il réussirait à s'échapper.

« En ce moment, nos yeux tombèrent sur les deux grandes casaques en peau de daim qui se trouvaient étalées sur le sol. En les roulant convenablement, elles pouvaient former un volume suffisant pour boucher la cavité. Je jetai à terre ma carabine et je pris les deux casaques. Cudjo vint à mon aide. En quelques secondes, nous en eûmes fait un paquet : il entrait tout juste dans le trou, et le fermait exactement.

« Pendant l'opération, nous vîmes du sang infiltrer les vêtements. L'ours était blessé. Il n'était pas probable qu'il nous dérangeât de quelque temps, et, pendant que l'un veillait aux casaques, l'autre apportait de grosses pierres, que nous empilâmes de façon à tout consolider.

« Alors nous fîmes le tour de l'arbre, regardant le tronc, afin de nous assurer qu'il n'y avait aucune ouverture qui pût servir d'issue à l'ours pour descendre jusqu'à nous. Il n'y avait que le trou des abeilles, et il n'était pas assez large pour son museau, quelque mince qu'il fût. La bête était prise comme dans un piége.

« Je songeai que Marie et les enfants devaient être fort inquiets loin de nous. J'allai du côté de la clairière, afin de leur annoncer notre succès. Les enfants sautèrent de joie, et, comme il n'y avait plus aucun danger, tout le monde revint au pied de l'arbre. On eût dit que l'ours était aussi loin de nous que le pôle nord.

« Nous l'eûmes laissé s'échapper, si nous n'avions pas eu tout à craindre d'un animal aussi dangereux. Il était plus prudent de s'en défaire. Mais comment l'atteindre? Un tel animal ne pouvait être mis en liberté : il nous aurait attaqués seul à seul, et il nous eût été difficile de nous garantir de sa férocité. J'avais cru d'abord que c'était un ours grison, et cette pensée m'avait rempli de terreur, car je savais qu'il était impossible de tuer un animal de cette espèce d'un seul coup de feu. Toutefois, en y réfléchissant, je reconnus mon erreur : le grison ne grimpe pas aux arbres. C'était donc un ours noir que nous avions fait prisonnier.

« Mais comment l'atteindre? Fallait-il le laisser où il était, et attendre qu'il mourût de faim? Assurément non!, car il dévorerait toute la provision de miel, si cela n'était déjà fait. De plus, il pouvait réussir à élargir le trou supérieur avec ses griffes aiguës. Nous devions donc chercher un autre moyen.

« Il était assez probable qu'il descendrait et qu'il

essayerait de repousser les habits avec son museau. Nous ne pouvions rien affirmer, car nous n'entendions plus de grognement. Il était trop malade ou trop effrayé pour faire aucun bruit. A tout événement, nous n'avions rien à redouter pour l'instant; et nous résolûmes de percer un petit trou vers le milieu de l'arbre, afin de tâcher de l'atteindre avec une balle. Ce plan adopté, Cudjo se mit en devoir de l'exécuter.

« En quelques minutes le trou fut percé, et il nous fut possible de voir dans le creux de l'arbre. La bête ne paraissait pas; elle était encore dans le haut. La façon dont nous l'avions accueillie l'avait évidemment dégoûtée de faire avec nous plus ample connaissance. Mais après?

« Enfumons l'animal! s'écria Cudjo; cela le for-
« cera bien à descendre. »

« C'était un bon moyen; mais comment le mettre en pratique? En remplissant de feuilles mortes et d'herbe sèche le trou creusé par Cudjo, et en allumant le feu. Mais alors nos habits couraient risque d'être brûlés. Nous les enlevâmes d'abord et nous mîmes à la place de grosses pierres. Cela fut l'affaire d'un moment. Nous introduisîmes des feuilles et de l'herbe; puis nous approchâmes du trou quelques touffes enflammées, de manière que le feu pénétrât à l'intérieur. Lorsqu'il eut pris, nous bouchâmes le trou pour empêcher la fumée de s'échapper.

« Nous ne tardâmes pas à nous apercevoir que les choses allaient comme nous l'avions présumé. Un filet de fumée bleuâtre s'échappa bientôt par l'orifice des abeilles, et ces insectes effrayés sortirent en foule de leur retraite. Nous n'avions pas songé tout d'abord à ce moyen, qui nous eût dispensés de notre attirail de masques et de gants.

« L'ours ne tarda pas à donner du gosier. Nous l'entendîmes bientôt grogner et hurler dans la partie supérieure de l'arbre. A chaque instant, il poussait un cri sourd et étouffé comme le râle d'un asthmatique. Puis il fit entendre des gémissements précipités, poussa un hurlement terrible, et le silence se fit. Un instant après nous entendîmes une forte secousse, comme le choc d'un corps tombant sur la terre. Nous reconnûmes que c'était l'ours qui dégringolait du haut en bas.

« Nous attendîmes quelques minutes. Rien ne bougeait, aucun bruit ne sortait de l'arbre. Nous retirâmes l'herbe qui bouchait le trou supérieur. Un épais nuage de fumée s'en échappa. Assurément l'ours était bien mort. Aucune créature n'aurait pu vivre dans une telle atmosphère. J'introduisis la baguette de mon fusil dans l'ouverture, et je sentis le corps velu de l'animal sans mouvement. Nous enlevâmes les pierres et tirâmes la bête dehors. En effet, l'ours était bien mort, ou du moins il ne s'en fallait guère; mais, pour n'avoir plus aucun doute à ce sujet, Cudjo lui assena sur la tête un grand coup de hache. Sa longue et épaisse fourrure était pleine d'abeilles mortes, qui avaient été, comme lui, suffoquées par la fumée et étaient tombées de leurs alvéoles.

« Nous avions résolûment mené l'affaire de l'ours, quand notre attention fût appelée sur une autre circonstance qui ne manqua pas de nous troubler. Nous nous aperçûmes que l'arbre était en feu.

« Le cœur de l'écorce desséchée s'était enflammé lorsque nous avions débouché le trou inférieur, et l'incendie se propageait avec fureur. Nous allions donc perdre notre miel tant convoité !

« Telle était la triste perspective qui nous menaçait. Et c'était pour nous un cruel désappointement, car nous comptions bien avoir du miel sur notre table pour le souper.

« Comment le sauver ? il n'y avait qu'un moyen : abattre l'arbre aussi vite que possible, et le couper entre le feu et le nid des abeilles.

« Mais aurions-nous le temps nécessaire ? Le feu montait vite, et il était activé par le courant d'air qui s'était établi à l'intérieur, et qui formait comme un soufflet.

« Nous rebouchâmes le trou, et Cudjo se mit à l'œuvre, frappant le pied de l'arbre à coups redoublés. Avec quelle adresse il maniait sa hache ! Il semblait vouloir gagner le temps de vitesse. Les copeaux volaient de tous les côtés.

« Enfin l'arbre commença à craquer : nous nous mîmes tous à l'écart, excepté Cudjo, qui savait bien de quel côté il viendrait à tomber, et qui ne craignait pas d'être écrasé. Il était capable, en effet, d'abattre un arbre dans n'importe quelle direction sans se tromper de la largeur d'un cheveu.

« Crrrrac!... crrrrac!... » fit le grand sycomore; et il tomba avec fracas, couvrant le sol de ses branches.

« A peine avait-il touché la terre, que Cudjo l'attaqua sur une autre partie, comme s'il avait eu affaire à un monstre gigantesque dont il aurait voulu trancher la tête.

« Il eut bientôt dégagé la cavité qui renfermait les rayons de miel, et, à notre pleine satisfaction, nous vîmes que le feu avait laissé toute cette partie intacte. Elle était néanmoins un peu enfumée, mais complétement abandonnée des abeilles, en sorte que nous n'eûmes besoin ni de masques ni de gants pour nous emparer du miel. L'ours nous avait bien devancés; mais nous ne lui avions pas laissé le temps d'en prendre trop à son aise, et il n'avait dévoré qu'un ou deux rayons. Il nous en restait assez. C'était évidemment une vieille ruche, et il y avait plus de miel qu'il n'en fallait pour remplir tous les vases que nous avions apportés.

« Nous chargeâmes l'ours sur notre chariot, car ses jambons et sa peau n'étaient point à dédaigner; puis, laissant brûler le vieux sycomore, nous nous dirigeâmes du côté de la maison.

XXXVI.

Bataille de daims.

« Le principal objet que nous avions en vue n'était pas encore accompli. A l'exception de notre troupeau de dindons, aucun des animaux que nous avions apprivoisés ne pouvait contribuer à notre subsistance. Nous désirions prendre quelques daims, et nous avions déjà songé à divers expédients. Nous avions vu une ou deux fois des petits suivre leur mère; mais il ne nous avait pas été possible de les atteindre, quoique nous eussions fait plusieurs excursions dans ce but. Toutefois nous réussîmes, au lieu d'un petit, à prendre un couple de vieux daims, dans des circonstances si singulières qu'elles méritent d'être rapportées tout au long.

« Un jour que j'étais avec Henri à la recherche d'un daim, nous résolûmes de mettre nos chiens à la poursuite du premier faon que nous apercevrions et de le prendre vivant. Pour cela nous muselâmes nos bêtes, afin de les empêcher de mordre le faon lorsqu'ils seraient à ses trousses. J'avais souvent vu museler ainsi les chiens de chasse dans le même dessein. Nous nous rendîmes dans la partie de la vallée que nous supposions le plus ordinairement fréquentée par les animaux que nous cherchions. Pour ne pas être surpris à l'improviste au moment où un daim viendrait à sortir des broussailles, nous marchions en silence et le plus légèrement possible le long des fourrés, sondant les bois du regard et attentifs au moindre bruit. Enfin, nous arrivâmes au bord d'une petite éclaircie : comme nous savions que c'est le gîte habituel des daims, nous redoublâmes de précautions, tenant nos chiens en laisse. Tout à coup un bruit singulier, qui venait de la clairière, retentit à nos oreilles. On eût dit que plusieurs animaux frappaient du pied le sol avec fureur; et au milieu de ces piétinements, on distinguait le choc de plusieurs corps durs qui se heurtaient, comme si une demi-douzaine d'hommes eussent joué du bâton. A chaque instant nous entendions un son étrange, court et sauvage, comme le hennissement d'un cheval. Nous nous arrêtâmes court au premier bruit. Nos chiens dressaient les oreilles et voulaient courir en avant, mais nous les retenions de toutes nos forces. Nous n'avions de notre vie jamais entendu rien de pareil.

« Qu'est-ce que cela peut être, papa? dit Henri.

« — Je n'en ai pas la moindre idée, répondis-je.

« — Ce sont des animaux, et ils doivent être

« nombreux pour faire tant de vacarme.... Mais,
« papa, est-ce que vous ne distinguez pas le cri
« d'un daim? Il me semble en avoir entendu déjà
« qui faisaient un bruit semblable.

« — Peut-être bien. Il est possible aussi que ce
« soit un troupeau d'élans. Mais je ne comprends pas
« quelle est la cause de ce tumulte.

« — S'ils étaient attaqués par une bête féroce!...
« une panthère, un ours?

« — Dans ce cas, nous n'avons rien de mieux à
« faire que de tourner le dos et de reprendre aussi
« lestement que possible la route que nous venons
« de suivre. Mais je ne crois pas cela. Ils ne reste-
« raient pas là et chercheraient à fuir de tels enne-
« mis. L'élan et le daim se fient plutôt à leurs
« jambes qu'à leurs cornes pour échapper aux ours
« et aux panthères. Non, ce n'est pas cela : appro-
« chons-nous un peu et voyons ce que c'est. Tiens
« bon ton chien. En avant! »

« Nous nous glissâmes avec précaution, ayant
soin de ne pas fouler les feuilles sèches et de ne pas
casser de branches en marchant. Nous vîmes devant
nous un épais fourré de pawpaws; nous nous dirigeâmes de ce côté, afin de nous cacher derrière
leurs grandes feuilles vertes Nous y fûmes bientôt
blottis, et nous pûmes voir ce qui se passait dans
la clairière, et d'où venait ce bruit étrange qui ne
faisait que grandir de plus en plus.

« Au milieu de l'éclaircie il y avait six grands daims rouges, c'étaient des mâles, comme il nous était facile de le reconnaître à leurs grands andouillers branchus. Il étaient tous engagés dans un combat acharné; quelquefois deux à deux, tantôt à trois ou à quatre, tantôt formant une mêlée générale. Parfois ils se séparaient, couraient à une certaine distance et revenaient soudain à la charge, se ruant les uns sur les autres avec des hennissements furieux. Ils se frappaient des pieds de devant, lançaient à leurs adversaires des coups de cornes précipités, avec une violence telle que la peau se déchirait et que le poil volait en flocons épais. Leurs yeux brillaient comme du feu, et tous leurs mouvements dénotaient la rage et la fureur qui les transportaient.

« Quelle que fût la cause de cet émoi, c'était un spectacle saisissant que de voir ces magnifiques animaux engagés dans un combat aussi désespéré, et nous les contemplions en silence.

« Il se trouvaient hors de la portée de nos carabines. Pensant qu'ils pouvaient se rapprocher, nous demeurâmes tranquilles. Le combat continuait avec une fureur croissante. Quelquefois ils se détachaient des ruades telles, que les deux adversaires roulaient sur le gazon; mais un instant après ils se relevaient plus animés qu'auparavant.

« Notre attention était particulièrement fixée sur

deux des combattants, plus grands et plus vieux que les autres, comme nous pouvions le présumer à l'inspection de leurs andouillers. Aucun des autres ne paraissait disposé à les attaquer, et ils avaient fini par s'isoler et par combattre séparément. Après quelques ruades, ils s'éloignèrent d'un commun accord et se placèrent à une distance de vingt pas environ. Alors ils tendirent le cou en avant, et se précipitèrent l'un sur l'autre, tête contre tête, comme deux béliers. Le choc de leurs andouillers fit un tel bruit que Henri et moi nous croyions qu'ils étaient brisés; mais il n'en était rien. Ils luttèrent quelques instants, puis s'arrêtèrent soudain, tête contre tête, comme par un tacite arrangement, afin de prendre haleine. Ils restèrent ainsi sans bouger, puis recommencèrent à lutter. Ils s'arrêtèrent encore, sans cesser de se toucher du front, leurs naseaux enflammés paraissant attachés l'un à l'autre. Leur manière de combattre ne ressemblait en rien à celle des autres. Ceux-ci, cependant, s'étaient approchés de nous, et nous nous préparâmes à leur faire bon accueil. Ils furent bientôt à portée. Alors nous choisîmes chacun le nôtre et fîmes feu en même temps. A cette double détonation, un des jeunes daims tomba, et les trois autres, apercevant l'ennemi commun, cessèrent immédiatement leur combat et bondirent comme une flèche. Dès que nous eûmes tiré, Henri et moi, nous courûmes à la bête que mon fils avait abattue, et, pensant qu'elle était seulement blessée, nous démuselâmes nos chiens. Tandis que nous étions arrêtés pour effectuer cette opération, quelle ne fut pas notre surprise de voir les deux vieux daims encore dans la clairière, et combattant toujours dans la même position, avec le même acharnement!

« Notre premier mouvement fut de recharger nos armes; mais les chiens étaient lâchés, et, au lieu de poursuivre le daim blessé, ils se précipitèrent sur les deux autres, et d'un seul bond ils les prirent en flanc. Nous courûmes de ce côté, et vous comprendrez notre surprise croissante en voyant que les deux combattants, au lieu de se séparer, demeuraient toujours tête contre tête comme si l'acharnement de leur lutte les avait rendus complétement indifférents à tout autre péril. Lorsque nous fûmes rendus sur place, les mâtins avaient déjà saisi les deux daims par les jambes, et nous pûmes nous rendre compte de la cause véritable de ce combat qui ne finissait point : ils ne pouvaient se séparer, parce que leurs andouillers étaient enlacés les uns dans les autres. On eût dit qu'ils étaient liés avec des courroies solides. Nous éloignâmes les chiens, et nous attachâmes les deux daims pour les empêcher de fuir. Puis nous essayâmes de démêler leurs bois. Malgré tous nos efforts nous ne pûmes y parvenir. Nous avions calomnié les pauvres bêtes en croyant à un combat acharné. Toute hostilité était depuis longtemps suspendue entre elles, sans doute depuis l'instant où leurs cornes s'étaient enchevêtrées. Ils étaient maintenant nez à nez, tout effrayés de leur position, le mufle baissé, et paraissaient tout honteux de leur folle conduite.

« Après maints efforts inutiles, nous reconnûmes qu'il était impossible de les séparer. On sait que les bois des daims sont élastiques : ils s'étaient repliés dans cette terrible commotion, et en se redressant avaient formé une complète adhérence. Il aurait fallu la force d'un cheval pour en venir à bout. J'envoyai Henri chercher Cudjo et la scie. Je lui recommandai d'amener en même temps le cheval et le chariot, afin d'emporter le daim abattu, et de ne pas oublier des cordes pour nos prisonniers. Pendant son absence, je me mis à écorcher l'animal, laissant ses deux compagnons vivants, abandonnés à eux-mêmes. Je ne craignais pas qu'ils s'échappassent, enchevêtrés comme ils étaient par les cornes. Ils paraissaient tout confus et très-anxieux de leur sort, qui eût certainement été pire encore si nous les avions laissés là sans nous en préoccuper. Ils fussent inévitablement devenus la proie des loups ou des bêtes féroces; ou bien, dans le cas où les carnassiers ne les eussent pas découverts, ils n'auraient pas manqué de mourir de faim et de soif.

Et c'est en effet le sort d'un grand nombre de ces animaux.

« Cudjo arriva avec tout l'attirail nécessaire. Nous liâmes fortement les deux daims, puis nous sciâmes un de leurs andouillers, et nous les séparâmes ainsi Nous les mîmes ensuite tous les trois sur le chariot, et nous rentrâmes triomphalement à la maison.

XXXVII.

Le piége.

« Cudjo avait déjà terminé notre parc pour les daims. Il consistait en plusieurs acres prises en partie sur le bois et en partie sur la clairière joignant la maison. Il était enclos de tous côtés par une palissade formée de piquets assez élevés pour qu'il fût impossible à un animal de cette espèce de sauter par dessus. Un des côtés bordait le lac, et la terre avait été creusée de manière à laisser pénétrer une certaine quantité d'eau dans l'enclos. Nous lâchâmes nos daims, et les abandonnâmes à la joie de se trouver libres.

« Nous désirions vivement nous procurer une femelle pour leur tenir compagnie. Il n'était pas à présumer que nous aurions la chance d'en prendre deux, comme nous avions fait pour les mâles, car celles-ci ne portent pas de grands andouillers. Comment nous en procurer au moins une ? Le cas était embarrassant et notre esprit travaillait activement.

« Le soir, au coin du feu, nous devisions à ce sujet et formions mille et mille projets. Nous pensions à en tuer une suivie de ses petits. Nous savions que les faons ne quittent pas leur mère, alors même qu'elle est tombée sous le coup d'une carabine, et que l'on peut aisément s'en emparer. Mais c'était un expédient cruel, et ma femme protestait de tout son pouvoir. Frank s'y opposait aussi, car c'était un enfant d'une nature généreuse, qui n'aurait pas voulu, comme on dit, tuer une mouche sans nécessité. Frank et sa mère étaient cependant des entomologistes achevés, et ils avaient tué plus d'une mouche pour leurs collections, comme en témoignaient les planches où se trouvaient empalés des insectes de toute espèce. Aussi je ne sais comment ils auraient soutenu leur thèse en présence de tels arguments ; mais Henri et moi avions renoncé à ce moyen, parce qu'il eût fallu attendre trop longtemps la croissance de ces jeunes bêtes. Ce qu'il nous fallait, c'était une ou deux grandes femelles.

« Si nous les prenions au piége ? demanda Henri.
« Ne pourrions-nous pas creuser une trappe, comme
« Frank a fait pour les dindons ?

« — Je crains que nous ne réussissions pas aussi
« facilement à prendre un daim dans un piége que
« des dindons.

« — Mais, papa, continua Henri, j'ai lu la des-
« cription de piéges tout différents. Il en est un que
« je me rappelle parfaitement. On fait un grand en-
« clos, dans le genre de notre parc, avec une seule
« ouverture. Il y a de chaque côté deux palissades
« qui s'étendent au loin dans les bois, et vont se
« joindre, comme les deux branches d'un compas.
« Les daims sont chassés dans cet enclos. Lorsqu'ils
« y sont entrés, on ferme l'ouverture et ils se trou-
« vent pris. Je ne crois pas cela bien difficile à exé-
« cuter. Ne pourrions-nous pas essayer?

« — C'est impossible. En premier lieu, il nous
« faudrait plusieurs semaines pour fendre les pi-
« quets nécessaires; puis nous n'avons pas assez
« d'hommes, de chevaux et de chiens, pour battre
« les bois et chasser les daims dans cette direction.
« Peut-être avec le temps en viendrions-nous à bout;
« mais je connais un autre moyen qui me semble
« préférable.

« — Voyons, papa, quel est votre plan?

« — Te souvient-il de l'endroit où nous avons re-
« marqué tant de traces de daims, passant toutes
« entre deux arbres?

« — Oui! oui! près de l'étang salé. Vous m'avez
« dit que c'était une passe suivie par les daims ou
« bien d'autres animaux, pour aller goûter le sel qui
« se trouve sur les pierres au bord de la source.

« — Très-bien!... Entre ces deux arbres creu-

« sons une grande fosse, couvrons-la de branches,
« de gazon et de feuilles, et puis nous verrons!...
« Qu'en penses-tu ?

« — Un piége à loup! C'est cela même. »

« Le lendemain matin je pris la bêche et la hache, et je partis avec Cudjo, Pompo et le char. Nous arrivâmes bientôt à l'endroit désigné, et commençâmes notre opération. Nous traçâmes d'abord le plan de la trappe; nous lui donnâmes huit pieds de long et en largeur la distance des deux arbres, de façon à venir le plus près possible des racines. Cudjo se mit alors à creuser, tandis que je coupais avec la hache les racines qui le gênaient. Henri, de son côté, dégageait les petites branches qui obstruaient la fosse. Nous mîmes la terre dans le char, et nous la transportâmes à une certaine distance, en prenant garde de n'en répandre que le moins possible autour de la trappe. Comme le sol était très-léger et peu résistant, il ne nous fallut guère que cinq heures pour creuser un trou carré d'au moins sept pieds de profondeur. C'était bien assez pour empêcher un daim de sortir de là.

« Nous plaçâmes des branchages sur le trou, et nous les recouvrîmes de roseaux, sur lesquels nous étendîmes une couche épaisse de feuilles et d'herbes desséchées. Nous fîmes ensuite disparaître toute trace de nos travaux, et, emportant nos outils, nous revînmes à l'habitation. Nous n'avions plus qu'à attendre qu'un malheureux daim tombât dans notre trappe.

« Au lever du soleil, nous allâmes visiter notre piége. En approchant, nous vîmes avec plaisir que le dessus était défoncé.

« Nous avons pris quelque chose, papa, » dit Henri en courant vers le piége. Mais quelle fut notre surprise, en ne voyant au fond du trou que le squelette d'un animal que nous reconnûmes pour un daim! Ses cornes et une partie de sa peau étaient encore là. Tout autour de la trappe on distinguait la trace évidente d'une lutte terrible qui avait eu lieu pendant la nuit; les branches et l'herbe, tachées de sang, étaient tombées au fond avec le corps de la bête.

« Qu'est-ce que cela signifie? demanda Henri, « qui s'arrêta court à ce spectacle inattendu. Ah! « papa, je parie que ce sont les loups!

« — Sans aucun doute, répliquai-je : ils sont « venus cette nuit lorsque le daim était dans la- « fosse, et l'ont dévoré tout à leur aise.

« — C'est jouer de malheur! dit Henri d'un air « contrarié. Avoir construit un si beau piége tout « juste pour la plus grande commodité de ces bri- « gands de loups! c'est trop de malheur.

« — Un peu de patience, nous allons voir s'il n'y « a pas moyen de punir ces bêtes féroces. Retourne « à l'habitation; tu diras à Cudjo d'amener sa

« brouette et ses outils, et n'oublie pas le grand
« panier. »

« Cudjo arriva avec sa pelle et sa brouette ; nous nous mîmes à creuser encore la fosse. Elle était déjà si profonde, que nous ne pouvions plus jeter la terre par-dessus le bord. Il fallut nous servir du grand panier ; l'un de nous le remplissait de terre, et l'autre le tirait en haut au moyen d'une courroie de peau de daim ; puis la terre était versée dans la brouette et transportée dans le bois. C'était un ouvrage pénible, et nous nous relevions de temps en temps. Lorsque la trappe eut environ douze pieds de profondeur, nous en égalisâmes les parois bien perpendiculairement, en donnant autant que possible plus de largeur à la base qu'au sommet. Cela fait, nous la recouvrîmes, comme la veille, de feuilles et de gazon.

« Maintenant, disions-nous en nous en retour-
« nant, nous verrons si le loup pourra s'enfuir, s'il
« est assez sot pour sauter dans le trou. Il tuera le
« daim si cela lui plaît, mais nous lui rendrons la
« pareille demain matin. »

« Le lendemain nous revînmes de bonne heure : toute la famille était de la partie, Frank, Marie et les deux petites ; chacun était avide de connaître le résultat de l'entreprise. Cudjo avait pris sa longue lance, Henri et moi nos carabines ; Frank lui-même était armé de son arc. Tout le monde s'attendait à trouver des loups dans la fosse.

« Comme nous approchions du piége, Henri, qui avait pris les devants, revint en courant nous annoncer que la couverture était défoncée et qu'il y avait quelque chose dans le trou. A cette grande nouvelle, nous courûmes tous, empressés de voir par nos yeux. Nous fûmes bientôt sur les bords de la trappe, regardant au fond. Le trou qui avait été fait dans la couverture n'était pas très-large, et le fond du piége était très-sombre. Au milieu de l'obscurité nous pûmes distinguer des yeux brillants comme le feu. Il y en avait plusieurs paires, et ils étincelaient comme des charbons ardents. A quelle espèce d'animal appartenaient-ils ? voilà ce que nous nous demandions l'un à l'autre. Étaient-ce des loups ? tout le faisait supposer.

« Je fis mettre les enfants à l'écart, et, me couchant à plat ventre sur le bord, je regardai au fond avec attention. Je ne tardai pas à compter au moins six paires d'yeux, et, à mon grand étonnement, tous ces yeux paraissaient de formes et de couleurs différentes; on eût dit que la trappe était pleine d'animaux de toute espèce.

« Il me vint à l'idée que c'était peut-être bien une panthère et ses petits; et, comme je croyais qu'elle pouvait aisément sortir, je commençai à m'inquiéter, et je me levai tout aussitôt. J'invitai Marie à monter dans le chariot avec tous les enfants, et à demeurer à l'écart jusqu'à ce que j'eusse reconnu à quelle sorte d'animal nous avions affaire. Nous retournâmes à la fosse, et, enlevant une quantité de gazon suffisante pour donner du jour, nous regardâmes de nouveau dans le fond. A notre grande joie, le premier animal que nous découvrîmes était justement celui à l'intention duquel nous avions creusé notre piége : une femelle de daim; et ce qu'il y a de mieux, nous vîmes entre ses pattes deux belles petites bêtes, couleur de cannelle, que nous reconnûmes pour des faons. Nous regardâmes ensuite autour, afin de découvrir à qui appartenaient ces yeux flamboyants que nous avions distingués dans l'obscurité : c'étaient trois bêtes fauves, que nous prîmes d'abord pour des renards, et que nous reconnûmes ensuite pour des loups aboyeurs de la prairie. Ils ne firent pas de bruit longtemps : Cudjo les perça tous les trois de sa lance.

« Marie était revenue près de nous. Cudjo descendit dans la fosse et nous aida à hisser en haut la daine et les faons, que nous mîmes dans le chariot. Les loups furent tirés de la même façon et traînés à quelque distance ; ensuite nous remîmes la trappe en état de servir à d'autres captures, et nous retournâmes à l'habitation, tout joyeux d'avoir ainsi augmenté nos richesses. Nous n'étions pas moins contents d'avoir détruit les trois loups; car ces animaux étaient très-nombreux dans la vallée, et depuis notre établissement ils nous avaient toujours causé de l'inquiétude. Nous ne pouvions laisser dehors un morceau de viande sans qu'il fût dévoré. Depuis que nous avions pris nos daims, ils avaient même pénétré plusieurs fois dans l'enclos; et, si le bruit ne nous avait attirés et n'avait éveillé nos chiens, ils auraient pu leur faire un mauvais parti.

« Ce qu'il y avait de plus curieux dans cette affaire, c'est que les trois loups avaient laissé la daine et ses petits tranquilles au fond de la fosse. Il leur était facile de les tuer en un instant, et ils n'avaient pas touché un seul poil de leur peau. Cette étrange conduite de la part des trois loups nous paraissait inexplicable : nous nous perdions en conjectures. Plus tard, lorsque nous fûmes plus au courant des mœurs de ces animaux, nous eûmes l'explication que nous cherchions. De tous les animaux qui peuplaient notre vallée, le loup de la prairie était assurément le plus intelligent; le renard lui-même, auquel on a fait si longtemps une réputation de ruse infinie, n'est qu'une bête stupide auprès du loup aboyeur; nous en eûmes la preuve surabondante lorsque, dans la suite, nous voulûmes prendre ces animaux au piége. Nous essayâmes d'abord une cage à trappe, semblable à celle qui servait à Henri pour prendre des dindons. Nous y mîmes pour appât un morceau de venaison; mais, quoiqu'il y eût des traces tout autour, et surtout du côté de l'appât, aucun loup ne s'aventurait dans le piége. Nous nous servîmes encore d'un appât entouré de lacets faits avec des boyaux de daim : nous trouvâmes l'appât enlevé, les lacets rongés, comme si des rats avaient passé par là, et nous reconnûmes, à ne pouvoir nous y méprendre, des traces de loups. Nous essayâmes d'un piége en quatre de chiffre : il consistait en une planche soulevée d'un côté et soutenue par de petites traverses, comme celles qu'employaient Henri et Frank pour prendre de petits oiseaux. L'appât était placé par terre sous l'étai. Lorsque nous allâmes inspecter notre piége, la trappe était tombée, et nous pensions avoir réussi; mais non : l'appât même était enlevé. Un grand trou était creusé sous la trappe; et le plus singulier de l'affaire, c'est que ce trou allait du dedans au dehors, en sorte qu'évidemment l'animal avait été un moment renfermé, et n'avait réussi à s'échapper qu'en grattant le sol et en se frayant ainsi un passage souterrain.

« Nous essayâmes d'une fosse semblable à celle que nous avions creusée près de la source salée, et où les trois loups s'étaient laissés choir avec la daine et ses petits. Nous la creusâmes dans un endroit de la vallée où nous savions que des loups faisaient leur repaire. Nous plaçâmes sur la couverture un appât de venaison; mais le tout demeura intact. Les loups venaient rôder pendant la nuit, mais sans approcher du piége.

« Nous étions fort désappointés de notre insuccès. Il était important pour nous de voir diminuer le nombre des loups. De temps en temps nous en tirions quelques-uns; mais, comme nous les manquions souvent, nous ne voulions pas dépenser notre poudre à cette chasse. Enfin, Cudjo s'avisa d'un moyen qu'il avait vu employer dans la *vieille Virginie*, et qui nous réussit heureusement. Ce piége était construit sur le modèle des souricières. Il consistait en un jeune arbrisseau replié en arc-boutant, qui ne se relevait qu'au moment où l'appât était touché et faisait tomber sur l'animal une lourde pièce de bois qui le tuait instantanément. Cette invention de Cudjo nous débarrassa en très-peu de temps d'une douzaine de loups. Mais ils devinrent bientôt plus prudents, et n'approchèrent plus de ce qui ressemblait à quelque chose de façonné.

« Ces divers incidents nous donnèrent la mesure de la sagacité de ces animaux, et ce fut ainsi que, plus tard, nous nous expliquâmes comment la daine et les deux faons avaient été respectés par les trois loups. C'étaient les mêmes, assurément, qui avaient dévoré le daim la nuit précédente. Ils l'avaient trouvé au fond de la trappe, et, après avoir soupé de sa chair, ils s'étaient facilement échappés, à cause du peu de profondeur du trou. Le lendemain, ils étaient revenus à la même place, et, ne voyant rien de changé en apparence, ils avaient sauté dans la fosse; mais surpris de la trouver si profonde, ils avaient deviné le piége, et, tout effrayés des conséquences qui pouvaient en résulter, ils s'étaient blottis dans un coin sans oser toucher à leur proie. C'est dans cet état que nous les avions trouvés, plus terrifiés que les faons, eux-mêmes. On croira peut-être ce récit exagéré, mais nous fûmes témoins quelque temps après d'un fait tout semblable. Frank prit à la fois un renard et un dindon dans sa trappe, et, quoique ces deux bêtes eussent passé plusieurs heures ensemble, pas une plume du dindon n'avait été seulement touchée par son voisin tout tremblant.

« J'avais également entendu raconter l'histoire d'une panthère qui, surprise par une inondation soudaine, s'était trouvée seule avec un daim sur un petit îlot, et, dans sa terreur, n'avait pas fait le moindre mal à la pauvre bête. Le féroce animal avait compris qu'il était en péril comme son voisin; et il en est chez les animaux comme chez les hommes : la communauté de danger change souvent des ennemis en amis.

XXXVIII.

L'opossum et ses petits.

« L'aventure qui nous arriva ensuite faillit se terminer pour nous d'une façon plus tragique. Cette fois Frank m'accompagnait, tandis que Henri demeurait à l'habitation avec sa mère. Le but de notre excursion était de nous procurer de la mousse d'Espagne, qui croît sur les chênes-nains dans les bas-fonds de la vallée. Cette mousse, desséchée au feu et nettoyée des feuilles et de l'écorce qui y sont adhérentes, est excellente pour garnir les matelas, et remplace avec avantage le crin frisé. Nous n'avions pas le chariot avec nous, parce que Cudjo avait besoin du cheval pour labourer : c'était l'époque de notre seconde récolte de blé. Nous emportâmes seulement une couple de longues courroies, afin d'attacher une botte de mousse sur nos épaules.

« Nous parcourions la vallée, cherchant un arbre où nous pourrions faire notre provision. Enfin, presque au bas de la montée, nous trouvâmes un grand chêne ; ses branches étaient basses et couvertes de mousse qui pendait comme la crinière d'un cheval.

Nous prîmes d'abord tout ce qui se trouvait sur les premières branches ; puis, grimpant sur celles-ci, nous atteignîmes les autres, et nous enlevâmes la plante parasite dont nous avions besoin.

« Pendant cette opération, notre attention fut attirée par le gazouillement et le caquetage de petits oiseaux qui voltigeaient dans un fourré de pawpaws près de notre chêne. Nous regardâmes de ce côté, et nous les distinguâmes parfaitement. C'étaient des orioles ou oiseaux de Baltimore, comme on les appelle ordinairement. Ce dernier nom leur vient de ce que, dans les premiers temps de la colonisation, on remarqua que leur plumage, mêlé de noir et d'orange, avait les couleurs de la cotte d'armes de lord Baltimore. Nous pensâmes qu'il y avait un nid dans les pawpaws, car ils avaient jeté un cri d'alarme lorsque nous avions passé auprès d'eux. Mais quelle était en ce moment la cause de leur émoi ? Ils sautaient de branche en branche, criant dans la plus grande agitation. Nous laissâmes un instant notre cueillette et nous descendîmes, afin de voir de plus près.

« Nous aperçûmes alors un objet étrange en mouvement sur le sol, et tout près du fourré. Au premier coup d'œil nous ne pûmes distinguer ce que c'était. Un animal? Non. Nous n'en avions jamais vu de semblable. Ce corps était couvert d'oreilles, d'yeux, de têtes, de queues. Nous en comptâmes plus d'une demi-douzaine. Il avançait lentement, lorsque tout à coup toutes ces têtes semblèrent se séparer du corps, et nous vîmes sauter à terre une multitude de petites bêtes grosses comme des rats. L'animal auquel les petits étaient attachés se trouvait alors pleinement dégagé. Nous reconnûmes une femelle d'opossum. Elle était de la grosseur d'un chat et couverte d'une fourrure épaisse d'un gris brillant. Son groin ressemblait à celui d'un cochon, quoique un peu plus effilé et garni de moustaches semblables à celles du chat. Ses oreilles étaient courtes et droites, sa gueule large et pleine de dents aiguës, ses jambes courtes et grosses; ses pattes, avec leurs griffes acérées, paraissaient s'appuyer sur la terre plutôt comme des mains que comme des pieds. Cet animal portait une queue bizarre : elle était aussi longue que le corps, effilée comme celle d'un rat et sans poils. Mais le plus singulier était une sorte de poche ouverte qu'elle avait sur le ventre, et qui dénotait qu'elle appartenait à la famille des *marsupiaux*. Les jeunes opossums ressemblaient à leur mère : ils avaient tous le même groin effilé, la même queue longue et sans poils. Nous en comptâmes au moins treize, jouant et sautillant parmi les feuilles.

« Aussitôt que la mère se fut débarrassée de ses petits, elle se mit à courir de côté et d'autre, regardant les pawpaws qui croissaient près de là. Les orioles continuaient à voltiger avec agitation ; parfois ils s'élançaient jusqu'à terre, et leurs ailes frôlaient presque le museau de l'opossum. Ce dernier, toutefois, ne paraissait pas prendre garde à toute cette fureur, et n'avait assurément nul souci des efforts tentés par les orioles pour l'effrayer. Il regardait toujours avec attention du côté où nous l'avions vu se diriger. Nous nous aperçûmes que le nid des oiseaux était l'objet de sa convoitise. Ce nid était suspendu comme une longue bourse, ou plutôt comme un bas plein, aux branches supérieures.

« Au bout de quelques instants, l'opossum parut avoir pris son parti. Elle se rapprocha de ses petits qui jouaient sur le gazon, et poussa un cri aigu qui les appela tous autour d'elle. Plusieurs d'entre eux se précipitèrent dans la poche qu'elle tenait ouverte pour les recevoir; deux autres enroulèrent leurs petites queues autour de la sienne et grimpèrent sur son dos en se cachant dans ses longs poils; deux ou trois se glissèrent sur son cou et sur ses épaules. C'était un singulier spectacle que de voir ces petites bêtes frétillant sur le corps de leur mère, tandis que les autres sortaient, d'un air comique, leur museau de la grande poche entr'ouverte.

« Nous pensions qu'elle allait s'en retourner avec sa cargaison : mais non; elle se dirigea vers le pawpaw, et se mit à grimper. Quand elle eut atteint les premières branches qui s'étendaient horizontalement, elle s'arrêta. Alors, prenant ses petits un à un, elle leur fit faire un tour ou deux de leurs queues de manière à se suspendre à la branche la tête en bas. Cinq ou six petits étaient restés sur le sol : la mère alla les chercher, les prit comme les autres, et grimpa sur l'arbre avec eux. Elle les disposa comme les premiers, en sorte qu'il y eut treize petits opossums pendus aux branches la tête en bas, comme une rangée de chandelles.

« C'était un spectacle si comique que ni mon compagnon ni moi nous ne pûmes nous empêcher de rire en voyant toutes ces petites bêtes pendues par la queue. Nous nous gardâmes bien cependant de rire trop haut, car nous étions curieux d'observer les moindres mouvements de la mère, et, si elle nous eût entendus, c'en était fait de ce divertissement d'un nouveau genre.

« Dès que les petits furent bien attachés à la branche, la mère se mit à grimper plus haut. Elle prenait l'arbre avec ses griffes, comme aurait pu faire une créature humaine avec ses mains. Enfin, elle atteignit la branche où se trouvait suspendu le nid des orioles : elle s'arrêta un moment et parut se demander, avant de s'aventurer, si cette branche était assez forte pour supporter son poids. Il y avait danger en effet : ce pawpaw était un des plus hauts que nous eussions vus, et il ne se trouvait au-dessous de l'opossum aucune branche à laquelle elle pût se raccrocher dans sa chute.

« Le nid plein d'œufs appétissants, attirait la gourmande, et après une pause elle se hasarda sur la branche. Elle n'était pas à mi-chemin que le bois commença à craquer et à fléchir. Cette circonstance, jointe aux cris des oiseaux qui volaient sous son nez, causa quelque crainte à l'animal, qui s'empressa de rétrograder. En jetant les yeux de tous côtés, l'opossum aperçut un chêne dont les branches s'étendaient au-dessus du nid. Descendre du pawpaw, grimper sur le chêne et s'avancer sur ses branches, tout cela fut l'affaire d'un instant. Nous la vîmes disparaître parmi les feuilles, puis se montrer juste au-dessus du nid.

« Elle se laissa pendre par la queue, et dans cette position se donna un mouvement d'oscillation pour atteindre sa proie. Elle ouvrait la gueule, étendait les griffes et faisait tous ses efforts pour arriver jusque-là; mais elle ne put en venir à bout. Nous la vîmes un moment dérouler presque tous les anneaux de sa queue, et nous nous attendions à la voir tomber. Enfin, renonçant à son dessein, elle se rejeta sur l'arbre et descendit en poussant un cri de colère.

« Sa fureur semblait extrême : grimpant sur le pawpaw, elle se précipita sur la branche où étaient restés ses petits, et les jeta rudement à terre. En un clin d'œil elle les chargea sur son dos et dans sa poche et battit en retraite, tandis que les orioles changeaient leur cri de terreur en chant victorieux.

« Nous jugeâmes alors qu'il était temps d'intervenir et de couper la retraite à l'opossum. A notre approche, la mère se roula comme une pelote, de façon à ne laisser voir ni sa tête ni ses pattes, et à simuler la mort. Quelques-uns des petits en firent autant, et on eût dit une grosse balle de laine blanchâtre entourée de cinq ou six petites.

« Nous n'étions pas dupes de la ruse, et, piquant la bête avec la pointe d'une flèche, nous la forçâmes bien à se remuer. Elle ouvrit les mâchoires et chercha à mordre en grondant.

« Mais cela ne lui servit à rien : nous la muselâmes en un tour de main et l'attachâmes à un arbuste, nous proposant de prendre toute la famille pour l'emmener avec nous lorsque nous rentrerions au logis.

XXXIX.

Le serpent moccason et les orioles.

« Nous revînmes alors à notre chêne, afin de continuer la provision de mousse commencée. Nous devisions gaiement de la scène curieuse dont nous venions d'être témoins. Frank se félicitait surtout d'avoir trouvé un nid d'orioles. Il avait besoin d'oiseaux de cette espèce et se proposait de leur faire visite dès qu'ils seraient éclos. Tout à coup les oiseaux qui étaient demeurés tranquilles depuis la déconvenue de l'opossum, recommencèrent à crier et à s'agiter de plus belle.

« Un autre opossum ! dit Frank. C'est peut-être le
« père qui vient chercher sa famille. »

« Nous suspendîmes notre travail et regardâmes de ce côté. Nous ne tardâmes pas à découvrir ce qui causait cette nouvelle émotion. Un reptile hideux, glissant sur l'herbe, parut à nos yeux. C'était un grand serpent de la plus venimeuse espèce : le redoutable *moccason*. Il était énorme ; sa grande tête plate, ses crocs avancés, ses yeux étincelants, lui donnaient un aspect repoussant. A mesure qu'il avançait, il dardait sa langue fourchue, imprégnée de salive empoisonnée, qui étincelait au soleil comme des jets de flamme. Il rampait vers l'arbre où se trouvait le nid. Nous demeurâmes à considérer ses mouvements, comme nous avions fait avec l'opossum. Arrivé au pied de l'arbre, il s'arrêta un moment.

« Croyez-vous qu'il grimpe vers le nid ? demanda
« mon jeune compagnon.

« — Non, répliquai-je, le moccason n'est pas un
« grimpeur ; sans cela, les pauvres oiseaux et les
« écureuils auraient bien peu de chances de lui
« échapper. Mais il ne grimpe pas. Regarde. Il n'a
« pas d'autre but que de les effrayer encore davan-
« tage, s'il est possible. »

« Comme je disais ces mots, le serpent dressait son corps le long de l'arbre, et élevait sa tête en tirant la langue, comme pour lécher l'écorce.

« Les orioles, croyant qu'il allait grimper, étaient descendus sur les branches les plus basses, sautant de l'une à l'autre et criant de toutes leurs forces, avec rage et terreur à la fois.

« Le serpent, les voyant approcher à portée de sa hideuse mâchoire, semblait se congratuler et se préparait à les avaler. Ses yeux lançaient des éclairs et paraissaient fasciner les oiseaux. Ceux-ci, au lieu de se retirer, approchaient de plus en plus, tantôt descendant près du sol, tantôt remontant sur les branches, sans perdre de vue leur ennemi. Leurs mouvements devenaient de moins en moins rapides, leurs cris plus étouffés. L'un d'eux, épuisé, fasciné, tomba tout auprès du reptile. Nous nous attendions à voir ce dernier se précipiter sur sa victime, quand tout d'un coup il se replia sur lui-même et commença à s'éloigner de l'arbre ! Les oiseaux, revenus de leur terreur, s'envolèrent dans les hautes branches et cessèrent leurs cris.

« Nous restâmes un instant silencieux, dans notre étonnement de voir cette scène se terminer ainsi.

« Qui a pu le chasser de là ? » demanda Frank en se retournant de mon côté.

« Je n'eus pas le temps de lui répondre ; un nouvel objet qui parut sortir du fourré attira notre attention. C'était un animal de la grosseur d'un loup, de couleur grise ou plutôt noirâtre. Son corps était épais, rond et couvert, non de poils, mais de soies rudes, qui avaient, sur le dos, près de six pouces de long, ce qui leur donnait l'apparence d'une crinière. Des oreilles courtes, pas de queue ; des pieds garnis de corne, et non de griffes comme les bêtes de proie ; une grande bouche, deux défenses blanches sortant de ses mâchoires, lui donnaient un aspect menaçant. Sa tête et son museau ressemblaient plutôt à ceux d'un porc que de tout autre animal ; et, en effet, c'était un *pécari* ou cochon sauvage du Mexique. Tandis qu'il se glissait hors du fourré, nous aperçûmes deux petites bêtes qui le suivaient. C'étaient deux jeunes pécaris ; évidemment comme l'opossum : la mère et les enfants.

« Les trois nouveaux venus s'arrêtèrent près des pawpaws ; à leur vue les orioles recommencèrent leur vacarme. Mais la pécari ne fit pas la moindre attention aux volatiles. Elle s'en souciait fort peu, et allait flairant le sol et s'arrêtant pour croquer une graine ou une amande.

« En sortant du fourré, la bête trouva la trace du serpent. Elle s'arrêta, leva le nez et flaira au vent. L'odeur fétide du moccason parvint jusqu'à elle et l'excita au plus haut degré. Elle allait et venait, cherchant la trace. D'abord elle suivit celle qu'avait laissée le reptile en venant de ce côté; mais s'apercevant de son erreur, elle revint bientôt et suivit la seconde piste.

« Durant toutes ces manœuvres, le serpent s'enfuyait au plus vite; mais il ne faisait pas beaucoup de chemin, car cet animal rampe très-difficilement. Nous l'apercevions au milieu des arbres, levant à chaque moment la tête d'un air inquiet et regardant derrière lui. Il descendait la côte et se dirigeait vers un rocher situé à quelque distance.

« Il n'était pas encore à mi-chemin, que déjà la pécari suivait sa piste et approchait à grands pas. Lorsqu'elle fut en vue du reptile, elle s'arrêta, sembla mesurer l'espace, et, les soies hérissées comme les piquerons d'un porc-épic, se prépara au combat. Le serpent était terrifié. Ses yeux n'avaient plus la férocité qu'il montrait en regardant les oiseaux, son corps même paraissait pâle et décoloré.

« Tout à coup la pécari prit son élan et vint tomber de tout son poids sur les replis du serpent. Celui-ci s'allongea sur la terre. La pécari fit un nouveau bond, frappa le corps de son ennemi à coups de pattes, le saisit par le cou, et en quelques minutes se défit de son adversaire, qu'elle laissa inanimé sur le sol. La bête victorieuse jeta un grand cri, comme pour appeler à elle ses deux petits, qui, cachés dans les herbes, sortirent à sa voix du lieu où ils s'étaient blottis, et accoururent auprès de leur mère.

XL.

Combat du couguar et des pécaris.

« Frank et moi, nous étions très-satisfaits du résultat de cette rencontre. Je ne sais pourtant pas pourquoi nous avions pris parti pour la pécari, qui aurait dévoré les oiseaux et leurs œufs tout aussi bien que le serpent, et pour les orioles, qui, à leur tour, eussent mangé plus d'une jolie mouche et plus d'un papillon. Mais il en est ainsi. De temps immémorial, le pauvre serpent, qui est un animal, en somme, assez peu redoutable, et dont on a beaucoup exagéré le pouvoir destructif, a toujours été en butte à l'animadversion et aux poursuites de l'homme, sans doute afin de réaliser ainsi la prophétie de l'Écriture sainte.

« Nous cherchâmes le moyen de prendre le vainqueur à notre tour. Nous désirions surtout nous emparer des petits, qui auraient fait une importante addition à nos provisions de bouche, et qui auraient remplacé avantageusement le porc, quoique leur chair se rapprochât, pour le goût, beaucoup plus de celle du lièvre. Cette chair est très-bonne à manger, lorsqu'on a pris quelques précautions avant de l'accommoder. Dès qu'on a tué l'animal, il faut se hâter d'enlever une petite glande qu'il porte près de la croupe et qui donne à la chair une forte odeur de musc. Si l'on tarde plus d'une heure à effectuer cette opération, la chair du pécari n'est pas mangeable ; mais, cela fait, elle se rapproche, comme je l'ai dit, de celle du lièvre plutôt que du porc.

« Mais alors, mon jeune compagnon et moi, nous nous préoccupions surtout des moyens de prendre les deux petits.

« Tant que la mère serait avec eux, il n'y fallait pas songer. Nous n'osions attaquer de front cette bête féroce. Même avec nos chiens, il n'aurait pas été prudent de le faire : nous risquions de leur voir casser une patte ou déchirer les flancs. Le chien le plus courageux baisse la queue devant cet adversaire et se garde bien de l'attaquer. Ainsi, nous ne pouvions mettre la main sur les petits, à moins de nous débarrasser de la mère. Mais comment y parvenir? Lui envoyer une balle? Frank trouvait cet expédient cruel, quoiqu'il sût que le pécari est un animal féroce, qui n'a point de merci pour les daims et autres bêtes sans défense. Il y en avait un grand nombre dans la vallée, et c'était un voisinage dangereux, car on cite des exemples de chasseurs qui ont été mis en pièces par ces animaux. Je ne croyais donc pas qu'il fût prudent de laisser échapper un tel ennemi. Aussi, je n'attachai pas grand prix aux observations de Frank, et j'apprêtai ma carabine.

« Cependant la pécari était fort occupée de la carcasse du serpent. Après avoir tué le reptile, elle avait séparé la tête du corps, et, prenant le cadavre entre ses pieds de devant, elle le dépouilla de sa peau comme un pêcheur fait d'une anguille. Elle terminait cette opération au moment où je saisis ma carabine. Elle se mit alors en devoir de dévorer la chair blanche du serpent, et en jeta de petits morceaux aux jeunes bêtes, qui témoignaient leur satisfaction en poussant des grognements de joie.

« J'armai ma carabine, et j'étais sur le point de faire feu, lorsque la vue d'un nouvel objet me frappa de terreur et suspendit le coup. La pécari était à cinquante pas de l'arbre sur lequel nous nous trouvions, et, à environ trente pas au delà, un autre animal, d'une espèce toute différente, approchait d'elle. Il avait la forme d'un jeune veau, mais il était plus court de jambes et plus long de corps. Il était d'un rouge foncé, à l'exception de la poitrine et du ventre, qui étaient presque blancs. Ses oreilles droites, courtes et noirâtres, sa tête et son museau de race féline lui donnaient l'aspect d'un chat; mais son dos, au lieu d'être bombé, paraissait creux et moins haut que ses fortes épaules.

« Lors même que nous n'eussions pas connu cet animal, son aspect nous eût inspiré la terreur; mais nous savions que c'était un *couguar*.

« Pour la première fois, depuis que nous fréquentions ces lieux, nous eûmes vraiment peur. Tout redoutable qu'il soit, nous savions que le pécari ne grimpe pas aux arbres, tandis que le couguar est aussi agile qu'un écureuil, et se trouve bien plus à son aise sur les branches que sur la terre même. Je me retournai vers mon fils, et l'engageai à ne pas bouger.

« Le cougouar venait à la dérobée, les yeux fixés sur le pécari, qui ne se doutait de rien. Il se traînait plutôt qu'il ne marchait sur le sol. Son ventre touchait la terre; sa longue queue s'agitait comme celle d'un chat qui guette dans le chaume une perdrix se chauffant au soleil.

« Cependant le pécari dévorait avidement le reptile, sans se douter du péril qui le menaçait. Le sol, à quelque distance autour de lui, était dépourvu de feuilles et de broussailles; un grand arbre seul croissait près de là et étendait ses longues branches horizontales au-dessus de cet endroit. Le couguar s'était glissé parmi les herbes qui dérobaient sa marche; mais alors il s'arrêta et parut délibérer avec lui-même. Il savait qu'à moins de surprendre le pécari et de sauter sur son dos d'un seul bond, il aurait à redouter les effets des terribles défenses de sa proie, dont la carcasse du serpent pouvait lui donner une idée. Il était encore trop loin pour l'atteindre d'un seul élan, et il semblait chercher le moyen de s'approcher sans être découvert.

« C'est alors qu'il aperçut les branches de l'arbre qui s'étendaient au-dessus du pécari. Son parti fut bientôt pris; il se retourna tout doucement, se glissa en arrière sans faire de bruit, fit un détour et gagna le côté opposé de l'arbre. Il s'approcha du tronc et s'élança, rapide comme un trait de lumière. Nous entendîmes le bruit de ses griffes qui s'accrochaient à l'écorce. Le pécari l'entendit également, car il leva la tête en grognant et s'arrêta un moment. Mais il s'imagina peut-être que c'était un écureuil, et il reprit son occupation.

« Cependant le couguar grimpait derrière le tronc et se glissait avec précaution sur les branches. Arrivé à son but, il se replia sur lui-même comme un chat, et, poussant un cri terrible, il s'élança sur le dos de sa victime. Ses griffes pénétrèrent du premier coup dans la nuque du pécari, et son corps s'allongea sur celui de son adversaire. L'animal, effrayé, jeta un cri d'angoisse et chercha à se débarrasser du couguar. Ils roulèrent tous deux sur la terre : le pécari poussait des gémissements qui faisaient retentir tous les échos des bois. Ses petits couraient de tous côtés, prenant part au combat et criant comme leur mère. Le couguar seul demeurait silencieux. Il n'avait pas fait entendre un seul cri depuis le commencement de la lutte : il n'avait pas lâché prise; ses griffes et ses dents étaient toujours enfoncées dans les flancs de sa victime.

« Le combat ne fut pas de longue durée. Le pécari ne cessa de gémir et tomba sur le côté, sans avoir pu se débarrasser un instant de l'étreinte de son terrible adversaire. Celui-ci, ayant déchiré les veines du cou, buvait le sang tout chaud qui coulait à grands flots.

« Nous ne jugeâmes pas prudent d'intervenir à notre tour. Nous savions que le féroce animal nous aurait fait subir le même sort, s'il nous eût trouvés à sa portée. Aussi restâmes-nous perchés sur notre arbre, sans oser faire un mouvement. Il n'était pas à plus de trente pas de nous, car, dans la lutte, il s'était rapproché de l'arbre. J'aurais bien essayé de le tirer pendant qu'il était occupé à dévorer sa proie; mais je craignais qu'une seule balle fût insuffisante pour tuer un animal aussi fort, et je résolus de le laisser terminer son festin, et s'éloigner ensuite sans que nous y missions obstacle.

« Nous ne fûmes pas longtemps abandonnés à nos réflexions : le combat était à peine terminé, que des cris étranges parvinrent à nos oreilles. Ils semblaient sortir des bois qui nous entouraient. Le couguar les entendit de son côté; le féroce animal se dressa tout à coup sur ses jambes et se mit à écouter avec inquiétude. Il hésita un moment, regardant autour de lui et reportant ses yeux sur la bête qu'il venait d'égorger. Alors, prenant une résolution subite, il enfonça ses dents dans le corps du pécari, et, jetant le cadavre sur ses épaules, il se mit en devoir d'abandonner la place.

« Il avait à peine fait quelques pas, lorsque le bruit qui nous avait frappés devint plus distinct : soudain nous vîmes plusieurs objets noirs qui s'élançaient dans la clairière. Nous reconnûmes d'un seul coup d'œil que c'étaient des pécaris. Ils étaient au moins vingt ou trente, tous accourus aux cris poussés par celui qui venait d'être tué. Ils arrivaient de tous côtés, au pas de course, en faisant entendre des grognements furieux.

« Ils s'étaient avancés entre le couguar et les arbres avant que ce dernier ait eu le temps de s'y réfugier. En un clin d'œil, ils formèrent autour de lui un cercle menaçant, qu'il n'y avait pas moyen de franchir sans livrer combat.

« Le couguar, voyant que la retraite était coupée, se débarrassa de la carcasse qu'il emportait, et s'élança sur le plus proche de ses ennemis, qu'il terrassa d'un seul bond. Mais il n'avait pas eu le temps de se retourner, que lui-même était déjà saisi par plusieurs pécaris, et que son sang coulait sur la terre. Il réussit pourtant à tenir ses adversaires quelques minutes en échec; mais le cercle se resserrait à chaque moment davantage. Il en mit plusieurs hors de combat, et essaya de franchir la barrière vivante qui s'opposait à ses efforts. Les pécaris suivaient tous ses mouvements, et il en trouvait toujours plusieurs sur son passage, tandis que les autres l'attaquaient à belles dents. Enfin, il fit un suprême effort et réussit à se dégager un instant; mais quelle fut notre terreur en le voyant se diriger du côté de l'arbre où nous nous trouvions.

« J'armai ma carabine avec un sentiment de désespoir; mais, avant d'avoir pu l'ajuster, il était passé comme une flèche à plus de vingt pieds au-dessus de notre tête. Ses griffes touchèrent le canon de ma carabine, et je sentis son haleine sur ma figure! Les pécaris le poursuivirent jusqu'au pied de l'arbre, et s'arrêtèrent devant cet obstacle qu'ils ne pouvaient franchir. Les uns tournaient autour de l'arbre et regardaient en haut; les autres mordaient l'écorce avec colère, et tous poussaient des cris de désappointement et de fureur.

« La terreur nous rendit muets pendant quelques instants, mon fils et moi. Nous ne savions quel parti prendre. D'un côté, le couguar nous lançait des regards furieux, et d'un seul bond il pouvait nous atteindre! Nous crûmes un moment qu'il allait s'élancer sur nous. En bas, nous avions de nombreux ennemis, non moins redoutables, et qui nous eussent mis en pièces, si nous avions seulement voulu mettre pied à terre. Nous étions placés dans une épouvantable alternative, et il me fallut quelque temps pour essayer de prendre une résolution.

« Enfin, je ne pus me dissimuler que notre péril le plus pressant était la présence du couguar. Nous pouvions nous garantir des pécaris en restant perchés sur l'arbre, tandis que nous étions à la merci de l'autre tant que nous y serions. Il fallait donc faire tous nos efforts pour nous débarrasser de ce redoutable ennemi.

« Le couguar, cependant, demeurait immobile sur la branche où il s'était réfugié. Il n'eût pas manqué de nous attaquer, sans l'effroi que lui causaient les pécaris, au milieu desquels il pouvait tomber en s'élançant sur nous. C'est cette crainte qui le faisait rester tranquille. Mais je savais bien quel sort nous attendait aussitôt que ces animaux auraient quitté la place.

« Mon jeune compagnon était sans armes. Il n'avait emporté avec lui que son arc et ses flèches; encore étaient-elles restées au pied de l'arbre, et les pécaris les avaient déjà mis en pièces. Je le fis mettre derrière moi, afin qu'il ne se trouvât pas sur le chemin du couguar, dans le cas où je ne parviendrais qu'à blesser l'animal. Tout cela se fit en silence, aussi doucement que possible, pour ne pas effrayer le monstre qui grondait au-dessus de nous.

« Dès que je fus prêt, je saisis ma carabine avec précaution. Je m'appuyai solidement contre une branche, et visai le couguar à la tête. C'était la seule partie de l'animal que le feuillage me permît d'apercevoir. Je lâchai la détente. La fumée m'aveugla quelques instants, et je ne pus juger les effets de mon coup; mais j'entendis plusieurs craquements qui semblaient causés par la chute d'un corps pesant sur les branches de l'arbre, et puis le bruit de ce même corps tombant sur le sol. Aussitôt un grand tumulte se fit parmi les pécaris. Je regardai en bas. Le couguar, ensanglanté, se débattait au milieu d'eux; mais la lutte ne fut pas longue : en quelques secondes, il fut terrassé et déchiré à belles dents.

XLI.

Assiégés dans un arbre.

« Nous nous crûmes un moment sauvés. Nous éprouvions, Frank et moi, ce bonheur que ressent tout homme qui vient d'échapper à une mort certaine. « Les pécaris, disions-nous, vont bientôt se
« disperser et rentrer dans le bois, maintenant que
« leur ennemi n'existe plus. » Mais quelle fut notre consternation, en voyant que nous nous étions trompés ! Au lieu de se retirer après avoir assouvi

leur vengeance sur le couguar, ils entourèrent l'arbre de nouveau, nous regardant avec fureur et mordant l'écorce en poussant des cris sauvages. Ils paraissaient déterminés à nous dévorer, s'ils le pouvaient. Étrange manière de nous remercier de leur avoir livré l'ennemi commun !

« Nous étions sur les plus basses branches, et nous les distinguions parfaitement. Il nous eût été facile de grimper plus haut ; mais cela était inutile, parce qu'ils ne pouvaient nous atteindre. Seulement, nous étions menacés de périr de faim et de soif, s'ils continuaient ainsi à nous bloquer, et, d'après ce que j'avais entendu raconter de ces animaux, cette appréhension n'était pas tout à fait dénuée de fondement.

« D'abord, je ne voulais pas faire feu sur eux, pensant qu'au bout d'un certain temps leur colère s'apaiserait et qu'ils se disperseraient. Frank et moi, nous grimpâmes un peu plus haut, afin de nous cacher dans les branches.

« Au bout de deux heures, nous nous aperçûmes que cela ne nous servait de rien ; car les pécaris, quoique plus tranquilles, formaient toujours un cercle menaçant autour de l'arbre, et paraissaient déterminés à poursuivre le siége. Quelques-uns même s'étaient couchés par terre, pour passer le temps plus à leur aise ; mais nul n'avait quitté la partie.

« La patience commençait à me manquer. Je savais que la famille devait être inquiète de notre absence prolongée. Je craignais, cependant, que Henri et Cudjo ne se missent à notre recherche et, arrivant à pied, ne pussent grimper, comme nous, assez vite pour échapper à ces bêtes féroces. Je résolus pourtant d'essayer l'effet que produiraient un ou deux coups de fusil sur la bande.

« Je descendis sur la plus basse branche, afin d'être plus sûr de mon coup, et je commençai à faire feu. Je choisissais chaque fois un de ces animaux, que je visais aussi près que possible du cœur. Je tirai cinq fois, et chaque coup abattit un des pécaris ; mais les autres, au lieu de s'épouvanter du ravage que je faisais au milieu d'eux, se précipitaient avec furie sur le corps de leurs compagnons, et, se ruant ensuite sur le tronc de l'arbre, le frappaient de leurs pieds cornés, et semblaient vouloir grimper jusqu'à nous.

« En prenant ma carabine pour la sixième fois, je m'aperçus avec consternation qu'il ne me restait qu'une seule balle. Je la coulai dans le canon, et, tirant encore une fois sur la bande, j'abattis un autre pécari. Mais à quoi tout cela nous servait-il ? Ces animaux semblaient indifférents à la mort.

« Je ne savais plus quel moyen mettre en œuvre, et je remontai sur les hautes branches, où je m'assis auprès de mon jeune compagnon. Nous n'avions plus qu'à attendre avec patience, dans l'espoir que la nuit viendrait nous délivrer de ces singuliers assiégeants. Nous les entendions toujours au-dessous de nous, jetant des cris sauvages et grattant l'écorce de l'arbre; mais nous n'y faisions plus attention, et, tranquillement perchés sur notre branche, nous laissâmes à la main de la Providence le soin de nous délivrer.

« Nous étions dans cette position depuis quelque temps, lorsque nous aperçûmes de la fumée qui montait jusqu'à nous. D'abord nous pensâmes que c'était la fumée de la poudre un moment suspendue qui s'élevait ainsi peu à peu. Mais elle devint de plus en plus épaisse, et nous remarquâmes qu'elle n'avait pas du tout la couleur de celle produite par l'explosion de la poudre. Cette fumée nous prenait à la gorge et aux yeux, nous aveuglait et nous faisait tousser à la fois. En regardant en bas, je ne pouvais distinguer ni la terre ni les pécaris : un nuage épais entourait l'arbre. J'entendais les cris de ces bêtes féroces; mais le bruit paraissait avoir changé de nature. Je compris que la bourre de ma carabine avait mis le feu à la mousse, et, en effet, la fumée se dissipa et une belle flamme claire s'éleva tout à coup. Nous vîmes en même temps qu'elle ne pouvait envelopper l'arbre où nous étions, et que le feu était concentré du côté où se trouvaient nos provisions de mousse.

« Nous montâmes tous deux dans les plus hautes branches, afin de nous mettre hors de la portée de la fumée. Nous avions à craindre que le feu ne se communiquât jusqu'à nous par les branches pendantes et ne nous forçât à descendre au milieu de nos ennemis. Heureusement, nous avions déjà dépouillé ces branches de la mousse qui y était attachée, et la flamme ne montait pas assez haut pour atteindre les autres.

« Quand nous fûmes hors du nuage de fumée, nous pûmes distinguer les pécaris formant une masse compacte à quelque distance de l'arbre, et évidemment effrayés à la vue du feu. « Maintenant,
« dis-je, nous allons être délivrés d'eux ; ils sont
« assez loin pour ne pas nous apercevoir à travers la
« fumée. » Je cherchai donc à reconnaître les lieux, et j'étudiai la direction du vent qui emportait d'épais nuages de fumée. Il n'y avait pas d'animaux de ce côté et, si nous pouvions descendre sans être vus, nous avions la chance de nous échapper. Nous nous disposions à descendre sur une branche plus basse pour exécuter notre projet, lorsque le bruit d'un aboiement lointain parvint jusqu'à nous. Il nous remplit d'une terrible appréhension. Nous avions reconnu la voix de nos dogues. Henri ou Cudjo, peut-être tous les deux, les suivaient sans aucun doute : les chiens allaient être égorgés par la bande furieuse, et alors le pauvre Henri serait

bientôt mis en pièces! A cette affreuse pensée, le cœur nous battit à rompre notre poitrine. Oui, c'étaient les chiens! Leur aboiement approchait de plus en plus, et déjà nous distinguions comme la voix de gens qui les excitaient par derrière. Ce ne pouvait être que celle d'Henri et de Cudjo qui venaient à notre recherche. Je ne savais que faire. Devais-je les laisser approcher, et, tandis que les chiens seraient un moment engagés dans la lutte avec les pécaris, jeter des cris pour les avertir de se diriger du côté des arbres? Puis je songeai que Frank pouvait rester où il était, et qu'il ne m'était pas impossible de m'élancer à travers la fumée et d'aller les avertir, avant que les pécaris se fussent aperçus de ma course. Justement j'entendais leur voix dans une direction favorable, et je pouvais les rejoindre sans être poursuivi.

« Ce dessein conçu, je n'hésitai pas un seul instant. Je confiai ma carabine déchargée à Frank, et, prenant mon couteau à la main, je m'élançai à travers la fumée et la mousse à demi consumée. Mes pieds ne touchaient pas la terre et à une distance de cent pas j'aperçus les chiens et puis Henri avec Cudjo. Mais, en même temps, jetant un coup d'œil par derrière, je vis toute la bande qui me poursuivait avec des cris de fureur. J'avais eu le temps d'avertir nos deux nouveaux compagnons, qui me virent saisir une branche au moment où les pécaris allaient m'entourer. Ils grimpèrent comme moi sur un arbre qui se trouvait à proximité. Les chiens au contraire se ruèrent sur la bande et voulurent livrer bataille. Mais cette fantaisie leur passa aux premiers coups de dents, et ils s'enfuirent du côté de Cudjo et d'Henri. Heureusement pour les pauvres bêtes que les branches étaient très-peu élevées, ce qui permit à Cudjo de les hisser près de lui. Sans cela ils auraient certainement subi le sort du couguar. Les pécaris, en effet, furieux de leur attaque, les poursuivirent jusqu'au pied de l'arbre, qu'ils entourèrent en poussant de grands cris, et sur lequel ils auraient certainement grimpé, s'ils en avaient été capables.

« Je commençais à respirer un peu. De l'endroit où je me trouvais je ne pouvais voir ni Henri, ni Cudjo, ni les mâtins ; mais je distinguais parfaitement la bande noire qui les entourait. J'entendais aussi les cris d'Henri et de Cudjo, l'aboiement des chiens et les grondements sourds des pécaris. Tout cela formait un concert terriblement sauvage. Puis j'entendis l'explosion de la petite carabine, et je vis un des pécaris rouler sur la terre. Cudjo criait de toutes ses forces, et je voyais sa longue lance qui s'abaissait par intervalles sur la bande enragée. Le fer ruisselait de sang et le nombre des ennemis diminuait à chaque coup. Henri tira encore plusieurs fois et ils firent si bien, l'un avec son fusil, l'autre avec sa lance, qu'au bout de quelques minutes la

Je voyais sa longue lance qui s'abaissait sur la bande enragée. (Page 414.)

terre était jonchée de cadavres, et que peu de pécaris restaient debout. Ceux-là même commençaient à redouter le sort de leurs compagnons, et ils ne tardèrent pas à tourner le dos à l'arbre et à s'enfuir dans les bois. La défaite était entière, et ils ne devaient plus avoir envie de nous inquiéter. Confiants dans cette pensée, nous descendîmes tous quatre des arbres où nous étions perchés et nous reprîmes aussi vite que possible le chemin de la maison, empressés de rassurer ma femme qui nous attendait avec anxiété!

« Nous avons souvent depuis cette aventure rencontré des pécaris dans nos excursions de chasse, nous avons même eu la chance de prendre quelques-uns de leurs petits vivants; mais jamais ces animaux n'ont cherché à nous attaquer. C'est qu'il est dans leurs habitudes de combattre bravement jusqu'à ce qu'ils aient été vaincus, et de fuir une fois qu'ils ont eu le dessous. Du reste, il paraît qu'il n'y en avait qu'une seule bande dans la vallée, et, comme elle avait été en grande partie détruite, nous n'en rencontrâmes plus que bien rarement dans la suite.

« Le jour suivant, nous retournâmes, bien armés, sur le lieu du combat, car nous avions tout à fait oublié l'opossum et ses petits. Mais, à notre grand désappointement, nous ne trouvâmes plus rien. La bête avait rongé ses liens et s'était enfuie, emmenant avec elle tous ses petits.

XLII.

Une rencontre avec des loups noirs.

« Dans l'année, nous fîmes deux récoltes de blé : car il ne lui fallait pas plus de deux mois pour arriver à maturité. Nous avions à peu près vingt fois la charge de notre voiture. C'était assez pour notre provision de l'année et la nourriture de nos bêtes pendant l'hiver.

« La seconde année se passa comme la première. Nous récoltâmes le sucre au printemps et semâmes une grande quantité de blé. Nous augmentâmes notre collection d'animaux, de daims et d'antilopes; nous prîmes une louve avec une nombreuse portée. Je n'ai pas besoin de vous dire que nous fûmes obligés de tuer la mère, à cause de ses instincts féroces, mais que nous réussîmes à apprivoiser les petits. Ils devinrent aussi familiers que les chiens, avec lesquels ils s'accommodaient fraternellement, comme s'ils eussent appartenu à la même espèce.

« Durant l'été et l'hiver, nous eûmes dans nos excursions de chasse plusieurs aventures que je passe sous silence. Il en est une cependant qui fut assez extraordinaire et surtout assez dangereuse pour que vous preniez quelque intérêt à en écouter les détails.

« C'était dans le fort de l'hiver : une neige épaisse couvrait la terre, et je crois que c'est le froid le plus rigoureux que nous ayons éprouvé depuis notre établissement dans la vallée.

« Le lac était gelé, et la glace unie comme du verre. Nous passions une partie de notre temps à patiner pour nous réchauffer et gagner de l'appétit. Cudjo lui-même s'était épris de cet amusement et ne manquait jamais la partie. Frank était le plus intrépide et certes le plus habile patineur de la communauté.

« Un jour cependant, ni Cudjo ni moi n'allâmes au lac. Frank et Henri seuls s'y rendirent; nous étions restés à la maison, afin de terminer un ouvrage pressé. Nous entendions les éclats de rire des jeunes gens et le bruit de leurs patins sur la glace.

« Tout à coup un cri, qui annonçait un danger imminent, parvint jusqu'à nous.

« O Robert! s'écria ma femme, ils ont rompu la « glace! »

« Nous laissâmes là notre ouvrage et nous courûmes vers la porte. Je saisis une corde qui me tomba sous la main, et Cudjo s'empara de sa longue lance, pensant qu'elle pourrait nous servir. Ce fut l'affaire d'un instant, et nous fûmes bientôt hors de la maison. Quel ne fut pas notre étonnement de voir les deux garçons rendus presque à l'extrémité du lac et patinant de toutes leurs forces de notre côté. En même temps nous aperçûmes derrière eux quelque chose de terrible. Tout près d'eux, en quelque sorte sur leurs talons, se trouvait une bande de loups. Ce n'étaient pas de ces petits loups de la prairie, qu'un enfant peut chasser avec un bâton; ceux-ci appartenaient à une espèce connue sous la désignation de grand loup noir des montagnes Rocheuses. Il y en avait six en tout. Ils étaient au moins deux fois gros comme les loups de la prairie. Leur grand corps noir, décharné par la faim, hérissé de la tête à la queue, donnait à ces animaux un aspect effrayant. Ils couraient les oreilles baissées, la gueule ouverte, montrant leur langue rouge et leurs dents blanches.

« Nous ne nous arrêtâmes pas un moment, et nous courûmes vers le lac. Je jetai la corde que je tenais; je saisis le premier morceau de bois venu, tandis que Cudjo s'élançait en avant brandissant sa lance. Marie eut la présence d'esprit de retourner à la maison prendre ma carabine.

« Henri était en avant; Frank était sur le point d'être atteint par les loups. Cela nous parut étrange, car Frank était un excellent patineur. Nous l'appelâmes tous ensemble, afin de l'encourager par nos cris. Il courait les plus grandes dangers. Les loups étaient sur ses talons. « Grand Dieu! ils vont le dé-
« vorer! » m'écriai-je dans mon désespoir, et je m'attendais à le voir tomber sur la glace. Quelle fut ma joie de le voir tourner court dans une autre

Sur leurs talons se trouvait une bande de loups. (Page 420.)

direction en poussant un cri de triomphe! Les loups ainsi évités se précipitèrent sur les traces d'Henri. Nous tremblâmes alors pour lui. Déjà ces terribles animaux le pressaient, lorsque, exécutant la même manœuvre que son frère, il laissa passer loin devant lui les loups emportés par la rapidité de leur course. Ceux-ci se retournèrent bientôt, et, comme Henri se trouvait le plus rapproché, ils galopèrent après lui. Alors Frank, retournant sur ses pas, courut derrière eux en jetant de grands cris, comme pour les déranger de leur poursuite. En ce moment Henri tourna court encore une fois et suivit une autre direction.

« Cependant Frank criait à son frère de gagner le bord. Pour lui, il passa en tête des loups, et, tandis qu'Henri s'éloignait, il attira toute la bande sur ses pas. Serré de près, il changea une autre fois de direction.

« Il y avait près du bord un grand trou dans la glace : c'était de ce côté que le jeune garçon venait de s'élancer. Nous crûmes qu'il ne l'avait pas aperçu, et nous lui criâmes de prendre garde. Mais il savait bien ce qu'il faisait. Comme il allait toucher le bord du trou, il tourna à angle droit et vint de notre côté. Les loups qui le serraient de près étaient lancés à fond de train, et trop animés pour voir le danger. D'ailleurs ils n'auraient pu s'arrêter à temps. Aussi les vîmes-nous, en un clin d'œil, disparaître tous les six dans le gouffre ouvert sous leurs pas.

« Je courus avec Cudjo, et nous commençâmes, lui avec sa lance, moi avec mon tronc d'arbre, à leur livrer un rude combat. Cinq d'entre eux furent ainsi assommés en quelques instants. Le sixième réussit à sortir du trou; il était tout transi de froid et de frayeur. Je croyais qu'il allait nous échapper, lorsque j'entendis un coup de carabine derrière moi, et je vis l'animal tomber en poussant un hurlement de douleur. Je me retournai et j'aperçus Henri, ma carabine en main. Marie avait eu le bon esprit de la lui donner, sachant qu'il était excellent tireur. Le loup était seulement blessé, il regimbait avec fureur sur la glace. Mais Cudjo arriva, et d'un coup de lance acheva la bête.

« Ce fut une journée d'émotions dans notre communauté. Frank, qui avait été le héros du jour, quoiqu'il gardât le silence, n'en était pas moins fier de son exploit, et il y avait de quoi; car sans ses habiles manœuvres le pauvre Henri aurait été inévitablement la proie de ces animaux féroces.

XLIII.

Le grand élan apprivoisé.

« Au bout de trois ans, nos castors s'étaient tellement multipliés que nous pensâmes qu'il était temps d'en prendre quelques-uns et de commencer notre provision de fourrures. Ils étaient si familiers qu'ils venaient prendre la nourriture que nous leur présentions de nos mains. Il n'était donc pas difficile de nous emparer, sans effrayer les autres, de ceux que nous voulions tuer. Nous construisîmes dans ce dessein un petit réservoir communiquant avec le lac au moyen d'une sorte d'écluse. C'était là que nous donnions habituellement la nourriture à nos animaux. Chaque fois que nous jetions dans le bassin des racines de sassafras, les castors accouraient en foule, en sorte que nous n'avions rien autre chose à faire que de fermer l'écluse pour les prendre tout à notre aise. Cela se faisait sans bruit, et, comme aucun de ceux que nous prenions ne retournait raconter la chose aux autres, que d'ailleurs la trappe était toujours ouverte tout le reste du temps, les castors, malgré leur sagacité, ne pouvaient se douter du sort de leurs compagnons. Aussi notre piége ne leur parut jamais suspect et ils s'y laissèrent toujours prendre à notre gré.

« Dans notre première campagne nous eûmes au moins pour quatre cent cinquante livres sterling[1] de peaux, et cinquante livres sterling de *castoreum*. La seconde année nous produisit près de mille livres. Nous eûmes bientôt besoin d'un endroit pour sécher et suspendre nos fourrures. Nous construisîmes une nouvelle cabane. C'est celle que nous habitons maintenant. L'ancienne nous sert de magasin.

« La troisième année fut aussi productive que la seconde, et il en fut de même de la quatrième et de la cinquième. Nous eûmes au moins pour mille livres de fourrures et de castoreum. Notre vieille cabane contient pour quatre mille cinq cents livres de marchandises qui sont en très-bon état. Nous pouvons évaluer à deux mille cinq cents livres les castors vivants que nous possédons en ce moment; en sorte que notre fortune totale s'élève à environ sept mille livres. Je vous demande, mes amis, si nous n'avons pas réalisé la prédiction de ma femme, en faisant fortune au désert.

« Dès que nous eûmes commencé à accumuler toutes ces marchandises de prix, une idée fixe vint nous assiéger continuellement : quand et comment pourrions-nous les porter sur le marché?

« C'était une question difficile à résoudre. Sans marché pour nous défaire de nos fourrures, ces

---

[1]. La livre sterling valant 25 francs, les 450 livres font 11 250 francs.

marchandises ne nous étaient d'aucun usage. Elles ne pouvaient pas plus nous servir qu'un lingot d'or à l'homme mourant de faim au milieu d'un désert. Quoique abondamment pourvus de tout ce qui était nécessaire à nos besoins, nous nous trouvions en quelque sorte emprisonnés dans cette petite vallée. Il nous était aussi impossible de la quitter qu'au naufragé d'abandonner son île déserte. Parmi tous les animaux que nous avions apprivoisés, nous n'avions pas une seule bête de somme ou d'attelage; Pompo était seul de son espèce, et déjà le pauvre cheval se faisait vieux. Lorsque nous serions prêts à quitter la vallée il aurait de la peine à se traîner lui-même, et encore plus une famille entière avec plusieurs milliers de peaux de castors.

« Quoique très-heureux dans notre position, ces pensées nous assiégeaient de temps en temps, et venaient troubler notre bonheur,

« Marie et moi, nous serions restés volontiers dans cette tranquille vallée; mais nous devions songer à nos enfants. Nous avions des devoirs à remplir envers eux : leur éducation nous préoccupait. Nous ne pouvions songer à les isoler du monde entier, à leur imposer une existence sauvage et fantasque comme celle que le destin nous avait faite. Je le répète, ces réflexions venaient parfois nous troubler dans notre quiétude.

« Je proposai à ma femme de prendre Pompo et

d'essayer de gagner les établissements du Nouveau Mexique, où je pourrais trouver des mulets, des chevaux ou des bœufs. Je ramènerais ces bêtes de somme à la vallée et les garderais le temps nécessaire pour nous transporter hors du désert. Marie ne voulut pas écouter ma proposition; elle ne put consentir à une séparation même momentanée. « Nous ne nous reverrions peut-être jamais! » disait-elle, et elle ne me laissait pas achever.

« Lorsque je réfléchissais sérieusement à ce projet, j'en reconnaissais, d'ailleurs, toute l'inefficacité. Lors même que j'eusse réussi à traverser le désert, où était l'argent nécessaire à l'achat de ces animaux? Je n'avais seulement pas de quoi acheter un bœuf ou un âne. Les habitants du Nouveau Mexique m'auraient ri au nez.

« Patience! disait ma femme, nous sommes heu-
« reux ici. Quand le temps sera venu, lorsque nous
« serons prêts à partir, la main qui nous a conduits
« en ces lieux saura bien nous en faire sortir. »

« C'est par de telles paroles de consolation que ma noble femme terminait toujours nos entretiens à ce sujet.

« Je considérais ces paroles comme prophétiques, ainsi que dans plusieurs occasions j'en avais eu déjà la preuve.

« Un jour, c'était dans la quatrième année de notre établissement, notre conversation roulait sur ce sujet, et Marie, comme de coutume, s'en était remise à la main de la Providence pour nous délivrer de notre captivité. Henri interrompit notre entretien en courant vers la maison et en jetant des cris de triomphe.

« Papa! maman! criait-il, deux élans.... deux « jeunes élans qui sont pris dans la trappe! Cudjo « les amène sur la voiture. Ils sont gros comme des « veaux. »

« Il n'y avait rien de bien extraordinaire dans cette nouvelle; nous avions déjà pris un élan dans notre premier piége, et nous en avions plusieurs dans notre parc. Il est vrai que c'étaient deux jeunes élans, et, comme nous n'en possédions que de vieux, Henry était joyeux de cette circonstance.

« Je n'y fis guère attention pour le moment, et j'allai avec Marie et les enfants au-devant de nos nouveaux captifs.

« Tandis que Cudjo et les garçons étaient en train de les lâcher dans le parc, je me souvins d'avoir lu que le grand élan d'Amérique pouvait être dompté comme une bête de somme ou de trait.

Je n'ai pas besoin de vous dire, mes amis, que cette pensée ouvrit un nouveau champ à mes réflexions. Pourrions-nous réussir à atteler ces élans à la voiture? Pourraient-ils nous traîner hors du désert?

« Je communiquai tout de suite mon idée à ma femme. Elle aussi avait lu cela quelque part, et elle se souvenait d'avoir vu, à la ménagerie de Londres, un élan sous le harnais. C'était donc chose possible; nous résolûmes de faire tous nos efforts pour arriver à ce résultat.

« Permettez-moi de ne pas entrer dans de plus amples détails. Nous nous mîmes à la besogne. Cudjo, comme vous le savez, était fort habile à conduire une paire de bœufs attelés à la charrue ou à la voiture. Lorsque les deux élans furent un peu plus grands, il les mit à la charrue et laboura plusieurs acres de terre avec eux. Pendant l'hiver il leur fit traîner de grandes charges de bois mort pour notre provision de combustible, en sorte qu'ils travaillaient à la fois à la charrue et à la voiture, comme la meilleure paire de bœufs.

XLIV.

La chasse aux chevaux sauvages.

« Nous avions obtenu un grand résultat. Rien ne nous empêchait d'élever le nombre d'élans nécessaire à nos projets. Nous prîmes plusieurs petits, et Cudjo les dressa comme il avait fait des autres.

A cette époque, cependant, un autre événement vint confirmer plus clairement encore la prédiction de ma femme, et nous prouver que la main de Dieu ne s'était pas retirée de nous.

« Un matin, un peu après le lever du soleil, et juste au moment où nous venions de nous éveiller, nous entendîmes au dehors un grand tumulte qui nous mit tous en émoi. C'était comme un piétinement de chevaux, et les hennissements qui accompagnaient ce bruit ne nous laissaient aucun doute à ce sujet. Pompo avait henni dans l'écurie, et une demi-douzaine de chevaux lui répondaient.

« Ce sont des Indiens ! » et nous nous regardâmes comme perdus.

« Nous courûmes tous aux armes. Henri, Frank et moi, nous saisîmes nos carabines, et Cudjo prit sa longue lance. J'ouvris une des fenêtres et jetai un coup d'œil rapide au dehors. Il y avait en effet des chevaux, mais pas un seul cavalier ! Ils étaient environ une douzaine : des blancs, des noirs, des roux, d'autres tachetés comme des chiens de chasse. Ils couraient à travers la clairière, hennissant, sautant, agitant leur queue et leur longue crinière. Sans bride, sans selle, aucun signe ne dénotait que la main de l'homme les eût jamais touchés. Et il en était ainsi. Je les reconnus pour des *mustangs*, les chevaux sauvages du Désert.

« Notre détermination fut bientôt prise. Il était évident qu'ils avaient remonté le courant de la rivière et qu'ils venaient des plaines de l'est. La verdure de la vallée les avait attirés, et ils y avaient pénétré. Nous formâmes le dessein de les empêcher d'en sortir.

« Pour cela, il n'y avait qu'à fermer le passage qui conduisait hors du vallon. Mais comment exécuter ce projet sans leur donner l'alarme! Ils étaient sur la pelouse, devant la maison, et nous ne pouvions ouvrir la porte sans être aperçus de la troupe. A notre vue, ils ne manqueraient pas de s'enfuir au galop et nous ne les reverrions jamais. Il était impossible de les approcher. Déjà plus d'une fois, en traversant les prairies, nous en avions rencontré des bandes qui se tenaient toujours à une grande distance. C'est un fait curieux, que le cheval, considéré habituellement comme le compagnon naturel de l'homme, est de tous les animaux réduits à l'état sauvage celui qui redoute le plus notre présence. On dirait qu'il sait que l'homme a besoin de ses services et veut lui ravir sa liberté! Je n'ai jamais vu une troupe de chevaux sauvages, sans avoir la pensée qu'il y avait parmi eux quelque vieux fugitif, qui apprenait aux autres comment on les traite, et qui les mettait en garde contre nous. Il est de fait que le cheval est le plus sauvage de tous les animaux.

« Comment donc faire pour nous rendre maîtres de cette troupe? Le moyen fut bientôt trouvé. Je dis à Cudjo de prendre la hache et de me suivre. Je sautai par une des fenêtres de derrière de la cabane, et, laissant la maison entre les chevaux et nous, nous nous glissâmes derrière le magasin et l'écurie, afin de gagner le bois sans être vus. Nous en suivîmes la lisière jusqu'au point où le chemin sort de la vallée. Cudjo se mit à l'œuvre, et, en moins d'une demi-heure, il abattit un arbre au travers du passage, de manière à le barrer complétement. Nous y ajoutâmes d'autres branchages, si bien qu'il eût fallu des ailes à un cheval pour franchir cet obstacle. Cela fait, nous revînmes au plus tôt à la maison, nos outils sur l'épaule, sans nous inquiéter davantage d'être aperçus par les mustangs. Dès qu'ils nous virent, ils se mirent à galoper dans les bois ; mais nous n'y prîmes pas garde, sachant bien qu'ils ne pourraient nous échapper désormais. En effet, Pompo fut sellé et bridé ; nous fîmes un lacet en cordes de boyaux, et en moins de trois jours toute la *caballada*, ou troupeau de chevaux sauvages, était en notre pouvoir. Il y en avait douze en tout.

« Maintenant, mes amis, je crains de vous avoir ennuyé du récit de ces aventures. Je pourrais vous en raconter bien d'autres, et peut-être le ferai-je une autre fois. Je vous dirais comment nous avons pris le mouton et les antilopes ; comment nous avons apprivoisé le buffle des hautes plaines, et fait du fromage et du beurre avec le lait de la femelle ; comment nous avons élevé les petits du couguar et de l'ours noir ; attiré dans notre lac les oies sauvages, les cygnes, les grues et les pélicans que vous y voyez; mon voyage avec Cudjo et les chevaux à travers le Désert jusqu'au Camp de Désolation, comme nous avions nommé l'endroit où nos compagnons avaient été massacrés; et notre retour à l'habitation, ramenant avec nous les deux meilleurs chariots, la poudre des bombes, et une foule d'autres objets de première nécessité. A tout cela je pourrais ajouter les détails d'un grand nombre d'aventures de loups, de wolverenes, de pécaris, de panthères, de porcs-épics et d'opossums; mais, sans doute, vous êtes déjà fatigués de cette longue histoire, et vous en désirez la fin.

« Voilà près de dix ans que nous sommes arrivés dans cette oasis. Durant tout ce temps, nous avons vécu heureux et contents de notre sort. Dieu a béni nos efforts et les a couronnés de succès. Mais nos enfants ont grandi; comme vous voyez, presque dans l'état de nature, sans autre éducation que celle que nous avons pu leur donner. Aussi désirons-nous ardemment retourner à la vie civilisée. Nous avons donc l'intention de nous diriger vers Saint-Louis, au printemps prochain. Déjà tous nos préparatifs sont faits : nos chariots, nos chevaux, nos marchandises, tout, excepté la dernière provision de peaux que nous ferons cet hiver. Je ne sais si quelque jour nous reviendrons dans ce lieu si tranquille; mais son souvenir ne nous quittera jamais. Cela dépendra des circonstances que l'avenir seul connaît. Nous comptons toutefois, en quittant la vallée, ouvrir les barrières et laisser tous nos animaux libres de retourner encore une fois à la vie indépendante.

« Et maintenant, mes amis, je n'ai plus qu'une prière à vous adresser. La saison est avancée. Vous avez perdu votre route ; et, comme vous savez, il est dangereux de traverser les prairies pendant l'hiver. Restez donc avec nous jusqu'au printemps : nous partirons tous ensemble. L'hiver n'est pas long dans ces contrées. J'essayerai, d'ailleurs, de vous le faire passer aussi agréablement que possible. Je vous promets de nombreuses parties de chasse ; et, lorsque la saison sera venue, nous ferons une grande battue de castors. Allons, répondez ; voulez-vous rester ?

CONCLUSION.

Je n'ai pas besoin de vous dire, mon jeune lecteur, que cette proposition fut acceptée. Notre ami Mac Knight ne demandait qu'à rester, à cause de la petite Louisa. Nous savions de notre côté tous les périls que nous aurions à surmonter pour traverser les prairies pendant l'hiver. Sous cette latitude, comme le faisait très-bien remarquer notre ami Rolfe, l'hiver n'est pas de longue durée et le printemps serait bientôt venu. La vie sauvage que nous allions mener avait des charmes qui nous séduisirent, et nous acceptâmes son invitation.

Ainsi que Rolfe nous l'avait promis, nous fîmes de grandes parties de chasse, et surtout une battue de castors où nous en prîmes près de deux mille.

Le printemps arrivé, nous étions prêts à partir. Trois chariots furent mis en état : il y en avait deux pour les fourrures et le précieux castoréum; le troisième portait les femmes, tandis que Rolfe et ses fils allaient à cheval. Les barrières du parc furent abattues et les animaux mis en liberté; après leur avoir distribué abondamment de la nourriture, nous les abandonnâmes à leur sort et fîmes route hors du vallon. Nous nous dirigeâmes au nord, pour prendre l'ancienne route qui conduisait à Saint-Louis. Nous y arrivâmes au mois de mai, et Rolfe vendit aussitôt ses fourrures, dont il retira une grosse somme d'argent.

. . . .

Plusieurs années se sont écoulées depuis ces événements. L'auteur de ce petit livre, ayant habité longtemps un pays éloigné, n'avait plus entendu parler de Rolfe ni de sa famille. Il y a quelques jours à peine, je reçus une lettre de Rolfe m'annonçant la bonne nouvelle que tout le monde se portait bien et se trouvait dans d'excellentes dispositions. Frank et Henri venaient de terminer leurs études dans un collége. C'étaient maintenant des hommes accomplis. La petite Marie, et Louisa, qui n'avaient pas quitté la famille, sortaient de pension. Enfin la lettre de Rolfe contenait d'autres nouvelles fort intéressantes. Elle ne m'annonçait pas moins de quatre mariages. Henri était le fiancé de sa *petite sœur*, la brune Louisa. Frank allait épouser une belle demoiselle, fille d'un planteur du Missouri. Quant à Marie, la blonde aux yeux bleus et au teint rose, elle devait unir son sort à celui d'un jeune marchand des prairies qui avait passé l'hiver avec nous dans l'oasis du Désert, et dont je me rappelais fort bien les assiduités près de la petite. Mais quel pouvait être le quatrième mariage? Nous laisserons à Cudjo et à sa *grosse Louise* le soin de répondre.

Enfin la lettre de Rolfe m'apprenait qu'il avait l'intention, aussitôt les mariages conclus et les fêtes terminées, de retourner dans la vallée. Tout le monde en était: Mac Knight et les nouveaux époux. Ils devaient emmener plusieurs chariots, des chevaux, des bœufs, et tous les ustensiles de ménage et d'agriculture. Leur résolution était bien arrêtée. Ils voulaient former une petite colonie toute patriarcale.

Cette lettre respirait le bonheur. En poursuivant

ma lecture, je me rappelais les heureux instants que j'avais passés en compagnie de ces braves gens, et je remerciais le destin qui m'avait conduit à l'*Habitation du Désert*.

FIN.

TABLE.

I.	Le grand Désert d'Amérique..................Page	1
II.	Le piton blanc....................................	15
III.	L'oasis dans la vallée	22
IV.	Un singulier établissement......................	36
V.	Rolfe commence son histoire...................	47
VI.	Une plantation à la Virginie....................	51
VII.	La caravane......................................	58
VIII.	Histoire du mineur..............................	71
IX.	Perdus dans le désert...........................	87
X.	L'armadillo.......................................	104
XI.	Le buffle maigre.................................	115
XII.	Les bigornes.....................................	127
XIII.	Le grand élan	139
XIV.	Le carcajou	157
XV.	Recherches infructueuses......................	165
XVI.	L'inondation mystérieuse......................	172
XVII.	Les castors et le wolverene	180
XVIII.	Une maison en troncs d'arbres................	193
XIX.	L'intelligent écureuil...........................	201
XX.	Une maison bâtie sans clous...................	209
XXI.	Une battue de queues-noires..................	217
XXII.	La moufette......................................	229
XXIII.	La source salée..................................	238
XXIV.	Combat de serpents.............................	248
XXV.	L'arbre à sucre..................................	263

XXVI.	Du café et du pain............................ Page	277
XXVII.	La ligne de neige.................................	290
XXVIII.	La ménagerie, la volière et le jardin botanique..	303
XXIX.	La chasse aux bêtes et aux oiseaux.............	311
XXX.	Le hérisson.......................................	319
XXXI.	Grand combat d'une martre et d'un porc-épic....	327
XXXII.	Les ruses d'un vieux racoon....................	335
XXXIII.	Le petite Marie et l'abeille.....................	341
XXXIV.	Une grande chasse aux abeilles.................	348
XXXV.	Le voleur de miel................................	358
XXXVI.	Bataille de daims................................	369
XXXVII.	Le piége...	376
XXXVIII.	L'opossum et ses petits.........................	388
XXXIX.	Le serpent moccason et les orioles	394
XL.	Combat du couguar et des pécaris..............	399
XLI.	Assiégés dans un arbre..........................	408
XLII.	Une rencontre avec des loups noirs.............	418
XLIII.	Le grand élan apprivoisé........................	425
XLIV.	La chasse aux chevaux sauvages................	430
CONCLUSION..		435

FIN DE LA TABLE.

Ch. Lahure et Cⁱᵉ, imprimeurs du Sénat et de la Cour de Cassation,
rue de Vaugirard, 9, près de l'Odéon.

TYPOGRAPHIE DE CH. LAHURE ET Cⁱᵉ
Imprimeurs du Sénat et de la Cour de Cassation
rue de Vaugirard, 9

www.ingramcontent.com/pod-product-compliance
Lightning Source LLC
Chambersburg PA
CBHW060933230426
43665CB00015B/1924